平安ありて平和なる

ホワイトヘッドの平和論、西田哲学、わが短歌神学日記

Peace Brings About Earthly Peace

Whitehead's Doctrine of Peace, Nishida-tetsugaku, and My Theological Diary in Tanka

延原 時行

考古堂

目次：

はしがき …………………………………………………………………………12

巻頭の言葉　オバマ米大統領広島平和スピーチの歌など──十二題と結語……22

第一章　平和基礎学としてのホワイトヘッド平安哲学──神のエコゾイックス

とホワイトヘッドの冒険ないし復活形而上学にちなんで …………44

はじめに …………………………………………………………………………44

第一節　二究極者の問題と《神のエコゾイックス》の提言──トマス・ベリー

との対話のなかから ………………………………………………50

第二節　ホワイトヘッドの冒険ないし復活形而上学をめぐって ……………55

結語　カントの「永遠平和のために」に寄せて …………………………58

第二章　西田における哲学と宗教──ハーツホーン、滝沢、トマスとの対話のな

かで ………………………………………………………………………63

はじめに …………………………………………………………………………63

第一節　純粋経験とは何か──ハーツホーン、滝沢との対話 ………………65

1. 純粋経験：The Pure Act of Experiencing──ハーツホーンの視点と

の対比 ……………………………………………………………………66

2. 滝沢の批判の妥当性──直覚そのもの（A選択）か体験内容（B選択）

か ………………………………………………………………………67

3. 滝沢哲学の独自の進展 …………………………………………………69

第二節　自覚の問題：なぜ自覚における直観と反省なのか──滝沢との対比

1. 自覚の絶対の背後にある三極構造（a − b − c）：上田構想（A − B

− C連関）の分節 ……………………………………………………71

2. 西田の三極構造の思惟と滝沢の二極構造の思惟 ……………………72

第三節　創造作用の形而上学：死の自覚、逆対応、万有在神論（Panentheis-

mus）──トマス及びハーツホーンとの対比 …………………………74

1. 死の自覚：宗教的自覚の三極構造（d − e − f）…………………………74

1

2　神哲学の三極構造（g－h－i）：逆対応のヴィジョン …………75

3　逆対応のヴィジョンとトマスの「二者ノ第三者ヘノ帰属ノアナロジー」 ……………77

4　仏教的弁証論の企画：Panentheismus──ハーツホーンとの対比 ……78

結語　西田哲学の全体観──創造作用の形而上学 …………81

第三章　わが短歌神学日記──2016年春夏 …………89

第一節　2016年4月の巻：御友神学の開拓欣求す …………89

Ⅰ　（2016年4月9日）文や嬉しの歌二首 …………89

Ⅱ　（2016年4月10日）昨日やの歌七首 …………90

Ⅲ　（2016年4月11日）朝からやの歌七首 …………91

Ⅳ　（2016年4月12日）今日も我の歌七首 …………91

Ⅴ　（2016年4月13日）礼状の歌一首 …………92

Ⅵ　（2016年4月13日）平安の歌三首 …………92

Ⅶ　（2016年4月13日）笑み桃の花の如の歌三首 …………92

Ⅷ　（2016年4月14日）燎原の火ぞの歌七首 …………92

Ⅸ　（2016年4月15日）発刊の栞の歌 …………93

Ⅹ　（2016年4月16日）徹夜論考作るの歌七首 …………93

ⅩⅠ　（2016年4月17日）御友風の歌十首 …………93

ⅩⅡ　（2016年4月18日）昨夜からの歌四首 …………94

ⅩⅢ　（2016年4月19日）西田何故の歌一首 …………94

ⅩⅣ　（2016年4月20日）それにせよの歌三首 …………94

ⅩⅤ　（2016年4月21日）新論の春の歌三首 …………95

ⅩⅥ　（2016年4月22日）御友言の葉の歌三首 …………95

ⅩⅦ　（2016年4月23日）驚きぬの歌二首 …………95

ⅩⅧ　（2016年4月24日）まさかとやの歌三首 …………96

ⅩⅨ　（2016年4月25日）平安平和の歌四首 …………96

ⅩⅩ（2016年4月26日）御友平安・平和の歌四首……………………………97

ⅩⅩⅠ（2016年4月27日）御友世紀（包括的ペンテコステ）の歌十一首…97

ⅩⅩⅡ（2016年4月28日）妻いのち霊体に生くの歌十首…………………99

ⅩⅩⅢ（2016年4月29日）新著出での歌十首 …………………………100

ⅩⅩⅣ（2016年4月30日）ともいきの歌十首 …………………………102

第二節　2016年5月の巻：オバマ広島平和スピーチまで……………103

Ⅰ（2016年5月1日）終はりにあらずの歌十二首 …………………103

Ⅱ（2016年5月2日）つくづくとの歌八首 …………………………104

Ⅲ（2016年5月3日）御友神学の歌十二首 …………………………105

Ⅳ（2016年5月4日）御友神学発見の歌十二首 ……………………106

Ⅴ（2016年5月4日）面白しの歌一首 ………………………………108

Ⅵ（2016年5月5日）脱稿の歌十首 …………………………………108

Ⅶ（2016年5月6日）妹背会話の歌六首 ……………………………109

Ⅷ（2016年5月6日）我が心地の歌二首 ……………………………110

Ⅸ（2016年5月7日）この七年の歌十二首 …………………………110

Ⅹ（2016年5月8日）朝夢にの歌五首 ………………………………111

ⅩⅠ（2016年5月9日）我が母やの歌十首…………………………111

ⅩⅡ（2016年5月10日）オバマ氏やの歌七首 ……………………112

ⅩⅢ（2016年5月11日）今やこその歌十首 ………………………113

ⅩⅣ（2016年5月12日）平安論の歌二首 …………………………114

ⅩⅤ（2016年5月12日）日米平和の歌五首 ………………………114

ⅩⅥ（2016年5月12日）お心ぞの歌一首 …………………………114

ⅩⅦ（2016年5月13日）底飛翔の歌十首 …………………………115

ⅩⅧ（2016年5月14日）庭散髪の歌十三首 ………………………115

ⅩⅨ（2016年5月15日）原事実の歌八首 …………………………116

ⅩⅩ（2016年5月16日）事四つの歌四首 …………………………117

ⅩⅩⅠ （2016 年 5 月 16 日）神人一体（不可分不可同不可逆不可思議）

の歌十六首 …………………………………117

ⅩⅩⅡ （2016 年 5 月 17 日）底飛翔の歌八首 …………………………120

ⅩⅩⅢ （2016 年 5 月 18 日）感謝溢るやの歌七首 …………………121

ⅩⅩⅣ （2016 年 5 月 19 日）突然にの歌五首 ………………………123

ⅩⅩⅤ （20016 年 5 月 20 日）嬉しやの歌七首…………………………123

ⅩⅩⅥ （2016 年 5 月 21 日）常になくの歌十首 …………………125

ⅩⅩⅦ （2016 年 5 月 22 日）天地流れの歌四首 …………………126

ⅩⅩⅧ （2016 年 5 月 23 日）宛名書きの歌八首 …………………126

ⅩⅩⅨ （2016 年 5 月 23 日）思ひ出増すの歌一首 …………………127

ⅩⅩⅩ （2016 年 5 月 24 日）懺悔せよの歌七首 …………………127

ⅩⅩⅩⅠ （2016 年 5 月 25 日）恵みの時の歌五首 …………………128

ⅩⅩⅩⅡ （2016 年 5 月 26 日）命平安の歌七首 …………………128

ⅩⅩⅩⅢ （2016 年 5 月 27 日）面白き夢列車の歌四首 ……………129

ⅩⅩⅩⅣ （2016 年 5 月 28 日）我が欣求の歌五首 …………………130

ⅩⅩⅩⅤ （2016 年 5 月 29 日）オバマ米大統領過去記憶すも飛躍なす

の歌八首 …………………………………132

ⅩⅩⅩⅥ （2016 年 5 月 30 日）友方に謝すの歌三首 ………………134

ⅩⅩⅩⅦ （2016 年 5 月 30 日）これいかにの歌二首 ………………135

ⅩⅩⅩⅧ （2016 年 5 月 31 日）オバマ米大統領広島平和スピーチの歌

一首 ………………………………………135

ⅩⅩⅩⅨ （2016 年 5 月 31 日）はしなくもの歌四首 ………………135

第三節　2016 年 6 月の巻：核時代懺悔道を窮めんと——

「平安ありて平和なる」に想到、滝沢書簡再読…………………136

Ⅰ　（2016 年 6 月 1 日）　日米友情世紀の歌二首……………………136

Ⅱ　（2016 年 6 月 2 日）　終はりぞ始めの歌八首……………………137

Ⅲ （2016年6月3日） 命道の歌五首……………………………139

Ⅳ （2016年6月3日） 今ほどの歌六首……………………………139

Ⅴ （2016年6月4日） 主題得しの歌五首…………………………139

Ⅵ （2016年6月5日） 今日のこの日の歌十一首…………………140

Ⅶ （2016年6月6日） 対話や如何の歌九首………………………141

Ⅷ （2016年6月7日） 平安ありての歌四首………………………141

Ⅸ （2016年6月8日） 友愛世紀の歌六首…………………………141

Ⅹ （2016年6月9日） 『中野孝次・良寛に生きて死す』（聞き手・北

嶋藤郷）の新装復刻を祝ひての歌四首 ……143

ⅩⅠ （2016年6月9日） 憲法前文秘すや平安我想到すの歌七首 ……143

ⅩⅡ （2016年6月10日） 我が黒髪の命歌五首………………………145

ⅩⅢ （2016年6月10日） 友愛世紀の歌三首…………………………145

ⅩⅣ （2016年6月11日） 前文や共大悲なるべしの歌六首…………145

ⅩⅤ （2016年6月12日） 森氏告ぐやの歌三首………………………146

ⅩⅥ （2016年6月13日） リアル出づの歌十首………………………147

ⅩⅦ （2016年6月13日） ひしと進まむの歌十二首…………………147

ⅩⅧ （2016年6月14日） 御友神学極みの教への歌七首……………148

ⅩⅨ （2016年6月15日） 尊しや御友げにの歌六首…………………149

ⅩⅩ （2016年6月16日） 人にはやの歌四首…………………………150

ⅩⅩⅠ （2016年6月17日） 歌こそやの歌六首…………………………150

ⅩⅩⅡ （2016年6月18日） 大命の歌十二首……………………………151

ⅩⅩⅢ （2016年6月19日） 称名嬉しやの歌七首………………………152

ⅩⅩⅣ （2016年6月20日） 昨日やの歌十首……………………………154

ⅩⅩⅤ （2016年6月21日） 漸くやの歌七首……………………………155

ⅩⅩⅥ （2016年6月22日） 核時代去らむとすの歌十首………………156

ⅩⅩⅦ （2016年6月23日） 再読すの歌十四首…………………………156

ⅩⅩⅧ（2016 年 6 月 24 日）　伊丹のやの歌四首 ……………………163

ⅩⅩⅨ（2016 年 6 月 24 日）　この度やの歌十首 …………………………163

ⅩⅩⅩ（2016 年 6 月 25 日）　御友欣求の歌六首 ……………………………164

ⅩⅩⅩⅠ（2016 年 6 月 26 日）　壮大や：㈠宇宙的主観原理「御友神学」
　　　　　　　　　　　　　　　発見の歌六首………………………………167

ⅩⅩⅩⅡ（2016 年 6 月 27 日）　㈡オバマスピーチ軍略反省の歌八
　　　　　　　　　　　　　　　首………………………………………………169

ⅩⅩⅩⅢ（2016 年 6 月 28 日）　㈢結語の歌──①惑星規模の軍略
　　　　　　　　　　　　　　　反省の歌八首 ………………………………170

ⅩⅩⅩⅣ（2016 年 6 月 29 日）　②「平和憲法」問題の歌六首 …………172

ⅩⅩⅩⅤ（2016 年 6 月 30 日）　御友神学再説八首 ……………………………173

第四節　2016 年 7 月の巻：妻笑み―御友発見―原爆告白
　　　　　　　　　　　　　（必然性と現実性）三段階の思索、ホワイトヘッ
　　　　　　　　　　　　　ド、西田と共に神エコゾイックス世界観の確立
　　　　　　　　　　　　　に向けて ……………………………………………175

Ⅰ　（2016 年 7 月 1 日）　共大悲こもごもの歌八首 …………………175

Ⅱ　（2016 年 7 月 2 日）　今の我詠ふ歌五首 ……………………………176

Ⅲ　（2016 年 7 月 3 日）　妻笑み―御友発見―原爆告白（必然性と現実
　　　　　　　　　　　　性）―解題：四段階の歌十四首 ……………176

Ⅳ　（2016 年 7 月 4 日）　佳き日の歌八首 ………………………………178

Ⅴ　（2016 年 7 月 5 日）　今朝もぞやの歌六首 …………………………179

Ⅵ　（2016 年 7 月 5 日）　御友なくばの歌十五首 ……………………179

Ⅶ　（2016 年 7 月 6 日）　二元哲学から御友神学への歌六首 …………181

Ⅷ　（2016 年 7 月 7 日）　信頼一途の歌八首 ……………………………181

Ⅸ　（2016 年 7 月 7 日）　春見るの歌五首 ………………………………182

Ⅹ　（2016 年 7 月 8 日）　この伝統の歌十首 ……………………………183

ⅩⅠ（2016 年 7 月 9 日）　歌深みにての歌四首 ……………………………184

ⅩⅡ（2016 年 7 月 10 日）　今日も我の歌九首 …………………………187

ⅩⅢ（2016 年 7 月 11 日）　畢竟やの歌六首　……………………………188

ⅩⅣ（2016 年 7 月 12 日）　在天の父の歌八首 …………………………190

ⅩⅤ（2016 年 7 月 13 日）　幾たびぞの歌十首 …………………………191

ⅩⅥ（2016 年 7 月 14 日）　笑み語るの歌七首 …………………………192

ⅩⅦ（2016 年 7 月 15 日）　注文せんかの歌八首 ………………………192

ⅩⅧ（2016 年 7 月 16 日）　偶にはやの歌七首 …………………………193

ⅩⅨ（2016 年 7 月 17 日）　笑み増しやそもの歌五首 …………………194

ⅩⅩ（2016 年 7 月 17 日）　またまたぞの歌三首 ………………………194

ⅩⅩⅠ（2016 年 7 月 18 日）　歌人の歌十五首 …………………………195

ⅩⅩⅡ（2016 年 7 月 19 日）　歌詠みての歌八首 ………………………197

ⅩⅩⅢ（2016 年 7 月 20 日）　言ふことやなしの歌十一首 …………197

ⅩⅩⅣ（2016 年 7 月 21 日）　御友いませばの歌八首 …………………200

ⅩⅩⅤ（2016 年 7 月 22 日）　御友御声聴けの歌五首 …………………201

ⅩⅩⅥ（2016 年 7 月 23 日）　今朝の心地の歌七首 ……………………202

ⅩⅩⅦ（2016 年 7 月 24 日）　御旨まにまにの歌八首 …………………206

ⅩⅩⅧ（2016 年 7 月 25 日）　神エコゾイックス世界観の歌十首 ………208

ⅩⅩⅨ（2016 年 7 月 26 日）　ある日の会話の歌七首 …………………209

ⅩⅩⅩ（2016 年 7 月 27 日）　歌無くばの歌十首 ………………………210

ⅩⅩⅩⅠ（2016 年 7 月 28 日）　妻笑み祝すの歌六首 …………………210

ⅩⅩⅩⅡ（2016 年 7 月 29 日）　我が英文著の歌五首 …………………211

ⅩⅩⅩⅢ（2016 年 7 月 30 日）　皆や佳しの歌八首 ……………………211

ⅩⅩⅩⅣ（2016 年 7 月 31 日）　皆の皆の歌二十一首 …………………212

第五節　2016 年 8 月の巻：「平安ありて平和なる」――

死線を超ゆる復活全一学に向けて …………………213

Ⅰ（2016 年 8 月 1 日）　慕はしきかなの歌十五首 ………………………213

Ⅱ（2016 年 8 月 2 日）　我知るの歌四首 ……………………………214

Ⅲ（2016 年 8 月 3 日）　英共著つらつら眺むの歌十首 ………………215

Ⅳ（2016 年 8 月 4 日）　何故かの歌五首 ……………………………216

Ⅴ（2016 年 8 月 5 日）　日めくり思索の歌十首 ……………………217

Ⅵ（2016 年 8 月 6 日）　御友和讃の歌二十首 ………………………218

Ⅶ（2016 年 8 月 7 日）　朝夢の歌七首 ………………………………219

Ⅷ（2016 年 8 月 8 日）　ポスト核時代の歌十二首 …………………219

Ⅸ（2016 年 8 月 9 日）　只今はの歌四首 ……………………………221

Ⅹ（2016 年 8 月 10 日）　喜悦滾るやの歌十首 ………………………222

ⅩⅠ（2016 年 8 月 11 日）　誉むるの歌一首 …………………………222

ⅩⅡ（2016 年 8 月 12 日）　死ぬとはやの歌二首 ……………………223

ⅩⅢ（2016 年 8 月 13 日）　平安ありて平和なるの歌七首 …………223

ⅩⅣ（2016 年 8 月 14 日）　平安なれの歌十一首 ……………………223

ⅩⅤ（2016 年 8 月 15 日）　時ならぬの歌三首 ………………………225

ⅩⅥ（2016 年 8 月 16 日）　いのち絆の本作りの歌十首 ……………225

ⅩⅦ（2016 年 8 月 17 日）　笑み偉業の歌七首 ………………………226

ⅩⅧ（2016 年 8 月 18 日）　岸辺の御友笑み詠ふ歌六首 ……………226

ⅩⅨ（2016 年 8 月 19 日）　「復活の省察」やこその歌七首 …………227

ⅩⅩ（2016 年 8 月 20 日）　復活本嬉しやの歌十首 …………………228

ⅩⅩⅠ（2016 年 8 月 21 日）　慰め満つとの歌五首 …………………228

ⅩⅩⅡ（2016 年 8 月 22 日）　御友神学和讃の歌十四首 ……………230

ⅩⅩⅢ（2016 年 8 月 23 日）　平安無尽の歌四首………………………231

ⅩⅩⅣ（2016 年 8 月 24 日）　楽しきは友の歌八首 …………………231

ⅩⅩⅤ（2016 年 8 月 25 日）　我が妻やの歌七首………………………232

ⅩⅩⅥ （2016 年 8 月 26 日）　命法の前なる地球歌十一首 ………………233

ⅩⅩⅦ （2016 年 8 月 27 日）　今日の日もの歌八首 ………………………234

ⅩⅩⅧ （2016 年 8 月 28 日）　しあわせならの歌五首 …………………235

ⅩⅩⅨ （2016 年 8 月 29 日）　永生ありてこその歌十首 …………………236

ⅩⅩⅩ （2016 年 8 月 30 日）　御友全一学の歌十首 …………………………237

結語 　（2016 年 8 月 31 日）　新たにやの歌四首 ………………………238

エピローグ　形而上学的後書にむけて …………………………………………240

はじめに ……………………………………………………………………………240

第一節　In Dialogue with Professor Dr. John B. Cobb, Jr.:

Toward a Metaphysical Postscript ……………………………243

Ⅰ．The First Letter by Tokiyuki Nobuhara …………………………243

Ⅱ．The Second Letter by John B. Cobb, Jr. ………………………246

Ⅲ．The Third Letter by Tokiyuki Nobuhara ………………………248

第二節　わが短歌神学日記──復活形而上学の省察にむけて ………249

Ⅰ （2016 年 10 月 1 日）究極的実在即妙用の歌十首 …………249

Ⅱ （2016 年 10 月 2 日）三極形而上学の歌十二首 …………251

Ⅲ （2016 年 10 月 3 日）この朝も喜悦の歌二十三首──三極形而

上学復唱追記 …………………253

Ⅳ （2016 年 10 月 4 日）先達にの歌十四首…………………255

Ⅴ （2016 年 10 月 5 日）美しくもやの歌十七首 …………256

Ⅵ （2016 年 10 月 6 日）天地にの歌十二首 …………………258

Ⅶ （2016 年 10 月 7 日）心一つにの歌七首 …………………259

Ⅷ （2016 年 10 月 8 日）祈りなくばの歌七首 …………………260

Ⅸ （2016 年 10 月 9 日）見事活かすやの歌六首 …………261

Ⅹ （2016 年 10 月 10 日）復活刻々の歌八首 ………………262

XI （2016 年 10 月 11 日）友や言ふの歌八首 …………………263

XII （2016 年 10 月 12 日）飛翔への有：Sein zum Fliegen の歌十二首…265

XIII （2016 年 10 月 13 日）結節点描くの歌十二首 …………………268

XIV （2016 年 10 月 14 日）恩師ジョン・カブ「Creativity の神秘論」

に寄するの歌 …………………………269

XV （2016 年 10 月 15 日）事柄やの歌八首 …………………270

XVI （2016 年 10 月 16 日）摂理香しの歌六首 …………………270

XVII （2016 年 10 月 17 日）命皆の歌十六首 …………………271

XVIII （2016 年 10 月 18 日）平安ありて平和なるの歌六首 …………272

XIX （2016 年 10 月 19 日）妙なるや三極復活形而上学の歌八首 ……273

XX （2016 年 10 月 20 日）仄と香しの歌七首 …………………274

XXI （2016 年 10 月 21 日）何よりもの歌七首 …………………274

XXII （2016 年 10 月 22 日）ともあはれの歌八首 …………………275

XXIII （2016 年 10 月 23 日）今か今かとの歌四首 …………………276

XXIV （2016 年 10 月 24 日）祈り歌一首 …………………276

XXV （2016 年 10 月 25 日）この秋やの歌六首 …………………277

XXVI （2016 年 10 月 26 日）御友歌「皆」の歌十首 …………………278

エピローグ帰結：天地の事の歌、秘義の歌、平安の道の歌 ……………280

I （2016 年 10 月 26 日）天地の事の歌八首 …………………280

II （2016 年 10 月 27 日）創造作用の秘義の歌五首 …………………282

III （2016 年 10 月 28 日）平安の道の歌七首 …………………283

あとがき …………………………………………………285

一 前著『良寛「風の歌」にちなんで──御友神学の省察』への詩的かつ哲学

的「補遺」としての本書の意義について …………………285

10

二　「形而上学的後書にむけて」の結語をめぐって　………………………286

　　（1）結語の核心：

　　　　創作用そも究極事性成すや無自性なるに大悲事に寄す　………286

　　（2）ジョン・B・カブ，Jr. 教授との往復書簡（邦訳）──「形而上学的

　　　　後書」の結語　…………………………………………………………287

　　　　Ⅰ　第一書簡：延原時行（2016 年 10 月 12 日付）…………………287

　　　　Ⅱ　第二書簡：ジョン・B・カブ，Jr.（2016 年 10 月 13 日付）………291

　　　　Ⅲ　第三書簡：延原時行（2016 年 10 月 13 日付）…………………292

三　終唱十四題　……………………………………………………………294

　　　　Ⅰ　（2016 年 10 月 29 日）一書成るの歌十首　………………………294

　　　　Ⅱ　（2016 年 10 月 30 日）脱核要す実在妙用の歌六首　…………295

　　　　Ⅲ　（2016 年 11 月 1 日）平安覚醒の歌十一首　……………………298

　　　　Ⅳ　（2016 年 11 月 4 日）御友世紀の歌十四首　……………………298

　　　　Ⅴ　（2016 年 11 月 5 日）脱核形而上学／御友神学の歌二十五首……299

　　　　Ⅵ　（2016 年 11 月 8 日）一心静止の歌八首　………………………301

　　　　Ⅶ　（2016 年 11 月 9 日）平安ありて平和なる秋の歌十四首　………302

　　　　Ⅷ　（2016 年 11 月 10 日）他なしの歌七首　…………………………303

　　　　Ⅸ　（2016 年 11 月 11 日）November 8, 2016：仕事の歌八首　………304

　　　　Ⅹ　（2016 年 11 月 12 日）東西両風新時代の歌十首…………………304

　　　　ⅩⅠ（2016 年 11 月 13 日）創神秘寿ぐの歌八首　……………………305

　　　　ⅩⅡ（2016 年 11 月 14 日）新世界観の歌六首　………………………306

　　　　ⅩⅢ（2016 年 11 月 30 日）「Creativity の神秘」大発見の歌

　　　　　　十八首　………………………………………………………307

　　　　ⅩⅣ（2016 年 12 月 1 日）「創造性」帰結極点の歌十首　………………308

四　謝辞　………………………………………………………………………311

はしがき

一

　本書は、近著『良寛「風の歌」にちなんで──御友神学の省察』（新潟・考古堂書店、2016 年）の哲学的かつ詩的補遺であります。第一章が、「平和基礎学としてのホワイトヘッド平安哲学」、第二章が、「西田における哲学と宗教──ハーツホーン、滝沢、トマスとの対話のなかで」、第三章が「わが短歌神学日記──2016 年春夏」と題します。

　本書の基本的主張は、いわゆる「平和」及び「平和論」は哲学的にはホワイトヘッドのいう意味での「平安」および「平安論」に先立たれる問題であって、そのことに留意しなくては正しく論じられ、したがって正しく実践されない、事柄である、というものであります。このことは、「平和」及び「平和論」に関する基本条件としての「平安」および「平安論」の発見を意味するものでありまして、本書の基本的学問的価値を構成します。

　第一章「平和基礎学としてのホワイトヘッド平安哲学──ホワイトヘッドの冒険と神のエコゾイックスないし復活形而上学にちなんで」においては、右に述べました、「平和」及び「平和論」に関する基本条件としての「平安」および「平安論」の発見を例証する展開を提示します。第二章「西田における哲学と宗教──ハーツホーン、滝沢、トマスとの対話のなかで」においては、西田の初心「純粋経験の哲学」は平安（悟り）に発する平安論が生涯の結論を示す傑作『場所的論理と宗教的世界観』において「創造作用の形而上学」に到達する点、日本の産んだ世界的平和思想の極北を示します。

　第三章「わが短歌神学日記──2016 年春夏」においてはこの「平安から平和に至る」創造的世界の展開を裏付けるものとして、「わが短歌神

学日記」を思索のいわば楽屋裏の日録を通して表示します。ここでは、大学生時代に耽読した、ガブリエル・マルセルの「形而上学日記」の顰（ひそみ）に倣った、日々の哲学的神学の思索を、日本の詩歌なる短歌に沈潜する中でうたいあげる生活の形を大切にします。

この生活の形は、（1）我が妻の絶後笑み増しに出合い、その喜びに共感することで、歌の湧出を覚えたこと、（2）「喜びの共感」「歌の湧出」はその底に妻の笑み増しを促すものとして、御友の実在を生死の岸辺に発見したこと、（3）そのことは広島と長崎への原爆投下の悲劇の底の底なる「平安」に私を絶えず導く御友神学の恩寵を成すものとして、オバマ米大統領の広島平和スピーチと森重昭氏抱擁に収斂すること――これら三つの線を描くのです。

すなわち、我が妻信子の「切れ目なき笑み」という①「人生究極のロマンス」に感動し、その感動の源「御友」に開眼するという②「神学的体験の精密性」（御友神学）を会得し、御友の遍満たる「実在」が広島長崎の核時代の悲劇の底の底に深まると同時に・御父に向けて我ら一同を運び、飛翔なさる「復活の歓び」の③「究極的普遍性のヴィジョン」（エスカトン、終末論）に至らせられるのです。

二

本書が、近著『良寛「風の歌」にちなんで――御友神学の省察』の哲学的かつ詩的補遺を成すというのは、次の事情によります。すなわち、近著は、重要な二首の短歌に挟まれて、良寛「風の歌」にちなんで――御友神学の省察を展開いたしております。

かく見れば「獣に」原爆投下なすト氏やなきなり御友心や（前提書9頁）
人類や核病理学渦中にやありてのたうつ罪人の群れ（同書195頁）

13

（備考：おそらくや核体制を脱するに、核病理学中よりしてぞ「告白」
出づるべし、誠に逆説的なるも、これ時代先端なるべしとぞや我感ず。
21世紀の核時代内省してや、アウグスティヌス的「告白」出でざるべか
らず。それ出づれば地球文明礼拝構造の文明（神の御前にて核体制懺悔
脱却なす文明）へと回心変貌すべし。その時、ポスト核時代到来するな
らん。米国には、ベトナム戦争に関係しては、「マクナマラの告白」あり、
リーマン危機には、FRB（連邦準備銀行）元議長グリーンスパンの「大
告白」あり。次に、「核文明の告白」なかるべからず）（同書195－196頁）

　私見によれば、これら二首の短歌（原爆投下と核時代の煩悶を表す二
首）の間には宇宙の真相に関して単にメカニスティックな宇宙観から御
友神学を内包する有機体的な「宗教的宇宙観」への変貌が生起していな
ければなりません。核時代とは、過酷な「弱肉強食」「キリスト教絶対
主義の覇権主義」の跳梁跋扈する時代、ことに核体制が覇権主義の方途
を提供する時代、であります。この時代の只中に、オバマ米大統領の広
島平和記念公園訪問と格調高い平和スピーチが、2016年5月27日伊勢
志摩G7サミットの直後実現しました。「謝罪がなくては意味がない」と
いう声も根強いのですが、広島長崎の被爆者には「謝罪がなくても広島
の大地をオバマ大統領に踏んでいただきたい」という一心があるだけで
した。二首添えます。
　オバマ氏や平安ありて平和なる人類コア矛盾懺悔友抱く
　オバマ氏や日米友情矛盾越えスピーチ深々結びたるかな

　三
　私の『良寛「風の歌」にちなんで――御友神学の省察』は、宇宙そ
のものが友情を基本となす時代――ホワイトヘッドのいわゆる《The

Great Companion, the Fellow-Sufferer Who Understands》[1]「偉大な仲間——理解ある一蓮托生の受難者」[2] が宇宙の中核ないし「交互関係」《the reciprocal relation》（PR, 351）である時代 ——であることを、我が日本の良寛の「風の歌」にちなんで、御友神学の提唱によって省察し、叙述し、詠った述作であります。

　そのような時代を私は「御友神学の発見」と良寛「風の歌」の感動によって、なんと申しますか、透視していたのですが、この時代を具現するために——核時代を最初の、広島長崎への原爆投下により開幕させた米国の大統領バラク・オバマ氏が、その「道義的責任」を果たすべく——まさか広島訪問と平和スピーチを現実に敢行する運びになろうとは、想像もしておりませんでした。事柄は、核投下により（1）投下の被害者とその国への被害の実情への「謝罪」（いわゆる『アメリカの戦争責任』[3] に関する謝罪）が必要となる事態と（2）人類が、被爆国日本が経験するのみならず、全体として「核体制」に絡めとられている事態、の二重性の桎梏にある、いわば「人類悲劇」と捉えられましょう。第一の「謝罪」問題は、第二次大戦の終結に関する可能性の問題でありまして、「米国と日本国の人命に関しては、もしもあの原爆投下がなくば戦争が長引くのでもっと被害が甚大になったであろう」という想定により、いわば「米軍の戦略的考察」の対象になっていることは、周知の事実です。しかし、第二の人類全体が核投下により「永久的核体制悲劇の只中に見捨てられている」という「人類全体の遺棄性」の問題は「米軍の戦略的考察」の問題よりも、哲学的に言ってずっと奥が深い問題です。後者の「米軍戦略」問題に留まりながら前者の「人類遺棄性」問題に解決を見い出すことは絶対に不可能です。

　遺棄性の問題は、私は主イエスの十字架上の絶叫「エロイ、エロイ、ラマ、サバクタニ」（我が神、我が神、どうしてわたしをお見捨てなっ

15

たのですか）（『マルコ福音書』15章34節）の長年にわたる考察により明らかにして来ました。[4]「遺棄性」（paradounai, abandonment, Verlassenheit）は、人が①宇宙人生の何らかの不幸にあって、その状態を運命に見放されている、ないしは神に遺棄されていると考え、②その状態を脱却すべく何らかの自由な行動を選択する、③ところが、彼は、当のその「自由な行動の選択」へと委棄されているだけである、④そうして、この「委棄性」が、次に、他者に転嫁される、⑤「遺棄性」を転嫁された人が否応なく「遺棄性の事実」をありのままに（神の御前で）告白する、――といった少なくとも五段階の推移ののちに、「エロイ、エロイ、ラマ、サバクタニ」の絶叫に達する、と言うのが私の結論であります。

　核投下でいえば、①戦争の中での窮境、②これを脱するための核開発、③核開発の実戦使用の決定、④広島・長崎へ投下、⑤被爆者の苦難・苦悶・絶叫――の五段階の推移が観察されます。第二次大戦中の米軍による日本国広島長崎への原爆投下に関しては、①日本敗戦のための上陸作戦の可否、②マンハッタン計画（ルーズベルト政権）、③トルーマン政権による決定、④トルーマン大統領の指示、の四段階が挙げられましょう。ここまでが、米軍による戦略的考慮と実施の範囲です。だが、最後の第五段階は、被爆者の実際の経験の段階です。

　それに直接深い友情の見地から触れることが、今回のオバマ米大統領の意図であり意義であると私は考えます。これは、「米軍戦略」問題をあえて超えて（その意味では、核体制が「人類の根源矛盾」《humanity's core contradiction》[5]であることを十分認知しながら）、「人類遺棄性」問題に共に心を添える「共人間性」《a common humanity》[6]の課題の一つの優れた成就でした。「共人間性」の開花が、惑星規模の友愛世紀の開幕なのであります。オバマ米統領の演説最後の言葉は、高らかに告げます。

「それは私たちが選ぶことのできる未来だ。その未来では、広島と長崎は核戦争の夜明けとしてではなく、道徳的な目覚めの始まりとして知られるであろう」[7]

ここであえて付言しておきますが、最後の第五の段階において主イエスの「エロイ、エロイ、ラマ、サバクタニ」の絶叫は、被爆者の経験と苦悩と祈りに深く寄り添うものとして、その根底の根底をなすものであります。「根底の根底」とは、最初の根底が人間実存の根底を表すとすれば、二番目の根底の根底が人間実存の根底を担って御父へと運び往く意味で、御友によるまた御友と共なる「復活」を表します[8]。この復活の真理の発見は、命が終わりに達するところで、命が新しい始めに繋がれる福音を意味するものでありまして[9]、浄土真宗では、阿弥陀による「還浄」と呼ばれています[10]。一首添えます。

我が妻や絶後笑み増す不思議やも深き低みの底ぞ飛翔す

四

ひとたびここまで省察して参りますと、御友神学がいかに核投下問題の解明に密接不可分に関与しているか、疑うべくもありません。と申しますのも、事は地球政治の眼目を成す核廃絶の問題も人生問題一般も、同じ道理に撞着する、ということでありまして、その道理を私は本書の表題に掲げているのであります：『平安ありて平和なる』。重要な命題でありますので、その出所、論拠であるホワイトヘッド『観念の冒険』末尾の重要な一節をここで引いておきましょう。これから本書全篇を通じて何度も論及することになりましょう。

"The immediate experience of this Final Fact, with its union of Youth and Tragedy, is the sense of Peace. In this way the World receives its persuasion towards such perfection as are possible for its diverse individual occasions." [11]

「〈青春〉と〈悲劇〉との総合を伴うこの〈最終的事実〉の直接経験が、〈平安〉の感覚である。このようにして〈世界〉は、そのさまざまな個体的契機に可能であるような完全性へと説得されることを、受け容れるのである。」[12]

「平安」が正覚されて初めて「平和」が具体的に成就する、という教説ほど重要なものはありません。なんとならば、二者の間には生命の死滅とその新しい開始が控えているからです。平和を、この生死一体の神秘を経ることなしに、ただ軍事戦略論的にだけ、あるいは社会運動論的にだけ求めることほど無謀な企てはありません[13]。というのも、人は滅してこそ不滅でありまして、この事実に撞着することが、ホワイトヘッドの言う「平安」だからです。そして、「平安」の経験があってこそ「平和」形成の偉業に正当な確信と手だてをもって立ち向かうことができるからであります——永生界からの不断の激励を受けつつ。

これを西田哲学の言葉で言い換えれば、人はまず「純粋経験を唯一の実在としてすべてを説明する」平安の道に挺身するのでありますが、平安の道がそれである「絶対自由の意思」が、必ず翻って己自身を見給うことにより、直ちに世界の創造的形成「平和」の出立が突如として生起します。これが「創造作用」でありまして、一切の賢しらな人類の政治的軍事的「戦略」の果ての、聖なる出来事であります。此度のオバマ米大統領の広島平和スピーチ森重昭氏抱擁の如しであります。

　　五

第三章は、わが短歌神学日記——2016年春夏、であります。

第一節　2016年4月の巻：御友神学の開拓欣求す

第二節　2016年5月の巻：オバマ広島平和スピーチまで

第三節　2016年6月の巻：核時代懺悔道を窮めんと——「平安ありて平和なる」に想到、滝沢書簡再読

第四節　2016年7月の巻：妻笑み—御友発見—原爆告白（必然性と現実性）三段階の思索——ホワイトヘッド、西田と共に神エコゾイックス世界観の確立に向けて

第五節　2016年8月の巻：「平安ありて平和なる」死線を超ゆる復活全一学に向けて

　ここでは、第一章のホワイトヘッドの平和論も、第二章の西田哲学論も、（1）詩的反省を濾過してうえで（2）その真理性が緻密に検討され、（3）形而上学的に論証されます。

　詩的反省は、一日一日の詩的感興から出発します。その日の詩的感興を掘り下げるところがないならば、歌の仕事は果たされません。この段階は、ホワイトヘッドが『教育の目的』の中で論じた「ロマンス」の場です。「ロマンス」の場では、何かの概念を先立てることは許されません。私の私ならではの「感興」が滾っていなければ「歌」（短歌）ではありません。その日の感興を詠いきれたときに、それだけで十分な「仕事」を私は果たしたと感じます。それは歌を作ることの大きな喜びであります。一首添えます：

　一日の歌出来てこそ我が仕事成れる喜び胸底にあり

　この喜びは、詩的感興が或る真理性に逢着したという満足によります。私の場合、この満足は、我が妻の絶後笑み増しが「岸辺の主御友の御臨在」を証しするものだとの直覚によります。ホワイトヘッドが「精密化」

19

と呼ぶ人間精神の段階です。この段階において私は「御友神学」に達します。前著『良寛「風の歌」にちなんで——御友神学の省察』において実証したとおりであります。三首添えます：

　いのちとは切れ目なき事ある日我深く論さる我が妻笑むや

　汝が笑みや生涯の際溢れてや絶後いや増す御友いませば

　我が妻や絶後笑み増し不思議やも深き低みの底ぞ飛翔す

　この第二の「緻密化」「真理感得」の段階に達したとき、私はそれを聖書身読により実証いたします。多くの場合、備考における「熟読参照」が必要事となります。

　こうして、①妻の笑み、②御友神学の発見の果てに、本書において私が到達した第三の「問題」が③原爆投下の含む「核時代の到来」とその内面を成す「軍略絶対の視点による永生の否認」の形而上学的神学的考察（注。ホワイトヘッドの言う精神活動の「普遍化」の段階）であるわけです。これは、日本のキリスト教にとっては、『ヨハネ福音書』21章15節の「世紀の誤訳」（1954年改訳口語訳聖書及び新共同訳聖書、参照）による「復活」信仰の歪曲と関係いたします（「巻頭の言葉」結語、参照）。このような背景から、私は「オバマ米大統領の広島平和スピーチと森重昭氏抱擁」を理解し、承認し、称えるものです。

　ちなみに、このようなわが短歌神学日記の全体像は、「巻頭の言葉」においてあらかじめ概略的にしめされます。言わば、「平安ありて平和なる」という思索旅行のトラベルマップといたしまして。

　六

　本書の表題『平安ありて平和なる』は、平和の実現は、御友による地上の一切の命の御父への「御運び」に秘められた「平安」在ったうえで成る出来事だということをしめします。

ホワイトヘッドの平和論も、西田哲学の全射程も、この事理の厳密な哲学的思索と解明を示していることは、本書の第一章、第二章の論証するところであります。

　「平安」を濾過することなしに、「平和」を獲得ないし達成しようとする努力——残念ながら不首尾な努力——は繰り返し数限りなく人類の試みてきたところです。日本国の「平和憲法」もその一つと言えましょう。

　だが、ここで特筆すべきことは、オバマ米国大統領が2016年5月27日広島平和記念公園に於いて平和記念碑の前で、第二次世界大戦の我が国被爆者と全ての国の戦没者に哀悼の誠を捧げ、格調高い平和スピーチと事後の被爆者歴史研究者森重昭氏の抱擁により、哀悼の真実性を共々に真摯にしめされたことであります。私はそこに「共大悲」の心を見ます。「平和憲法」前文に言う「対等関係」はここに初めて「平安」の裏打ちを得ました。大統領の高調された「広島と長崎は核戦争の夜明けとしてではなく、道徳的な目覚めの始まりとして知られるであろう」という「未来メッセージ」は、21世紀の希望であります。本書はこの希望に捧げられます。

バラク・オバマ米国大統領と抱擁を交わした森重昭氏とに心よりの尊敬と感謝を捧げます。

　ちなみに、「道徳的な目覚め」は、真に「未来メッセージ」になるためには形而上学的な裏打ちが無くてはなりません。エピローグ「形而上学的後書にむけて」はこの点に留意して収めました。恩師ジョン・B.カブ, Jr.教授（クレアモント神学院、大学院大学、プロセス研究センター）にメールご書簡「Creativity の神秘論」をご寄稿いただきましたことは、大きな歴史的学術的祝福に存じます。心より厚くお礼申し上げます。

新発田市御幸町の「東西プロセス研究企画」執務室にて

2016 年 11 月 6 日   延原時行

巻頭の言葉

オバマ米大統領広島平和スピーチの歌など——十二題と結語：

日米友情世紀の歌、オバマ氏や過去記憶すも飛翔なすの歌、英共著つら
つら眺むの歌、何故かの歌、朝夢の歌、ポスト核時代の歌、喜悦滾るや
の歌、平安ありて平和なる歌、北第五回核実験如何の歌、脱核時代の歌、
核決着の歌、原爆投下「コア矛盾」と御友の歌

結語：朝夢と嗚呼の歌

Ⅰ （2016 年 6 月 1 日）日米友情世紀の歌二首

一　我が歌を英訳すれば米友人オバマ演説反響に湧く

　　（備考：我が春の短歌挨拶以下の如くなり："Dear Colleagues and
Friends, I am happy to send my Spring Greetings to you.

　オバマ氏や

　平安ありて

　平和なる

　人類コア矛盾

　懺悔友抱く

　Obama-shi ya

　Heian arite

　Heiwa naru

　Hito "core" mujun

　Zange, tomo daku

　Pres. Obama, sensing

　Peace brings about

Earthly peace

Despite our contradiction,

Embraced his friend warmly

（Note: His friend named Mr. Shigeaki Mori, a Hibakusha patient/ historian in Hiroshima, was embraced by Pres. Obama at Peace Memorial Park on May 27, 2016. Cf. Alfred North Whitehead's dictum: "The immediate experience of this Final Fact, with its union of Youth and Tragedy, is the sense of Peace. In this way the World receives its persuasion towards perfections as are possible for its diverse individual occasions [namely, earthly peace]." [AI, 296]）

*

我が友、Bob Mesle, Herman Greene, and John Quiring, 応答メール書簡ありたり、我返事す：以下の如し。我らの友愛の往復書簡、歴史的瞬間を活写したるや！　ご照覧あれ！

[A]　From Bob Mesle, Professor of Philosophy & Religion, Honors Director, Graceland University in Iowa, Tuesday, May 31, 2016 8:15 PM:

Dear Toki,

Thank you for your spring greeting.

I wish that Obama had been able to offer an apology for the horror of the atomic bombs. They were clearly unnecessary. The argument that we actually needed to bomb cities in order to forestall the need for a long invasion is clearly and glaringly false. I cannot understand why people cannot see this. When I was an undergraduate student I took a class in which we watched a video on the decision to drop the bombs. According to that video, which I am inclined to believe, there were two especially terrible reasons for dropping the bombs on cities. 1. We wanted to show OTHER countries (like Russia) the power that we had, and our willingness to use them. Therefore, we had to drop them before the war was over or else we would not have a chance to do so later. 2. We wanted to drop them on cities rather than an uninhabited island because this was our only chance to find out just how much damage they really do into a real city. What horrible lines of thought those are.

Peace to all,

Bob Mesle

Professor of Philosophy & Religion

Honors Director

Graceland University

Lamoni IA 50140

[B] 我が返事これなり：On Tue. May 31, 2016 at 8:22 AM:

Dear Bob,

Thanks a lot for your prompt response.

What you are mentioning is very crucial especially in reference to what Whitehead designates as "Peace" in distinction from earthly peace.

We began in the latter half of the 20th century an interreligious dialogue in order to cultivate the realm of Peace whose sense lies in a union of Youth and Tragedy which Buddhists acknowledge as "life and death being at one." I myself came to know this sphere when I saw my wife Nobuko thanking me for everything I did for her just before departing this life and yet, at the same time, smiling wonderfully while passing. Her gratitude for life and her smile while passing meant, of course, the union of Youth and Tragedy, or of Life and Death.

And, I sensed, if Nobuko acknowledged that unique sense of oneness of Life and Death on her own, why was it not in the midst of life and death of so many people who died all of a sudden in Hiroshima and Nagasaki due to the fall of atomic bombs?

I like Whitehead's following dictum pretty much: "We perish and are immortal." [PR, 351, 82] You see the "and" between perishing and immortality, which, let me say, is the presence of the Great Friend with us! Nobuko has shown it by her beautiful smile while living and passing. At any rate, Obama's speech and his hug were just beautiful; and they are wonderful! Why so? Because we are now in the age in which Peace is bringing about a concrete process of earthly peace. Whitehead's dictum clarifies the unity of the two.

Cordially,

Toki

[C]   From Herman Greene, President of the Center for Ecozoic Societies, Chapel Hill, NC; On Tue, May 31, 2016 11:51 PM:

So nice Toki. I am glad to hear your response to the event of Pres. Obama's visit.

[D]   我が返事これなり：2016年6月1日水曜日0：09：

Thank you, Herman. A new friendship century has now opened up between your country and mine, which is spiritually profound and yet is ready for constructing healthy earthly societies bit by bit.

Cordially,

Toki

[E]　From Herman Greene, Tuesday, May 31, 2016 11:58 PM:

There are so many horrors of the past, such as slavery in America, the genocide of indigenous people in the Americas, just to name two. I wonder how there can be cleansing from this –apologies, repentance, reparations, truth, reconciliation.

I think Obama's action was a simple statement that he understood the human cost of the decision to drop the bomb. It was not something abstractly to be defended or, perhaps, to be apologized for.

Is embracing the tragedy itself and being with its victims sufficient?

Herman

[F]　我が返事これなり：2016 年 6 月 1 日水曜日 1：14：

In a nutshell, I think, the action of embracing the tragedy itself and being with its victims is sufficient only because it is the chance of letting us find and immerse in the Divine togetherness quietly.

Cordially,

Toki

[G]　From John Quiring, Project Director, The Center for Process

Studies, Claremont School of Theology, California; Thursday, June 2, 2016 10:14 AM:

Hi Toki:

Yes, Thanks.

I heard about how he spent his life making contact with the relatives of the American POWs who died at Hiroshima. Magnificent!

John Q

[H] 我が返事これなり：2016 年 6 月 2 日木曜日 12:07:

Dear John Q,

That's right. His name is Mr. Shigeaki Mori. The text of Pres. Obama's address of May 27, 2016 at the Peace Memorial Park in Hiroshima is as follows:

We're not bound by genetic codes to repeat the mistakes of the past. We can learn. We can choose. We can tell our children a different story, one that describes a common humanity, one that makes war less likely and cruelty less easily accepted.

We see these stories in the Hibakusha: the woman who forgave the pilot who flew the plane that dropped the atomic bomb because she recognized what she really hated was war itself, the man who sought out families of Americans killed here because he believed their loss was equal to his own. (*Niigata Nippo*, May 28, 2016, p. 14)

Obama, it seems to me, differentiated this sort of a common humanity from humanity's core contradiction—the capacity for unmatched destruction in opposition to "the very spark that marks us as a species, our thoughts, our imagination, our language, our tool making, our ability to set ourselves apart from nature" manifestly and touchingly in his speech. His spirit was that of a newly emerging planetary friendship which is geared toward what Whitehead calls the "Great Companion, the Fellow-Sufferer Who Understands." [PR, 351]

Cordially,

Toki

[I]　From John Quiring: Thursday June 2, 2016 12:07:

Hi Toki:

Again Thanks: Fellow Sufferers.

John Q

[J]　From Herman Greene: Thursday June 2, 2016 20:59:

Nice

＊

二　日米に友情世紀開けゆく悲劇にオバマ心添へしや

II　（2016 年 5 月 29 日）オバマ氏や過去記憶すも飛翔なすの歌八首

　一　オバマ氏や過去（1945 年 8 月 6 日、9 日）記憶すも飛翔なす共人間性学びてやこそ

　　　（備考：2016 年 5 月 27 日午後 5 時半オバマ米大統領、被爆地・広島の平和公園を訪れ、原爆慰霊碑に献花、被爆者を含む全ての戦争犠牲者を追悼せり、英知と友情と深き反省に満ちたる 17 分のスピーチありたり）

二　かく述べつ広島悲惨未来にや繰り返さぬと無明懺悔す

（備考：「無明懺悔す」とは、以下の一節を指して言ふなり："Yet in the image of a mushroom cloud that rose into these skies, we are most starkly reminded of humanity's core contradiction—how the very spark that marks us as a species, or thoughts, our imagination, our language, our tool making, our ability to set ourselves apart from nature and bend it to our will—those very things also give us the capacity for unmatched destruction." ＝「しかし、この空に上がったきのこ雲のイメージが、われわれに人類の根本的な矛盾を想起させた。われわれを人類たらしめる能力、思想、想像、言語、道具づくりや、自然界と人類を区別する能力、自然を意思に屈させる能力、これらのものが比類ない破壊の能力をわれわれにもたらした」『新潟日報』2016 年 5 月 28 日付 14 面）

三　如何にして共人間性の出づるぞや人類コア矛盾帯びたるにもや

四　米国の創造信仰建国の礎なるもなお至誠欠く

（備考："My own nation's story began with simple words. All men are created equal and endowed by our creator with certain inalienable rights, including life, liberty and the pursuit of happiness."「私の国は単純な言葉で始まった。すなわち、人類は全て、創造主によって平等につくられ、生きること、自由、そして幸福を追求することを含む、奪うことのできない権利を与えられている」同上参照）

五　これまさに御友の誠教へしぞ「空神至誠　汝至誠なれ」
　　（備考：『マタイ』5・48、熟読参照）

六　この命法御友おんみの献身に顕れにけりその外になし
　　（備考：『ヨハネ』15・13 － 15、熟読参照）

七　しかるゆえ御友の内に生くる者父に運ばるげにも安しや

八　オバマ氏や日米友情語る時御友神学称へらるるや

（備考："And since that fateful day we have made choices that give us hope. The United States and Japan forged not only an alliance, but a friendship that has won far more for our people than we can claim through war.「あの運命の日からわれわれは希望をもたらす選択もしてきた。米国と日本は同盟関係を築くだけでなく、戦争を通じて得られるものよりもずっと多くのものを国民にもたらす友情を築いた」同上参照）

III （2016 年 8 月 3 日）英共著つらつら眺むの歌十首

一　英共著つらつら眺むうちにぞや『Conviviality』（共生学）ぞ傑作と知る

　　（備考：アマゾン経由にて取り寄せたる我らが英文共著：*Living Traditions and Universal Conviviality: Prospects and Challenges for Peace in Multireligious Communities*, edited by Roland Faber and Santiago Slabodsky（Lanham, Boulder, New York, London: Lexington Books, 2016）Chapter 12 by Tokiyuki Nobuhara: "The Problem of the Two Ultimates and the Proposal of an Ecozoics of the Deity" なり。我らが書傑作なるは、形容詞としてなり。「傑作な」面白さ故なり。その「傑作な面白さ」や意外性なり）

二　この時代地球の友とこの共著上梓せる幸誠摂理ぞ

三　拙稿や二究極者ぞ窮むうち神エコゾイクス提言やなす

　　（備考：「エコ生命学」なる秘密、空をエコとや御神が踏みしめ給ふ事により、「汝至誠なれ」との命法出づる、宇宙のダイナミックスにぞ在るなり。これ宗教間対話を 20 世紀の遺産として学びたるうえでの、21 世紀の最先端思想エコロジー（より正しくは、トマス・ベリーの時代思想「Ecozoic Era」を延原時行が形而上学思想へと転化したる「Divine

Ecozoics ＝神エコゾイックス、神エコ生命学」）なり）

　四　現今の神体論を越えて我神フィールドを明示したるや

　　　（備考：Sallie McFague, *The Body of God: An Ecological Theology* (Minneapolis: Fortress Press, 1993)、20世紀の代表的エコロジー神学、を完膚なきまでに「空のエコへの神の至誠心の神学とそこから湧出する《至誠なれ》との命法」により論破せる、此度の我が論考は、元々、「神体論＝世界エコ」より出発せず、「神フィールド＝空なるエコ」より出発せる、至誠心の形而上学なり。これに反して、マクフェイグの「神体論」は、言はば、宇宙的ヒューマニズムによる神アナロジー論なり。そこに最深の至誠心なし。現今のテロと空爆と恣意的領土海洋の奪取の動きは、世俗的「神体論」（マクフェイグのは神学的神体論なるも）に淵源するなり）

　五　此処にぞや西田博士の偉業をば我顕彰すげに謹みて

　六　偉大なり絶対無のぞ場所思想エコと言ふならそこから始む

　七　我らもし神の御からだなりとせばこの始がぞそも不遜なり

　八　絶対無 Divine field 成してこそ現世初めて成るや　理（ことわり）

　　　（備考：これ人間知よりすれば、意外にして傑作ならずや）

　九　天の父全き如く汝らも全かれとぞ御友言ひけり

　　　（備考：『マタイ』5・48、熟読参照。これ御友の尊き命法なり。これに勝る命法なし。原爆投下を命法に擬するなど、20世紀のキリスト教の堕落なりき。オバマ氏の広島平和スピーチ抱擁、この堕落「人類のコア矛盾」として懺悔せしなり）

　十　至誠なれこの命法や御友告ぐかくて平安平和生むなり

　　　（備考：平安とは、絶対無の Divine field に対することなり。平和とは、そこから翻って地上に World-loyalty（Whitehead）を貫徹成すことなり。この経緯、意外にして傑作なり。事の順序を誤るべからず）

31

IV （2016 年 8 月 4 日）　何故かの歌五首

一　何故か我が胸底に沸々と喜悦や滾る御友恩寵

二　御恩寵知るに至るや我が妻の絶後笑み増す傑作ありて

三　まさかぞや妻身まかりて笑みや増す意外性ぞや真実と知れ

　　（備考：真実の意外性、復活なり。拙著『復活の省察・上巻――
妻と歌う：生くるとは深き淵より共々に甦ること喜びてこそ』（新潟・
考古堂書店、2014 年 10 月刊）、参照）

四　人生の最深真実何あらむ滅して不滅甦りなり

五　我が妻の切れ目なき笑み詠ひてや教へ子祝す牧者我なり

　　（備考：過日、敬和学園大学名誉教授我 20 年前の教え子のチャペ
ルウエディング司式せり。我が授業「哲学」「比較宗教思想」佳かりき
と言ふ。今、彼女新郎と共に華燭の式典に喜びて臨めり。我が妻の切れ
目なき笑み詠ひつつ、「顔と顔とを相見る天にての歓喜」（『コリント前書』
13・12）承けつつ我、牧者として、新郎新婦心より祝せり、嬉し。なあ、
ノーちゃん。そう、父さん。意外、傑作、ほんまやなあ。嬉しい、嬉しい）

V （2016 年 8 月 7 日）　朝夢の歌七首

一　朝夢になべて超えゆく喜悦あり有り難きかな有り難きかな

二　かかる夢御友御運びありてこそ人の身にぞや恵まるるとは

三　我や知る我が妻絶後笑み増すや御運び嬉々と称へ往くなり

四　オバマ氏や核恐怖去りポスト核時代拓けと勇気鼓舞せり

　　（備考：オバマ米大統領広島平和スピーチの一節これなり：「核を
保有する国には恐怖の論理から逃れ、核兵器のない世界を追求する勇気
を持たなければならない。」本日 2016 年 8 月 6 日、松井一實広島市長「原
爆の日」の平和記念式典における平和宣言にこの一節引用せり。『新潟
日報』6 日付四面、参照）

五　御友こそ御父に向かふ平安に我ら包みて勇気たまふや

六　この地球核にて破壊なす事や怯懦なるのみ勇気に非ず

七　勇気とは御友と共に隣りびと愛して築く平和こそなれ

Ⅵ　（2016年8月8日）ポスト核時代の歌十二首

一　ポスト核時代の原理ありとせば神エコゾイクス正にそれなり

（備考：我英文論文にて「神エコゾイックス（エコ生命学）」闡明

せり："The Problem of the Two Ultimates and the Proposal of an Eco-zoics of the Deity," in: Roland Faber and Santiago Slabodsky, *Living Traditions and Universal Conviviality: Prospects and Challenges for Peace in Multireligious Communities*（Landham, Boulder, New York, London: Lexington Books, 2016）; and "Divine Ecozoics and White-head's Adventure or Resurrection Metaphysics," Open Theology 2015; 1: 494 – 511. 両稿とも、およそ核体制など凌駕せる宇宙エコ神世界の闡明これ努めたり）

二　一切を滅ぼし尽くし己れのみ勝ち誇る核救ひなき世ぞ

（備考：6日夜、広島市で記者会見した日本原水協被害者団体協議会（被団協）の田中比熙巳事務局長（84）は「ヒロシマ・ナガサキの被爆者が訴える「核兵器廃絶国際署名」に期待を込める。『新潟日報』7日6面、参照）

三　何故それに基教絶対主義加担「獣を撃て」とぞト氏号びしや

四　もしもぞや命滅して不滅なら核脅威なし一切やなし

（備考：ホ氏も言へり："We perish and are immortal." [PR, 351, 82] これ全体的生命の形而上学的記述なり。核体制、いかに恐るべきとは言ふものの、全体的生命にいささかも影響せず、むしろこれへと逆転なすは、命の真実なりとは、ホ氏形而上学と我が妻の絶後笑み増しに学

ぶ我が確信なり。この確信ありてこそ、全体的生命への喜悦在るなり。
全体的生命とは、「復活の歓び」の事なり）

　五　空エコに御神至誠におはす故「汝至誠なれ」御友のたまふ

　六　至誠こそ命なりけり而してや「至誠なれ」こそ命法なるや

　七　人びとや一切語ることなきも被爆者滅し不滅ぞ命

　八　命とは神エコゾイクス理法なり核悪超えて命脈々

　九　核悪を超えて命ぞあればこそオバマ氏森氏哀悼捧ぐ

　　　（備考：5月27日広島平和公園記念碑前なり）

　十　我が妻や絶後笑み増し不思議やも深き低みの底ぞ飛翔す

　　　（備考：この一首、幾千もの我が歌のうち最重要なり。恩師言は
るる「原事実」（『ヨハネ』1・1・第一項に言ふ「太初のロゴス」）にさ
らに底（『ヨハネ』1・1・第二項に言ふ「神と共に在すロゴス」）在りて
天父に我ら一切包みて飛翔なし給ふこと、神秘中の神秘、キリスト教の
秘儀中の秘儀、宇宙人生の極北なり。『ヨハネ』17・24、熟読参照。御
友の最奥、御父への我ら一切包みての御運びなり。我「大乗キリスト教」
と呼称なすなり。これなくば、宇宙に救済なし。これ在る故に、いかに
核体制あるも、宇宙に救済在り。そのこと多くの基督信徒信ぜざるは、
我に取りて信じがたき事なり。それ、「単なる望み」にしかすぎぬ（復
活抜きの）信仰（『第一コリント』15・19）なり。「単なる望み」とは、
この世にての「聊か高尚なる人生観」と言ふほどの意味なり。その前提、
この世そのものは絶対に変わらぬとの頑固なる「迷信」なり、これ、誠
に遺憾なることに、「宇宙人生の大変貌即ち復活」を知らぬなり。それ
故に、使徒パウロ「単なる」望みと言ひしなり。真の望み、宇宙人生そ
のものの大変貌即ち復活を信ずる事、なり。我が妻の絶後笑み増し、命
の際の「最高の仕合わせと我への感謝」と「絶後笑み増し」の切れ目な
き笑み、復活の妙なる証言なり。拙著『復活の省察・上巻──妻と歌う：

生くるとは深き淵より共々に甦ること喜びてこそ』（新潟・考古堂書店、2014年10月刊）、参照。だんだんにこの書復活証言の古典となりつつある如くなり）

　　十一　我が妻の絶後笑み増し見し我やポスト核への開眼やあり

　　十二　ポスト核新時代への飛翔こそ平安ありて平和なる道

　　　Ⅶ　（2016年8月10日）　喜悦滾るの歌十首

　一　なにゆえに今日の日もまた胸底に喜悦滾るや不思議なりけり

　二　思ふとは滾る喜悦に目覚めてや感謝一途に生きる事なり

　三　我が思ひ超えてまずぞや喜悦在りこの一事ほど確かなるなし

　四　人なれば全体的の生命を死して成すこそ喜悦の心

　　（備考：今生は生命の一部なり、今生より永生に入り、かくて全体的の生命を成す事ありと感ずること、喜悦の心なり。生命今生のみならば、そもそも喜悦あるなし。生命目的＝終局（telos/end）在りて初めて「喜悦」あるなり）

　五　この世超え遂に御許に御友のや御運びありて命成る知る

　六　完全に知らる遂にや完全に知るぞ正にや全き命

　　（備考：『第一コリント』13・12、熟読参照）

　七　この命日々に喜悦の滾りてや胸底にあり有り難きかな

　八　日ノ本や核爆発を身に受けて初めて命成す喜悦得し

　九　核競争渦中にあるや命成す喜悦知らざる国々のみや

　　（備考：核問題兵器の問題に非ず、「命成す」こと知らぬ「形而上学的無知にして無恥」の文明問題なり。漸くそこまで我悟りたり。この時にオバマ広島平和スピーチ抱擁ありしは、摂理的奇蹟なり）

　十　長崎の平和歌声今日聴きぬ亡き小学生命成す嗚呼

　　（備考：1985年8月9日ピカドンありて一瞬のうちに黒焦げにな

りし小学生のために、長崎の小学生による歌唱ありき。彼命成し、今歌
声あり）

Ⅷ （2016 年 8 月 13 日）　平安ありて平和なる歌八首

一　我が妻に学びて見れば悲劇中被爆者命成すや真実（まこと）へ

二　核爆発最中に命成す人や御友諸共祈りてや在す

三　そもそもや祈りなくして幾十年戦後日本の在り得べきかや

四　誠にや御友御声や響くあり「我が羊飼へ」平和現成

五　我やしも悟りにけりや我が喜悦平安よりの平和御告げぞ

六　この国の若人たちやリオ精進その晴れ姿誉むる嬉しや

七　あの大戦過ごして日ノ本帰化人の息子娘のリオ活躍も

八　それのみか平和の御国愛してや論陣を張る今来人（いまきびと）佳し

Ⅸ （2016 年 9 月 12 日）　北第五回核実験如何の歌七首

一　中朝の国境越えし北兵士ロバを解体食す貧困

二　第五回核実験を誇る北ロバ食す兵餓へむとするに

　（備考：9 月 9 日北朝鮮第五回核実験あり：【ニューヨーク共同】
米国が北朝鮮に対する制裁強化に向け、国連安全保障理事会決議に基づ
く資産凍結の追加対象として、核・ミサイル開発に関わる人物のリスト
を中国側に提示していたことが分かった。朝鮮人民軍の高官らとみられ
る。外交筋が 10 日、明らかにした。安保理は 9 日、非公開の緊急会合
を開き、北朝鮮による第 5 回の核実験を強く非難する報道声明を発表、
制度強化を含む「適切葉措置」を取るための協議を直ちに開始すると明
記した。米国は中国との調整を本格化させる。『新潟日報』2016 年 9 月
11 日付）

三　核弾頭米に飛ぶにや難し（かた）とも中を狙ふや真面目なるとか

（備考：これ中国の最大問題なり）

四　命のや理法生くるぞ人務めそれ違（たが）へてや何を汝誉む

（備考：天の理を認むるほかに地の政治畢竟あるなし）

五　オバマ氏や平和スピーチ命懸け広島悔悟実見せんとす

（備考：これ現在地球政治の意思決定の眼目なり。オバマ氏広島にて《Moral Awakening》「道徳的覚醒（けつじょう）」決定なしたるなり。それ地球人類皆知るべし。北の第五回核実験など「最後の空騒ぎ」と知るべし）

六　極東に平安ありて平和成る宇宙理法に誰逆らはむ

（備考：北はオバマの意中を甘く見れども、中国北を獅子身中の虫と見れば、オバマと共に往く如し。さもなくば地球このたび決着あらず）

七　この後や米決定し中協和日ノ本資産補給ありてぞ

（備考：長谷川慶太郎『世界大激変——次なる経済基調が定まった！』（東洋経済新報社、2016 年）、参照）

X　（2016 年 9 月 16 日）　脱核時代の歌十二首

一　明らかに北戦略やこれなるぞ核ありてぞや平和成るとぞ

二　この場合「平和」勿論米認知されども欠くや核の哀悼

三　オバマ氏や広島スピーチ抱擁に被爆者哀悼悔悟深甚

（備考：これオバマ氏以下の如く宣言す："That is a future we can choose, a future in which Hiroshima and Nagasaki are known not as the dawn of atomic warfare, but as the start of our own moral awakening."「それは私たちが選ぶことのできる未来だ。その未来では、広島と長崎は核時代の夜明けとしてではなく、道徳的な目覚めの始まりとして知られるだろう。」『新潟日報』2016 年 5 月 28 日付 14 面、参照）

四　此処に在り平安ありて平和成る脱核時代道や歴然

五　核問題軍略ならず被爆者の平安なるや現世超脱

六　一切の人類記憶御友共天父運ばる核超ゆる業

七　この業の明らめ誠新時代形而上学務めなりけり

八　人よ何故核軍略に埋没し脱核学に心向けぬや

九　脱核や「神エコゾイクス」我や呼ぶ空神至誠汝至誠なれ

十　法源や空至誠御神ぞ命法御友至誠なれとぞ

十一　かくあれば核軍略や力なし原爆投下オバマ氏懺悔す

十二　哀悼や新時代のや心組み何をいまさら北核騒ぎ

ⅩⅠ　（2016 年 9 月 17 日）　核決着の歌十二首

一　原爆に被爆勝れる理や人経験の深みなりけり

二　我ら人深みに在りて岸辺の主仰ぎ救はる御父御許へ

三　被爆せし幾十万の人方に哀悼捧ぐオバマ氏尊し

四　北制裁米追加案提示すも決意遂にや中に見えしか

　　（備考：「米北の禁輸拡大検討、安保理制裁厳格措置に中国同意」『新潟日報』2016 年 9 月 15 日付）

五　事柄ぞたんに軍略あらざるよ核問題を窮めんとすや

六　人類や広島長崎あればこそ平和保てるげにしかと見よ

七　これ誠滅して不滅ひといのち平安ありて平和成るとぞ

　　（備考：ホ氏も言へり："We perish *and* are immortal."）

八　これやこそ永生不信の人類文明核開発の愚行に走る

九　まずやこそ「永生」殺めそれ故に「軍略」進む二段の無知ぞ

十　復活の歓喜無き故原爆に頼りて地上荒廃画す

十一　かかる無恥如何にもあれや御友共ひとついのち生く悪贖ひつ

十二　生くるとは深き淵より共々に甦ること喜びてこそ

　　（備考：復唱）

ⅩⅡ　（2016 年 9 月 18 日）　原爆投下「コア矛盾」と御友の歌
　　十首

一　我が主をば十字架かけし人汝や原爆投下犯す性<ruby>性<rt>さが</rt></ruby>なり

二　これオバマ「コア矛盾」とぞ描きしや広島平和感話麗し

三　今頃やまた投下論出でにけり「獣を撃て」との時期なるか米

　　（備考:《米国のブッシュ前大統領と父親のブッシュ元大統領、カーター元大統領 3 人が広島、長崎に原爆を投下した当時のトルーマン大統領の決断を支持すると、今月発売された米 FOX ニュース司会者オライリー氏の著書『キリング・ザ・ライジングサン』の中で表明した。ブッシュ元大統領は「困難だが正しい決断だった」とした。

　　書簡でカーター元大統領は以前発表した自著の表現を引用する形で「われわれは全員（トルーマン氏の）決断を支持していた。日本の（本土に）侵攻すれば 50 万人の米国人が命を落とし、さらに多くの日本人が殺されることになったと信じられるからだ」と記載。その上で「考えは変わっていない」とした。

　　オライリー氏はクリントン元大統領とオバマ大統領にも同様の質問をしたが回答を得られなかったとしている。》『新潟日報』2016 年 9 月 17 日付、参照）

四　彼ら皆被爆投下に勝れるを露知らざるや「何ぞ我を」を

　　（備考：贖罪的逆転なくば人類に救ひなし:『マルコ』15・34、熟読参照）

五　人類やかくも悲惨にありけるも主の叫び享けいのちあるなり

六　人如何に悲惨なるとも裏からぞ神共にます見れば微笑ぞ

　　（備考：復唱）

七　今はぞや脱核時代ひとえにぞ軍略超ゆる神学ありて

八　人類の核悲惨のぞ底にぞや「何ぞ我を」と絶叫の主ぞ

九　御友なる神共知るや万事をぞ誠神学とぞ申すなり

　　（備考：『ヨハネ』15・15、熟読参照）

十　それ故に知者の「決断」如何にあれ「何ぞ我を」ぞ誠底なり

　　　結語：（2016 年 9 月 20 日）　朝夢に嗚呼の歌六首

一　驚きぬ朝夢に妻我と共牧会神学編成はげむ

　　（備考：ジョン・カブ著、延原時行・信子共訳『とりなしの祈り』
（東京・ヨルダン社、1990 年）の再練磨なりと見ゆ。面白し。それがぞや、
部屋片付けることによる、となり）

二　このことや永生界に明らかに牧会意欲在りと見ゆるや

三　おりしもや新著進捗著しほぼ打ち終へし眺む楽しや

四　我やしも御友神学和讃をぞうたひうたひて伝道なすや

五　何よりも世紀の誤訳ある故に日ノ本復活信ぜぬや嗚呼

　　（備考：『ヨハネ』21・15 の 1954 年改訳及び新共同訳、見られよ：
「この人たちが愛する以上に、わたしを愛するか。」（1954 年改訳）：「こ
の人たち以上にわたしを愛しているか。」（新共同訳）とありて、「これ
らの物（注。網や舟、漁業一般、延いては宇宙一切）よりも《我》（注。
アブラハムの出でぬ先に在る《我》：『ヨハネ』8・58）愛するか。」（私
訳：拙著『復活の省察［上巻］――妻と歌う：生くるとは深き淵より共々
に甦ること喜びてこそ』新潟・考古堂書店、2014 年、31－37 頁、参照）
ではあらざる点、宇宙的基督・御友の発見、御友と共なる復活の歓び無
きなり、嗚呼）

六　この宗教復活の《我》知らぬ故未だ基教に非ざるよ

　　（備考：This is something religious in just a humanistic way, but
is not the Christian faith per se.）

［了］

註

1 Alfred North Whitehead, *Process and Reality*. Corrected Edition, eds. David Ray Griffin and Donald W. Sherburne（New York: The Free Press, 1978）, p. 351; hereafter cited as PR.

2 ホワイトヘッド著作集　第 11 巻『過程と実在・下』山本誠作訳（京都・松籟社、1985 年）、625 頁、参照。

3 竹田恒泰『アメリカの戦争責任──戦後最大のタブーに挑む』（PHP 新書、2015 年）、参照。

4 拙著『受肉の神学──救済論と形成論』http://d.hatena.ne.jp/keiyou-san+torigai/ 参照

5 オバマ米大統領『所感全文』（『新潟日報』2016 年 5 月 28 日付 14 面、参照。

6 同上、参照。

7 同上、参照。

8「復活」の真理の証言は、森重昭氏の独占手記「オバマは広島で私を抱きしめた」『文藝春秋』2016 年 7 月号に収められた以下の一節に明示的である：《「長期にわたって多くの米兵の調査をしてくれましたね」と、大統領が話しかけてきました。「被爆した十二名の米兵たちも天国できっと喜んでいると思います」私は言葉につまりながら小さな声で答えました》（121 頁）

⁹ 私見によれば、この福音を良寛は次の短歌で言い表したごとくである：
「つきて見よひふみよいむなやここのとを　とをと納めてまたはじまる
を」北嶋藤郷によれば、この歌を取り上げて上田三四二は「時間の本質
というのは、回帰性で元へ帰る、環をなす」と見た。そう見ることで大
病の後死の恐怖の解決法を見つけたというのである。「このような考え
方をして生きれば、二十歳で死んでも、八十歳まで長生きしても全部そ
こで納まっている。つまり、十と数えて納まっているのです」中野孝次
著・北嶋藤郷［聴き手］『良寛に生きて死す』（新潟・考古堂書店、2016
年新装版）、148－149頁、参照。

¹⁰ 良寛の最晩年の一首に次の秀歌があることはよく知られている：「我
ながら　うれしくもあるか　弥陀仏の　います御国に　行くと思えば」
臨終の際の弟子貞心尼への有名な返歌「裏を見せ　表を見せて　散る紅
葉」は、「永久の別れ」を悲しむ貞心尼への叱咤激励であった。「散る」
とは、「弥陀仏のいます御国」へ飛翔することであった。貞心尼はすぐ
に気付いて詠う：「来るに似て　返るに似たり　沖つ波」来るも返るも「沖
つ波」（法性法身・空）とは、時間の究極的環のことであろう。それはちゃ
んと納まっている、と貞心尼はついに悟った。この弟子の歌に良寛禅師
は、「明らかりけり　君が言の葉」と最後の認証を与えた。新井満『良
寛と貞心尼の恋歌　自由訳』（新潟・考古堂書店、2011年）、164頁、参照。

¹¹ Alfred North Whitehead, *Adventures of Ideas* (New York: The Free
Press, 1967), p. 296; hereafter cited as AI.

¹² ホワイトヘッド著作集　第12巻『観念の冒険』山本誠作・菱木政晴訳（京
都・松籟社、1982年）、409頁。

13 沖縄の問題（ことに軍属による女性殺害遺棄）の核心はここにあることが、今の新しい惑星規模の友愛環境の中でますます開示されよう。また憲法問題についても、護憲にせよ改憲にせよ、「平安」に留意することなしに「平和」論の具体的構築は心を失った所業であると感じられるのである。のちに「わが短歌神学日記」に収める我が歌にあるように、憲法前文に記述のある「対等関係」について、オバマスピーチと森重昭氏抱擁に示された「共人間性」即「共大悲」の発現は新しい事象である。これを十分留意尊重することなしに進めば、右にせよ左にせよ、あまりに政治主義的だという謗りを免れまい。

第一章　平和基礎学としてのホワイトヘッド平安哲学

——神のエコゾイックスとホワイトヘッドの冒険ないし復活形而上学に
ちなんで[1]

はじめに

　ホワイトヘッドの有機体哲学において Peace ＜平安＞は特別な含蓄と
位置とを占めている。その含蓄と位置とは、『観念の冒険』の末尾[2]に
おいて以下のような結語の中で明示される。

　諸事物の本性の核心には、常に、青春の夢と悲劇の報いがある。＜宇
宙の冒険＞は、この夢で出発し、悲劇的な＜美＞を刈り入れる。これは、
＜興趣＞と＜平安＞との統合の、秘密である。つまり、苦しみは、＜も
ろもろの調和の調和＞において、その終局に達するということである。
＜青春＞と＜悲劇＞との総合を伴うこの＜最終的事実＞の直接経験が、
＜平安＞の感覚である。このようにして＜世界＞は、そのさまざまな個
体的契機に可能であるような完全性へと説得されることを、受け容れる
のである。（AI, 296）

＜平安＞の含蓄は、＜青春＞と＜悲劇＞との総合を伴うのっぴきならぬ
＜最終的事実＞（すなわち死）を喜んで引き受けるところにある直接経
験の感覚以外ではない。そしてその位置は、そこにおける完全性への説
得の受容という、刻々に未来的な場所である。我々は現在、このような
意味での＜平安＞の含蓄と位置とを、個人的境位においてのみならず、
地球との関係に立っている人類的境位においても認識しなくてはならな
い。私が本稿においてトマス・ベリーの「The Ecozoic Era」（エコ生代）

の提唱を重要なものとして受け入れたうえで、それに「神のエコゾイックス（エコ生命学）」という形而上学的省察を凝らそうと思う所以である（第一節）。と同時に、さらに進んで、ホワイトヘッドの＜冒険＞に盛られている「復活形而上学」を発掘してみようと欣求する所以なのである（第二節）。こうした二重の企図を敢行する前に、ここでは、少しく個人的な思いを短歌のかたちで表出してみたい。

I （2016 年 3 月 19 日）我が友よの歌七首

一　瞬時のや御父帰りの道や君御友共なり大安心ぞ

　　（備考：1960 年代からの親友木原和彦君往きし、2016 年 3 月 18 日早朝なり。享年７９歳、嗚呼、IXIA! 「イエス─ス・クリストス・インマヌエール・アーメン！　イエスはキリストなりとは、神我らと共にいます、との意義なり、まさに然り！」）

二　称名や友情絆幾星霜遂に往く時君が誉や

三　我が友や科学知の問切実や我告げたるや御友運びぞ

　　（備考：木原和彦氏より２０１５年１２月１７日お便りありたり：「延原時行先生　拝啓　今年は天候不順が続き、御地では厳しい寒さ又雪の生活お送りしておられるとおもいます。このような状況で寒さ雪もよしとしながら信子先生とお話しを続けておられる事と思います。貴先生は愚生を（大阪 YMCA 聖書研究会で１９６０年以来）信仰に導き下さったお方、小生にとってもっとも大切な人です。小生厚かましくも自然科学的な疑問をお尋ねしたく思います。

　　特殊相対性理論では光速の速度で走るものの中では時間がたたないといわれていますが、魂霊の科学としてはどのようにつながっていくのか等々。

　　小生胃がんにかかり半年入院し帰って来て療養生活を続けておりま

す。いつまで歩行すれば自由に歩行できるまでになるでしょうか、がんばっております。

　年末お忙しい所お手紙差し上げて勘弁して下さい。乱文乱筆お許し下さい。

追伸　先日日本最高のお米　新潟県こしひかりがとどきました。誠に有り難う御座います。

敬具

平成２７年１２月１７日　　　木原和彦
延原先生」

２０１６年３月８日　延原時行ご返事：「木原和彦様　拝復　昨年１２月１７日付御便り誠に有り難うございました。この冬は雪も沢山降り大変寒うございました。貴兄も御大変な中よく耐えて御家族御一同主の御守りの内に一日一日を祝福の内にお過ごしのこと御慶び申し上げます。

　さて、御芳書に記されました御質問は大変重要なものに存じます、――

　「特殊相対性理論では光速の速度で走るものの中では時間がたたないといわれていますが、魂霊の科学としてはどのようにつながっているのか等々」

　普遍的相対性の世界は、御父の絶対包摂世界であります。ところが、この世界は最後に、特殊相対性の「キリスト＝御友の具体的世界」に於いて我々に対する摂理へと入ります。御友（ホワイトヘッドの"The Great Companion, the Fellow-Sufferer Who Understands"と呼ぶ御方）が地上の愛を天上の愛へとつなぎ、天上の愛を地上の愛へとつなぐ御はたらき（交互関係＝ the Reciprocal Relation）をなさる事が摂理の内容です［PR=Process and Reality=, 351］。私の歌では、こう詠っております（３月５日）、――

歓喜とは御友運びて我らをや御父に至るこれイマヌエル

御友が我らを御父に運ばれますには、時の経過はありません、直ちに天父の御国に参ります、永久の命をいただきます。ホワイトヘッドはまた書いています：”We perish *and* are immortal.”「我ら滅して不滅なり」[PR, 351, 82]。5日に詠いました――

　我が妻や確固不動の永生に在る歓びぞ胸に響きぬ

何の不安も心配も要りません。

大兄も只今食事ができぬことで御大変に存じます。点滴から食事に至られます様御祈りいたしております。つたない「風の便り」の歌を同封させていただきました。御笑覧下さい。

　天父の平安、御友の御愛のゆたかに御身とご一家の上にございます様に！

IXIA!　延原時行

2016年3月8日

木原和彦様」）

　四　歓喜とは御友運びて我らをや御父に至るこれイマヌエル

　　　（備考：「ロゴスは神と共なりき」（ヨハネ福音書1章1節第二項）の真理にありて我ら「神と共なる」イマヌエルの御国に運ばるるなり。これ永生なり。我が恩師滝沢克己先生「太初にロゴス在りき」（ヨハネ福音書1章1節第一項）の真理「実存の根底ロゴスなり」を生涯語るも、この真理遂にさらに内奥の真理に、人滅する時変転するなり。滝沢の「インマヌエルの原事実」今や「インマヌエルの飛翔」に至るなり）

　五　我が妻や絶後笑み増し不思議やも深き低みの底ぞ飛翔す

　　　（備考：復唱）

　六　この朝も令夫人ぞやにこやかに君御国往く喜びてこそ

　七　父の遺志胸に一途や寛君黙々として後や守れる

II （2016 年 3 月 20 日）大乗基教の歌四首

一　何故に人は死ぬぞや死の死をば潜りてこそぞいのち祝さる

二　今生を如何に窮むも永久（とわ）や無し遂に窮むや御友御運び

三　御父（おんちち）に思ひ出なべて奉献すその日在りてぞいのち満つるや

　　（備考：我が妻信子の根本的人生神学における如し）

四　我が歌や大乗基教調べをば綴りに綴り日ノ本捧ぐ

III（2016 年 3 月 20 日）厳かにの歌三首

一　厳かに前夜式あり我が友のイマヌエル信称へられしや

　　（備考：2016 年 3 月 20 日夜 7 時、枚岡教会にての故　木原和彦兄前夜式にて浅見覚牧師、イエス―ス・クリストス・インマヌエル・アーメンの信仰を誉め給ふ）

二　友生涯有終の美ぞかくてあり屹度天見る君や祝さる

　　（備考：棺中の君が御顔「屹度天見る」如くなりき）

三　見る者や御友なるなり我感ず一切破り天父に至る

IV（2016 年 3 月 21 日）称名聴こゆの歌五首

一　君が面（おも）和みてやこそ口元に笑み仄かなり称名聴こゆ

二　少しくや口や開きて称名のかたち麗し飛び立つ如し

三　ふたりにや非ずしてこそ三人ぞ御令室とぞ我語りけり

　　（備考：前夜式後「もう寛と二人です」と言はれたり。されど今21 日、「いや、天国の和彦様とお三人ですよ」と斎場を後にして我言へり。「祈って呉れますよね」「そうですよ」）

四　我がために祈って呉れる我が夫得たるや如何に嬉しきやこそ

五　父汝に乗り移りしや寛君言ひて我見る「然り」笑む君

　　先に引用したホワイトヘッドの『観念の冒険』末尾の＜平安＞思想は、

今Ⅰに七首詠ひし短歌に込められた「飛翔のイマヌエル」（滝沢の言う「インマヌエルの原事実」の彼方）を通じて、さらに並べたⅡ,Ⅲ,Ⅳにある「棺中の笑み」の歌どもを通じて、私の内に具現する。＜平安＞は、一方「＜青春＞と＜悲劇＞との総合と共なるこの＜最終的事実＞の直接経験」でありながら、他方「完全性へと説得されることを、受け容れる」未来性をもつのである。すなわち、我が妻延原信子（2014年3月11日帰天）と我が友木原和彦兄（2016年3月18日帰天）に関して私の知る限り、死の内において一瞬のうちに御友に運ばれて天父世界の完全性に至ることを、受け容れ喜び、笑むことのうちに、＜平安＞は成就するのである。

　世にいう「平和」とは、この＜平安＞の最終的直接経験（ultimate immediate experience）を予想した、究極以前（penultimate）の世界内的準備にほかならない。そういう意味では、元々＜平安＞を最終的経験として予想しないでは、「平和」は概念として成り立たないのだ。それは、例えば、生命倫理の諸項目（殺す権利「他の種の個々の成員を殺したり、彼らに極度の苦しみを引き起こしたりする人間の側での権利問題」、死ぬ権利「尊厳死」、生きる権利「妊娠中絶」、愛する権利「セクシュアリティ」）が意味と価値を持つためには、普通あまり深刻に論じられないのであるが、＜平安＞を前提としなくてはならないことと一般である[3]。本稿の表題「平和基礎学としてのホワイトヘッド平安哲学」はこうした含蓄を表示するものである。

　「平和」の究極的前提としての＜平安＞は、重要なことに、それを濾過してこそ現実的な「平和」の創造作用の現成を見ることになる反転を含む。これは、キリスト教史において『使徒言行録』以来不可欠的に重要な「ペンテコステ」（聖霊降臨）の契機であって、私の理解が間違っていないならば、ホワイトヘッドはこれを指して＜［神の］冒険＞と呼ぶのである（後段、第二節参照）。

第一節　二究極者の問題と《神のエコゾイックス》の提言——トマス・
　　　　ベリーとの対話のなかから

　さて、神学における最近の二つの重要な関心事は、宗教間対話（殊に
その中でもっとも重要な設問となっている「二究極者の問題」）とエコ
ロジーである。これらを取り上げ、あるひねりを加えて、「神のエコゾ
イックス（エコ生命学）」なる提言をある論文で発表してみた[4]。これ
は、米国のエコ神学者トマス・ベリーが、人類の地球環境の破壊によっ
て「新生代」が破産しているので、それに代わる新しい地質学時代を地
球と人類文明との共生によって創出する「偉業」が必要だとして、The
Ecozoic Era（エコ生代）の命名に至っていることに注目し、この提言に
形而上学的根拠を与えるべく考究した結果の私独自の哲学的提言なので
ある。
　人類が当面している地球的危機は、ベリーによれば、現在の近代石油
文明が６５００万年前の新生代（"Cenozoic Era"）に地中深く残された（絶
滅した恐竜たちによる）化石燃料を産業革命後の近々数世紀のうちに（こ
とに１９世紀半ばから２１世紀半ばにかけての二世紀間に）全埋蔵量の
約８０％を蕩尽するという実に驚くべき暴挙を前にしての、文明論的危
機である。この危機は、我々人類が地球との関係の中で生み出した無明
の事実である。
　先に、「二究極者の問題」と「エコゾイック」時代のあいだにあるひ
ねりを加えて提言すると私は述べた。ひねりとは、次の考察可能性のこ
とである。すなわち、「二究極者の問題」の中核をなす神（宗教的究極者）
と仏教的空ないしホワイトヘッドの創造作用・Creativity（形而上学的
究極者）の関係性は、もしも、前者が後者を見えざる場所（西田幾多郎
の言うような「絶対無の場所」）として「そこに於いて在る」と考えら

れるとするならば、この存在様態（場所に於いて在る様態）がそのまま
エコロジーの内容（ただし、神的内容・内奥）として、捉えられるので
はないか、という思惟方法である。これを、「二究極者の問題」をエコ
ロジー化（ecologize）する、といってもよい。要するに、「二究極者の
問題」はエコロジーの思考枠にそのまま「代入」「転入」されてよろしい、
ということである。

　「二究極者の問題」を「エコゾイック」思惟方法に「代入」する場合、
もちろん、一つの重要な前提がある。それは、私がここで、「世界のエ
コロジー」を問題とする前に、「神のエコロジー」をその必須条件とし
て考えているということである。普通、エコロジーということで、我々
は無言のうちに「世界のエコロジー」をしか考えていないのだ。ここに
私が「エコロジーのトートロジー（同義反復）」（ecological tautology）
という精神的境界喪失が不可避的に現出する。これでは、少なくとも神
学的に考える場合、足りない。「世界のエコロジー」を考える前に、そ
の前提条件として、「神のエコロジー」を考え得るのでなくてはならな
い。この問題は、本論がそれをめぐって展開するところの、「平和基礎
学としてのホワイトヘッド平安哲学」という主題と深く関与するのであ
る。ここにおいて我々は、トマス・ベリーのエコロジーの徹底として
の「エコゾイック」思惟方法を学んだ場合、「神のエコゾイックス」（an
Ecozoics of the Deity）（神のエコ＝場所＝生命学）という新学問に導か
れるのである[5]。これが、私の提言の内容である。

　神のエコロジー（生態学）ないしエコゾイックス（エコ＝場所＝生命
学）を考えるということは、少なくとも、神に本来的居住場所（Oikos）
がある——しかも、世界と触れるなかで・それ以前に（御自らの内奥領
域として）神独自の場所を持ち、そこに（イエスの言い方ならば、「隠
れたるところに」）在す——ということを含意するのであるから、この

51

思惟方法は、本質必然的に、神を「純粋の精神」とだけ考えることの否認を含むのである。

　神をその純粋の自己性（aseity）ないし究極性内部においては場所やからだを持たぬ「裸の精神性」と考えたうえで、そうした「純粋の精神」としての神を、次に現実的には、「からだとしての世界」を纏うという主旨での「神のからだ」の神学が構想されるかもしれない。例えば、サリー・マクフェイグの『神のからだ──エコロジカル神学』はそのような立場をとる。一見その主張は、以下のごとく、説得的である。

　この「からだ」モデルにおいては、神は、宇宙に対して外在的に、ないし、それから離れて、という意味で、超越的なのではなくして、全プロセスとその素材的諸形態を活性化し、（そして愛する）ところの、根源、力、そして目標──つまり、霊──ということになろう。神の超越は、そこで、宇宙の超絶した、原初的な霊なのである。我々は、霊を注がれたからだ──生きつつ、愛しつつ、考えつつあるからだ──である。だからこそ、神を我々の像に似せて想像している（というのも、それ以外のどういう方法で我々は神のことをモデル考察することができようか？）──という事情によってこそ、我々は、神を全宇宙の・霊を注がれた・からだそのもの、つまり、一切の存在する者たちを生み出し、導き、救うところの、生気ある、生ける霊として、語るのである[6]。

　しかしながら、ここには、神の究極性内部における「場所」の観点が全然見られないのである。確かに、マクフェイグの言うように、世界と接したままなのであるが、神にその究極性ないし超越性の内部において神ご自身の「場所」「根底」「根拠」が明らかにされなくてはならない。そうした問題意識は彼女にはないのである。西田幾多郎ならば、「真の

無はかかる有と無とを包むものでなければならぬ、かかる有無の成立する場所でなければならぬ[7]。」と言うあの問題がである。

　我々は、神学を、エコロジーの最新の成果を受けて、「神のエコゾイックス」として省察する場合、（1）神は御自ら「絶対無の場所」《Oikos》に於いて在る「生命」《Zoe》であるゆえに、（2）この隠れた姿を世界内にも顕して「世界をからだとする」中で誠なるからだであれ、との命法を世界に与えられるものと考える。マクフェイグのエコロジー神学は第二の要素しか持たない。第一の要素を完全に欠いた所論なのである。これに反して、「主の祈り」第三祷におけるイエスの原則「御心の天になるごとく、地にも」（『マタイ』6・10b）は、我々のエコゾイック神学の祈りでもある。

　こうして、我々は私の言う「神のエコゾイックス（エコ＝場所＝生命学）」について二重性の論理を確認した。先にも述べたように、「神のエコゾイックス」は、２０世紀後半から２１世紀にかけて、エコロジーの神学が澎湃と出現する前に、地球の大きなうねりとなって栄えた「宗教間対話」ことに「仏教とキリスト教の対話」において中心的位置を占めた「二究極者の問題」をエコロジー化（ecologize）することによってその基本論理――（1）絶対無の場所に於いて在りつつ、（2）世界をからだとして纏い、真のからだれと求める、二重性――を持つ。

　私は、宗教間対話の時代の中で永く「至誠心の神学」の提言を唱えた。それは三つの原理よりなる提言であった。（1）神は空（ないし絶対無の場所）に至誠である；（2）空は空自らを空ずる；（3）神は宇宙において我々被造物に至誠を喚起することができ、かつ現に喚起する唯一の御方である[8]。

　この提言は、恩師ジョン・B・カブ教授が、ホワイトヘッドの「神と創造作用（Creativity）」の区別論を基礎にして、仏教と対話しながら、

創造作用は空性（Emptiness）と同定され得るが、神は空なる御方（the Empty One）であるとした卓見に学びつつ、もう一歩進めて考えてみた。問題の焦点は、従属（subordination）であった。カブにとって、神が空に従属することは、キリスト教的神信仰が許さぬ事柄であった。私にとっては、二つの理由で「従順」はキリスト教信仰の要であるばかりか、神と空の関係に極まる真理である。ひとつは、使徒パウロの伝える「イエス・キリスト『の』信仰（による神の義）」（『ローマ』３・２２）という消息（主格的属格の『の』）に見られる。これは、ちょうど、浄土真宗の「弥陀の至誠心」の信心にパラレルである。もうひとつは、カール・バルトの『教会教義学』第四巻第一分冊に展開される「和解論」の評価である。そこでは、イエス・キリストにおける「従順」が主軸となる。「従順」が前提にしている考え方は、神内部における「上方と下方、先と後、優位のものと下位のもの」の秩序である[9]。

　さらに重要なのは、私にとって、「究極者への信頼」の創発の問題であった。神がご自身〈なにものか〉に至誠であることを実証されることなしに、神への信頼は我々信仰者の中で湧き出てはこない。しかし、単なる〈なにものか〉に神が至誠であることは、神の偶像崇拝を予想させる。したがって、神は〈絶対無〉に至誠で在さなくてはならない。大乗仏教の言う「空は空自らを空ずる、その空性」である。

　ごく最近、新しい発見があった。「御友神学の発見」である。右に述べたような宇宙の真理の一般理論は、正しいけれども、全く正しいとは言えない。なぜかといえば、それが一般理論だからである。私は、聖書の二か所にひどく打たれた：

　わたしはもう、あなたがたを僕とは呼ばない。僕は主人のしていることを知らないからである。わたしはあなたがたを友と呼んだ。わたし

の父から聞いたことを皆、あなたがたに知らせたからである。（『ヨハネ福音書』１５章１５節）

あなたがたの天の父が完全であられるように、あなた方も完全な者となりなさい。（『マタイ』福音書５章４８節）

これは何かというと、宇宙には超越次元があり、また内在次元があるが、両方の間をつなぐ関係次元、それも絶対関係が在る、ということでないと、結局最後のところで「一般理論」は「私」のところまでは来ていない、という問題なのだ。この問題——御友神学——をめぐって英文稿一篇 "Divine Ecozoics and Whitehead's Adventure or Resurrection Metaphyscis," Open Theology2015; 1: 494 - 511, 邦文拙著一冊『良寛「風の歌」にちなんで——御友神学の省察』（新潟・考古堂書店、２０１６年）を書いたのである。まるで一瀉千里のように！　今の地球的危機にとって重要なのは、「超越次元」は（人間の度はずれた環境破壊や原爆投下を匡すものとして）一切の法の法源であること、「関係次元」は命法であること、である。

第二節　ホワイトヘッドの冒険ないし復活形而上学をめぐって

復活形而上学については、初めに幾つかの歌でもって我が所信を開示した。もう数首添えましょう：
一　初春や妻と共なる一書また出だす思へば胸震へけり
二　我が妻の歌読む毎に我がいのち永久なりとぞや悟る嬉しも
三　内省の笑み零る妻最期の日まさか絶後の笑み増しまでも
四　切れ目なき我が妻の笑み告ぐるこそ生死一体いのち祝福

五　いのちとは切れ目なき事或る日我深く論さる我が妻笑むや

六　何があり何がなくとも我が妻の切れ目なき笑み仕合せ泉

七　汝が笑みや生涯の際溢れてや絶後いや増す御友いませば

　復活の発見はいろいろな仕方で促される。一つは新約聖書『ヨハネ福音書』２１章４節：「夜が明けたころ、イエスが岸に立っておられた。しかし弟子たちはそれがイエスだとは知らなかった。」

　これは単なる物語ではない。岸とはなにか。ガリラヤ湖の岸辺が意味するものは、誰もがこの世と別れた時の「生死の間」である。そこに御友立ち給う。これが第四節の形而上学的意味である。

　ホワイトヘッドは書く："We perish *and* are immortal."（PR=Process and Reality=, 351, 82）「我々は滅してや不死なり」

　最後に、ホワイトヘッドの形而上学的な復活解釈の重要な引用をなす：

In this Supreme Adventure, the Reality which the Adventure transmutes into its Unity of Appearance, requires the real occasions of the advancing world each claiming its due share of attention.（AI=Adventures of Ideas=, 295）

　この〈最高の冒険〉においては、〈冒険〉が〈現象の統一態〉へと変転させる〈実在〉は、それぞれの適宜な注目の分け前を要求する、前進しつつある世界のリアルな諸契機を必要とする。（ホワイトヘッド著作集　第１２巻『観念の冒険』山本誠作・菱木政晴訳、京都・松籟社、１９８２年、４０９頁）

　まず冒険とは、〈実在〉が、世界の外にあって世界の中にあるものを支配する、アリストテレス的〈不動の動者〉でなくなること。そうすると、神の改悛がおこる（備考：ホワイトヘッドの用いる"transmutes"の一

語はもともと宗教改革の発端にあったルターの最愛の一語「改悛・メタノイア」のラテン語訳からきている）——新しい神は、被造物と一緒に統一態をなす仕方でしか生きようとされないのだ。御神にとっては、進展する世界の現実の機縁が生み出されて続々出てくることほど欲しいものはない。御神と我々下じもの者たちと一緒同時に生きるほど楽しみなことはない——それも、誰もが応分に目をかけてもらうことを欣求する世界なんだ。それを何と呼べばよろしいか？　Co-resurrection!

　生くるとは深き淵より共々に甦ること喜びてこそ　時行

ここに生まれるのは、神と人との共演世界、宴である。もう一つの引用：

For the kingdom of heaven is with us today. The action of the fourth phase is the love of God for the world. It is the particular providence for particular occasions. What is done in the world is transformed into a reality in heaven, and the reality in heaven passes back into the world. By reason of this reciprocal relation, the love in the world passes into the love in heaven, and floods back again into the world. In this sense, God is the great companion—the fellow-sufferer who understands. (PR=Process and Reality=, 351)

　天国は今日、われわれとともにあるのだから。第四の相の働きは、神の世界に対する愛である。それは特殊な契機に対する特殊な摂理である。この世において為されるものは、天国の実在性へと転換され、天国の実在性は逆に、この世へと移行していく。こうした交互関係のゆえに、この世の愛は天国の愛に移行し、そしてふたたび、この世に還流する。こうした意味で、神は偉大な仲間——理解ある一蓮托生の受難者——であ

る。(ホワイトヘッド著作集　第１１巻『過程と実在（下）』山本誠作訳（京都・松籟社、１９８５年、６２５頁）

　先に見た「共同復活」が今や宇宙の基本構造、基本動態なのである。そこに御友こそ天の父へと我らを運びたまい、また「わが羊を飼え」（『ヨハネ福音書』２１章１５，１６，１７節）と召された者たちに命じ給いつつ、天からの世界への激励がもたらされる。前者の流れが〈平安〉なれば、後者の流れが「平和」なのである。先に、キリスト教史における『使徒言行録』（ことに二章）以来の「ペンテコステ」（聖霊降臨）における＜［神の］冒険＞と呼んだ反転が重要なのは、ここ「平和」においてなのである。

結語　カントの「永遠平和のために」に寄せて

　かくて私の「平和基礎学としてのホワイトヘッド平安哲学」は、ふと思わしめるのである。有名なイマヌエル・カントの『永遠平和のために』のいわゆる「予備条項」は、はっきりとは言っていないが、平和のための「ア・プリオリな命題としての予備条項」を考えた際、なにがしか〈平安〉の感覚を前提にしていたのではあるまいか。

　新川信洋氏はその著『カントの平和構想――『永遠平和のために』の新地平』（京都・晃洋書房、２０１５年）の第一章で《「予備条項」の有機的連関――ア・プリオリな平和構想》を扱っている。

　「補説」や「付録」と題された箇所を除くと、『永遠平和のために』の本文部分は二つの章からなる。国際連合や「訪問権」についても論じられる第二章で「国家間の永遠平和への確定条項」を扱うのに先立ち、カントはまず第一章で、「国家間の永遠平和のための予備条項」として六

つの条項を提示するとし、第一章はこの条文部分とその説明が繰り返される構成となっていると説明したうえで、新川氏は、条文部分の内容を次のように明らかにする。

「第一条項＝将来の戦争のもととなる内密の留保つきで締結された平和条約は、けっして平和条約とみなされるべきではない。

第二条項＝独立して存在している国家（その大小は問題ではない）は、相続、交換、買収、贈与をつうじて他国に獲得されることがあってはならない。

第三条項＝常備軍は時とともに全廃されるべきである。

第四条項＝国家の対外的な紛争に関連して、国債が発行されるべきではない。

第五条項＝いかなる国家も他国の体制および統治に暴力的に干渉してはならない。

第六条項＝いかなる国家も他国との戦争において、将来の平和のさいに相互の信頼を不可能にするような敵対行為をすべきではない。すなわち、暗殺者や毒殺者を雇うことや、降伏条件の破棄、敵国内での裏切りの扇動などがこれにあたる」（２１－２２頁）。

およそ「永遠平和のために」という主題からすれば、具体的な諸問題で恣意的で不正義なありかたを国家間にて指摘することでカントは何が言いたかったのか。

逆に、「自然」は利己心を通じて、すなわち「通商精神」を通じて諸民族を結合するとか、塩や鉄といった物資の通商により、遠く隔たった人々も協調し、交際し、平和的関係を結ぶ、とされている（６９頁）。

要するに、「平和」は現実的プロセスであることを示している。そう考えれば、広島長崎への原爆投下によって、その風圧で、あたかも原爆

が「法源」ででもあるかのように思わせて「平和憲法」を一国の独立前に施与する事態も時に見るのである。現実の平和プロセスに幻滅しないためには、「平和基礎学としてのホワイトヘッド平安哲学」をしっかと──殊に＜平安＞の反転の消息、＜［神の］冒険＞即ち「ペンテコステ」（聖霊降臨）の事象に至るまで──学ぶことが肝要である。一見、矛盾のような歴史的事実にもいつ反転の契機が秘められているかも知れないのである。

　この点、第三章で窺うことになる、オバマ米国大統領の広島平和スピーチと森重昭氏抱擁に表された「哀悼」「共大悲」には、「日本国憲法」前文に記されている（まるで占領軍の指令のような趣を禁じえなかった）「対等関係」が、「同盟」を越える「友情」さらには「道義的覚醒」《moral awakening》にまで深められている。その驚くべき精神的意義の掘削は、第三章全体の記述──わが短歌神学日記という膨大な記録文学の重量──による外はないのである。その結語に、私は記すことを禁じ得なかった──民族至宝の言葉、良寛禅師の命超脱の短歌を！

　つきてみよ　ひふみよいむな　やここのとを　とをと納めて　またはじまるを

［了］

＊本稿は一般社団法人全国学士会、「ACADEMIA」2016 年 4 月号（11 – 21 頁）への寄稿文である。

註

[1] See Tokiyuki Nobuhara, "Divine Ecozoics and Whitehead's Adventure or Resurrection Metaphyscis," *Open Theology* 2015; 1: 494 – 511. http://degruyter.com/view/j/opth.2014.issue-1/issue-files/

opth.2014.1.issue-1.xml

2 Alfred North Whitehead, *Adventures of Ideas*（New York: The Free Press, 1967, 296; hereafter cited as AI=ホワイトヘッド著作集　第12巻『観念の冒険』山本誠作・菱木正晴訳（京都・松籟社、1982、409 頁。

3 ジョン・B・カブ、Jr. 著、延原時行訳『生きる権利　死ぬ権利』（東京・日本基督教団出版局、2000 年）、参照。

4 延原時行「二究極者の問題と《神のエコゾイックス》の提言──トマス・ベリーとの対話のなかから」（『プロセス思想』第 15 号、2012 年、71 － 85 頁）。

5 トマス・ベリーの "the Ecozoic Era" は、彼のヴィーコ的な世俗的歴史神学に応じて、歴史概念である。私はそれを "an Ecozoics of the Deity" へと転ずる「ひねり」を加えることにより。「神」学（ないしは、欧州で言う「神哲学」《philosophy of God》）の本流へと引き戻したいのである。「神のエコ＝場所＝生命学」の誕生である。

6 Sallie McFague, *The Body of God: An Ecological Theology*（Minneapolis: Fortress Press, 1993）, p. 20.

7 上田閑照編『場所・私と汝他六篇　西田幾多郎哲学論集 I 』（岩波文庫 １９８７年）、７７頁。

8 延原時行『至誠心の神学──東西融合文明論の試み』（京都・行路社、 １９９７年）、ことに第八章：空、ケノーシス、および慈悲──仏教的

キリスト教至誠心の神学、参照。

9 See Karl Barth, *Church Dogmatics*, IV/1. Pp. 200 － 201. 延原、前掲書、20 － 27, 36, 160 頁。

第二章　西田における哲学と宗教──ハーツホーン、滝沢、トマスとの対話のなかで *

はじめに

　与えられた主題「西田における哲学と宗教」を論じるに当たって、私の任務はキリスト教の立場からこの主題にアプローチすることである。そこで、米国のプロセス哲学者として著名な、ホワイトヘッドの高弟チャールズ・ハーツホーン、わが恩師滝沢克己、そして私が学位論文『神とアナロジー：自然神学の新しい可能性を求めて』（クレアモント大学院、1981 年）[1] の中で比較宗教哲学の枠組としてそのアナロジー論を採用してみたトマス・アクィナス、それぞれのユニークな立場を、主題の闡明のための、思考道具として対比的に用いてみることとする。その際、ハーツホーンの場合には新古典主義神論（neo-classical theism）と万有在神論（panentheism）、滝沢の場合には、「インマヌエルの原事実」論、トマスの場合には、アナロジー論（アナロギア・エンティスを中心にしたアナロジーの四類型論）を「西田における哲学と宗教」を浮き彫りにするための思考の鑿に用いてみたい。

　西田のテクストとしては、『善の研究』『自覚における直観と反省』『場所的論理と宗教的世界観』を考察対象に選ぶこととする。これは、上田閑照教授の有名な西田哲学の全面的理解「純粋経験──自覚──場所」に則った、すでに一般に確立した西田研究の方法である。[2] 私の意図としては、『善の研究』序文における有名な一節「私は純粋経験を唯一の実在としてすべてを説明してみたい」を取り上げ、この一節の上田教授による解釈を手懸りにして、三段階にわたる思惟方法（triadic thinking）が西田の初心であったことを確認した上で、この三段階的思惟方法が、他の二つの述作においてどのように発展していっているかを、

上述の三人の思想家との対話の中で、批判的に浮彫りにすることが、特殊に、重要となる。

　初めに、結論を先取りする形で、以下のような問題提起をすることをお許しいただきたい。このようなシンポジウムの発題において、問題点を初めからクリアにしておくことは、あながち不適切な切り出し方ではないのではないか、と信じるからである。そこで、私の問題提起とはこれである：すなわち、西田の純粋経験の哲学に言う「純粋経験」の真意は、ホワイトヘッドの "creativity"（ハーツホーンが継承）やトマスの "esse" に似た、形而上学的究極者である、というところにあったのではないか。この問題提起は、しかし、検証されなくてはならない。その際、滝沢の「インマヌエルの原事実（ないし神人の第一義の接触）」の立場との異同が重要な検討課題となろう。滝沢は、その西田研究『西田哲学の根本問題』以来、その不可逆説（「神人の原関係」に関する絶対不可逆説）でもって西田哲学に批判的に解明の光を投げかけ続け、遂にこの立場に至っている。

　第二に、西田における「自覚の問題」を検討すべきである。滝沢的観点からは、これは「神人の第二義の接触」（宗教的生の成立の事理（1）と（2）を含む）の問題なのであるが、そのようにとっていいのか。それとも、そのようにだけ捉えるのでは、西田の場合、何か不都合な事態が生ずるであろうか。生ずるとすれば、その事態とは何であろうか。

　第三に、西田の最後の学理的立場「場所的論理と宗教的世界観」において、①創造作用概念、②宗教概念、③哲学の方法、という三つの問題を取り上げ、ハーツホーン（特に西田の万有在神論《Panentheismus》の主張に関連するハーツホーンの対照的な思想）、滝沢（特に自覚の問題と神のケノーシスの問題に関連する滝沢の西田批判）、トマス（特に逆対応の問題に関連するトマスのアナロジー論の射程）との対比におい

て「西田における哲学と宗教」という我々の主題を省察したい。私は、西田の最後の哲学体系において創造作用概念が、哲学と宗教の問題を考えるに当たって、中枢的役割（pivotal role）を果たしていると思う。直截に言って、「創造作用」は、西田哲学の全発展行程において遂に「純粋経験」の成熟概念をなした、と捉えられ得るのではないか、と私は考える。宗教と哲学はその両契機なのである。

　純粋経験の哲学では、純粋経験を唯一の実在とする実在の学としての哲学が、説明の学としての形而上学に至る架橋の位置を占めていた。今、最晩年の境涯において西田は、宗教を遂に「死の自覚」の地点まで辿ることにより、一転、哲学的に、「絶対者の再考」《re-envisioning of the Absolute》（それは絶対者の「絶対否定を介しての翻り」の視点を含む）に至り、そこに「逆対応」の形而上学（世界理解）すなわち西田的「万有在神論」を発句する。この全体を司る原理が、創造作用なのである。

　だが、右の三節にわたる私の問題提起は、どの段階においても、その正当性が説得的に論証されなくてはならない。いずれにしても、本発題における私の哲学的方法は対話論的であって、その意味では最近の拙著『ホワイトヘッドと西田哲学の＜あいだ＞：仏教的キリスト教哲学の構想』（京都・法蔵館、2001 年）と『対話論神学の地平：私の巡礼のなかから』（横浜・春風社、2006 年）を引き継ぐものである。

第一節　純粋経験とは何か――ハーツホーン、滝沢との対話

　「高橋（里見）文学士の拙著『善の研究』に対する批評に答ふ」（西田幾多郎全集Ⅰ、所収）において西田は、彼の純粋経験概念の真意を説き明かして言う。

　「それで、余の考では却つて氏の言はれる様に、すべてが意味ともい

へれば事実ともいふことができ、意味に対立せざる事実であるから純粋
経験であると云ひたいのである」（Ⅰ：302）。

　同様のことをホワイトヘッドは経験の持つ「象徴的関連付け」
（symbolic reference）に関して述べている。何かを事実と取れば、それ
の意味は問い得るが、事態は固定的ではない。事実は、何か別の事象の
意味を構成するかも知れないからである。要するに、経験はどの時点に
おいても、両義的である。それが "sym-bolic"（二方に投げる）（象徴的）
の原義である[3]。

　「併し余の純粋経験といふものは単に静止的直観の如きものではなく
して、活動的発展である、余が純粋経験の根本性質とした統一は、単に
静止的直観的統一ではなくして、活動的自発自展的統一である。余の統
一といふことには活動的発展といふことと離すことのできない意味があ
るのである。此の如き活動的統一といふことと余が向に純粋経験の定義
として挙げたことと相乖くことはないと思ふ。ベルグソンが真に直接な
る意識状態を内面持続とした様に、我々に直接なる主客合一の純粋経験
に於て我々の意識は活動的発展的であるのである、直接とか純粋とかい
ふことと活動的といふことと必ずしも矛盾するとも云はれぬでなかろう
か」（Ⅰ：302 - 303）。

1．純粋経験：The Pure Act of Experiencing——ハーツホーンの視点との対比

　ハーツホーンは、記憶、知覚、および因果関係を含んだ上で、「創造
的綜合」（creative synthesis）の観点を打ち出すのであるが、これを「究
極的抽象的な存在原理としての創造作用」（'creativity' as the 'ultimate'
abstract principle of existence）とも名付ける点で、恩師ホワイトヘッ
ドと歩みを共にすると考えている。さらに、これを、ベルグソンの「同

時に創造的にして保存的であるものとしての、そしてその生成において実在そのものであるものとしての、（人間的であると共に人間的でない）経験すること」の思想に関連付け、後者を解明するものだ、とする[4]。西田の右の「活動的発展的」でありつつすべてを（事実も意味も）含むところの純粋経験概念を、ハーツーホーンの観点と睨み合わせて考える時、それは the pure act of experiencing（経験することの純粋な行為）とでも呼称できるものではないか、と思う。こう言っている場合、私は、勿論、E・ジルソンがトマスの esse を the pure act of existing ないしは the intrinsic act of being[5] と呼称していたケースを想起しているのである。

　もしもこの理解が正鵠を射たものだとすると、純粋経験は、「色を見、音を聞く刹那、未だ主もなく客もない」という原始の刹那に現れるのであるが、それはまた、記憶、知覚、因果関係を含んだ思惟にも（思惟が思惟みずからを突破する形で思惟する時）──ホワイトヘッド流に言えば、creativity は全く characterless（性格付けなし）であるので、creative thinking は一定の型に嵌まることを拒否する故に──現れるのである。この現れを、上田教授は、ヤスパースの「思惟そのものの反転（翻転）」「新たな思惟への移行」と関係付けるのであるが、興味深い視点である[6]。

2．滝沢の批判の妥当性──直覚そのもの（A 選択）か体験内容（B 選択）か

　ここで、滝沢が論考「西田幾多郎」（1954 年 1 月脱稿）の中で述べている一節を参照しておくことは、適切であろう。

　「周知のように、『善の研究』の博士はこれを「純粋経験」という名で言い表わした。なぜ「経験」というのか。かれ自身に直接与えられてい

る「真実在」は、決して単に固定したもの・死んだものではないからだ。なぜ「純粋」というか。思うにそれは、自分というものがまず在ってそれによって成り立つと考えられた局部や断片の雑多な寄せ集めではなくて、逆に私の経験がその種類の如何を問わず、積極的にはただそこから、その中で、それに向かってのみ、必然的な意味を以て成立し展開することができるところの、純一無雑な生命の真実だからであろう。私の経験、私の生命は、現実的にはたかだかこのような純粋経験から出て純粋経験に還るところの部分的生命、いわば純粋経験それ自身の或る種の変容、乃至は文化発展の一形態にすぎない。進歩か堕落か、調和か分裂かは、ただわれわれ自身の経験（意志・感情・思惟ないし行動）が、純粋経験それ自身の必然即自由なる潮流に結びつくかどうかによって定まるものといわなくてはならない[7]。」

　そう言いながら、以下のように、滝沢は批判的言辞を連ねることも忘れない。

　「しかしながら、博士が自分でも右（注：『哲学論文集第三』の序）にそう認めているように、また「純粋経験」という言葉がすでにそれを裏切っているように、『善の研究』では、「すべてがそこからそこへ」というそのものが、まだ単に人間的な経験からの類比に於て考えられている。その限り、如何に「主客を超えた」処から現実を見るといっても、結局は単に主観的な浪漫主義への傾きを免れることはできない」（著作集Ⅰ：422 - 423）。

　一体、そうであろうか。もしも、純粋経験を「経験することの純粋の行為」（the pure act of experiencing）と捉えるならば、これは（西田も言うように）あくまでも「活動的発展的」であるので、これと分けて「単に人間的な経験」を想定して、それとの類比に於いて「活動的発展的な純粋経験」を考える必要は出て来ないはずである。一つの必要があると

するならば、それはむしろ「活動的発展的な純粋経験」の出処をその力動的な活動発展の只中に確かめることでなくてはならない。そしてそれこそ、西田が第二作『自覚に於る直観と反省』において究明しようとした要件なのである。そう取ることが、西田の内在的論理の発展の理解として自然であると思われる。だが、滝沢が処女作『西田哲学の根本問題』（昭和11年）において以下のように述べる時、西田の内在的論理の理解に関して二つの選択肢を示唆しているものと思われる。

「西田哲学の基づくところの直覚、西田博士の思索がそこから出てそこに還りゆく直覚的なるものは、如何なる意味に於ても西田博士の体験内容となることのできないものである。如何なる意味に於ても単に西田博士のものとしてこれを誇ることを許されないものである。何となればそれは西田博士の全存在を絶対に殺すところのものなるが故に。即ちそれは博士がただ絶対の死の深淵を隔ててのみ、これと直接に相対するものである」（著作集Ⅰ：177）。

一つの選択肢は、西田の「純粋経験」を「直覚的なるもの」と関係付ける立場（A選択と呼んでおく）であり、もう一つの選択肢は、それを「体験内容」と取る立場（B選択）である。どうも、滝沢の1954年の論考の中での把握はB選択のように思われるのだが、我々はA選択の方が正しいように思う。

3．滝沢哲学の独自の進展

ここで、滝沢が（バルト神学の強い影響の下に[8]、B選択を選んだ上で、生涯の思索の道を突き進んだ結果）西田の純粋経験の哲学に代置するものとして、彼自身の「インマヌエルの原事実」の哲学を独自に展開していることは記憶しておくべき、一つの重要な事実である。滝沢の最終的な立場はこうであった。

「神と人との関係は、実体的にも作用的にも「絶対に不可分・不可同・不可逆」である。だからこそ、「実体的」を「第一」というのに対し、「作用的」という意味で「第二」といわれる象面には、ふたたび（1）神（の原決定）のはたらきと、（2）そのように決定せられた人の自己決定と、不可逆的な両面が属することとなるのである。ところが、旧著『仏教とキリスト教』のなかで、「第一義の接触」に対して「第二義の接触」と呼ばれたものは、右の「第二の（2）」のなかで、その（1）に照応・合致する自己決定の形としての、真正の信もしくは覚だけを意味していたのだ[9]。」

「もしも「接触」という語が、人間的自己成立の根底をなす神の原決定のはたらきと、人間的自己決定（人間という有限の主体のはたらき）が、絶対に区別せられながら逆対応的・不可逆的に一だという意味ならば、その「接触」は、後者が前者に呼応・合致しない場合にも、そのつど特定の形においてかならず成り立っているであろう。ただその場合、インマヌエルの神の原決定のはたらきは、絶対に逃れえない審きとして、その人の自己改革（かれにおける「第二義の接触」の実現）を要求する、というだけである」（『あなた』53頁）。

右の第一の引用文において、滝沢が「神人の第二義の接触」の（1）神（の原決定）のはたらきに言及する時、これは明らかに西田の「純粋経験」の活動発展に対応するものを考えていたであろう（「単に人間的な経験」とは区別して）[10]。単に人間的な経験は、滝沢の場合、「第二義」の（2）「人間的自己決定」の全体がこれを言い表わしている（純正形態も虚偽形態も含めて）（この点、第二の引用文、参照）。そこで、問題は、滝沢で言えば、「第一義」の成立如何である。私見によれば、それを追究しているのが、西田の第二作なのである。

第二節　自覚の問題：なぜ自覚における直観と反省なのか──滝沢との
　　　　対比

　西田は、第二作『自覚に於る直観と反省』第四十章の冒頭に書く。「多くの紆余曲折の後、余は終に前節の終に於て、知識以上の或物に到達した」（Ⅱ：273）。その或物とは、真の持続としてエリューゲナが力説した「動静の合一、即ち止れる運動、動ける静止」（Ipse est motus et status, motus stabilis et status mobilis）だという（Ⅱ：278）。

1．自覚の絶対の背後にある三極構造（a－b－c）：上田構想（A－B－C連関）の分節

　さて、西田の純粋経験の哲学は、先に述べた（A）「経験することの純粋の行為」を（B）「唯一の実在とする」態度──実にそれは、宗教的態度の原初である──で、（C）「すべてを説明する」ことを目差した。今、この哲学は、宗教的態度の焦点である「純粋経験」の活動展開の根源に「動静の合一」の原理を見極める。そこから出てきた新しい哲学的認識が、以下の如く言い表わされる。
（a）　絶対自由の意志が
（b）　翻って己自身を見た時、
（c）　そこに無限なる世界の創造的発展がある。（Ⅱ：287）
　この新しい三段階は、認識以前 das Vorbegriffliche の実在の構造力学を示すものとして、当然、「経験することの純粋の行為」に潜む内奥の組成を明らかにしている。つまり、『善の研究』の三段階（A－B－C）の起点（A）「純粋経験」はその組成の中に、『自覚』の明らかにしているように、（a）「絶対自由の意志」の（b）「翻りの形而上学」を畳み込んでいるのであって、それだからこそ、（c）純粋経験の哲学のヨリ明

71

瞭な表明としての「世界の創造的発展」の哲学が今、新たに打ち出されてくるのである。こうして、『自覚』の三段階（a－b－c）は神内部の自覚に於ける無限なる「復帰」（regressus）の方向——《Natura nec creata nec creans》（創造もせず創造もせられない神）の方面——と無限なる「発展」（egressus）の方向——《Natura creans et non creata》（創造して創造せられない神）の方面——を含むのである。（II：278 － 279、284）

2．西田の三極構造の思惟と滝沢の二極構造の思惟

ここまで見てくると、このような意味での三極構造の三極構造（double triadic thinking）からなる西田哲学の組成を、以下のような滝沢の二極構造の論理（創造者対被造物の dyadic thinking）で描出することは、後者のそれ自体としての正当さ（その結構は既述の通りである）にもかかわらず、少なくとも西田哲学理解としては、微妙な齟齬を生むものではないか、と危惧される。

「その結果博士のついに発見したところによると、「絶対の創造的・普遍的な場所に於てあるところの・その同じ場所の・射映点として、逆にそれ自身創造的に運動する個物」（いわば唯一の Creator と絶対に区別されながらしかもその同じ Creator と絶対に一である creature）——このようなのが、事実的に存在する物そのものに属する最も根本的な弁証法的規定であった。もしも有限の個物の存在を「有」と名づけるなら、それは元来、ただ絶対無（絶対に創造的な生命）の自己表現点としてのみ、具体的事実的に、歴史的必然的に運動する物であることができるのである。」（著作集 I：424 － 425）

なぜ、先に述べたように、危惧されるのかと言えば、右の滝沢の二極構造の論理（Creator vs. creature dyadic thinking）においては、西田

が注目するエリューゲナの「復帰」の方向——「創造もせず創造もせら
れない神」の方面——が閑却されていて、一度も積極的に論じられない
からである（滝沢の終始一貫論じているのは、創造者の被造物との不可
逆的一体性なのだ）。そのような神（創造以前の神）を積極的に論ずる
根拠が、滝沢の二極構造の論理にはない。だが、西田はその根拠をやが
て最後の論文『場所的論理と宗教的世界観』において明確に示す。その
際の論法は、「絶対は、無に対することによって、真の絶対であるので
ある」（XI：397）というものである。この場合の「絶対」は、《Natura
nec creata nec creans》（創造もせず創造もせられない神）の境位にあ
るのではないか。それというのも、この神は被造世界に対している神で
はなく、無（キリスト教神学で言う「内三位一体的神性」の論述におけ
るマイスター・エックハルトの "Nichts" を想起せよ）に「対している」
神だからである。ここで、「対している」とは、西田の内在的三一論（The
Immanent Trinity）に関わる専門用語であることに、留意しなくてはな
らない。

　いずれにせよ、無（神性）＝己自身を「翻って」「見る」神は、反面、
間髪をいれず、「世界の創造的発展を直接に促す」神である。この神に
於いて、反省は自覚に至り、自覚は創造に従事する。我々は、『自覚に
於る直観と反省』が、「知識以上の或物」を論ずるところの徹底的神哲
学の述作であることを、見誤ってはならない。その意味はこうである：
西田は自覚の問題——なぜ自覚における直観と反省なのか——を、哲学
的に人間の問題であると同時に、神哲学的に神の位相の事柄として、追
究するのである。「唯超認識的なる意志の立場に依つてのみ経験を繰り
返し得ると考へた」とか、「刀折れ矢竭きて降を神秘の軍門に請うた」
とか序で述べているのは、この消息を指すものではないか（II：10 －
11、参照）。

第三節　創造作用の形而上学：死の自覚、逆対応、万有在神論
　　　（Panentheismus）——トマス及びハーツホーンとの対比

　西田哲学の「純粋経験——自覚——場所」（A－B－C連関）という
発展は、上田教授によって詳らかにされていて、著名である。前節で明
らかにしたように、西田哲学の発展史から見れば、「純粋経験——自覚」
として編み出される関係は、根源的論理的には、「経験することの純粋
の行為」（the pure act of experiencing）に畳み込まれ、かつそれを促
すものとしての「絶対自由の意思——翻って己自身を見る——無限なる
世界の創造的発展」（a－b－c連関）が絶対の背後に控えていてこその
動態である。そこで、今度は、「純粋経験」についてその絶対の背後が
考察されたように、「自覚」（この場合は、宗教的自覚）がその絶対の背
後と共に闡明されてゆく。我々が西田の最後の論文『場所的論理と宗教
的世界観』に、まず、見い出すのは、こうした手順である。

１．死の自覚：宗教的自覚の三極構造（ｄ－ｅ－ｆ）
　西田の場合、宗教が問題となるのは、「色が色として眼に現れる如く、
音が音として耳に現れる如く、神は我々の自己に心霊上の事実として現
れる」（XI：372）のであるから、「向こうからこちらへ」の形において
である。この点、カントは、唯道徳的意識の上から宗教を見ていたので、
宗教の独自な境位を知らなかった。カントが知っていたのは、人生のた
めの価値の問題としての宗教であって、霊魂不滅にしても、神の存在に
しても、道徳的意識の要請でしかなかった。つまり、宗教は道徳の補助
機関としか考えられていなかったわけである（XI：393、373）。
　西田にとって、これとは逆に、「死の自覚」は、以下の文言に明らか
なとおり、宗教的自覚の「向こうからこちらへ」の性格を如実に物語る

ものだ。

「自己の永遠の死を自覚すると云ふのは、我々の自己が絶対無限なるもの、即ち絶対者に対する時であろう。絶対否定に面することによつて、我々は自己の永遠の死を知るのである。併し単にそれだけなら、私は未だそれが絶対矛盾の事実とは云はない。然るに、斯く自己の永遠の死を知ることが、自己存在の根本的理由であるのである。何となれば、自己の永遠の死を知るもののみが、真に自己の個たることを知るものなるが故である。それのみが真の個である。真の人格であるのである。死せざるものは、一度的なるものではない。繰り返されるもの、一度的ならざるものは、個ではない。永遠の否定に面することによつて、我々の自己は、真に自己の一度的なることを知るのである。故に我々は自己の永遠の死を知る時、始めて真に自覚するのである」（XI：395）。

もっと直截に言えば、こうなる：「我々の宗教心と云ふのは、自己から起るのではなくして、神又は佛の呼声である。神又は佛の働きである、自己成立の根源からである」（XI：409－410）。ここに明らかに見てとれるのは、自覚の絶対の背後にある「自己成立の根源——神又は佛の呼声——宗教心（宗教的自覚）」の三極構造（d－e－f 連関と呼んでおく）なのである。西田の場合、顕著なのは、この新しい三極構造（d－e－f）が宗教的自覚の内奥を形作る事実である。

2．神哲学の三極構造（g－h－i）：逆対応のヴィジョン

瞠目すべきことに、この宗教的自覚の内奥を形作る三極構造は、それがそれとして瞬発した途端、哲学的洞察へと転入するのである。以下の引用は重要である。

「如何なる意味に於て、絶対が真の絶対であるのであるか。絶対は、無に対することによつて、真の絶対であるのである。絶対の無に対する

75

ことによつて絶対の有であるのである。而して自己の外に対象的に自己に対して立つ何物もなく、絶対無に対すると云ふことは、自己が自己矛盾的に自己自身に対すると云ふことであり、それは矛盾的自己同一と云ふことでなければならない」（XI：397）。

ここに現れているのは、絶対者に特有の三極構造「絶対の無――絶対――絶対の有」（ｇ－ｈ－ｉ連関と名付ける）なのであつて、も̇し̇も̇宗̇教̇的̇自̇覚̇の̇背̇後̇に̇あ̇る̇自̇己̇成̇立̇の̇根̇源̇と̇絶̇対̇無̇と̇が̇自̇己̇矛̇盾̇的̇に̇同̇一̇の̇事̇態̇な̇ら̇ば̇、宗教的自覚の三極構造（ｄ－ｅ－ｆ）と絶対者に特有の三極構造（ｇ－ｈ－ｉ）とは等根源的に対応（しかし、根源に還れば還るほど、対応するという意味では「逆対応」）することになる。これが、西田の逆対応の神哲学のヴィジョンなのである。これはその中に、宗教的自覚観を秘めつつも、それから哲学的洞察の飛躍を絶対者の内奥の成立ちにまで敢行している意味では、宗教的かつ神哲学的ヴィジョンなのであつて、これを西田自身は以下のように統一的に把握する。

「我々が神と云ふものを論理的に表現する時、斯く云ふの外にない。神は絶対の自己否定として、逆対応的に自己自身（注：内三位一体的神性。三つの位格 personae それぞれが有ならば、これは、マイスター・エックハルトの言うように、無 Nichts）に対し、自己自身の中に絶対的自己否定を含むものなるが故に（注：この絶対的自己否定は、位格から内三位一体的神性への「離脱」である点で自己否定だが、さらに、神性から、神性が Nichts である否定性をさらに否定して翻り、「世界に於いてある」形に転ずる意味では、徹底的自己否定＝自己肯定である点で）、自己自身によって有るものであるのであり、絶対の無なるが故に絶対の有であるのである。絶対の無にして有なるが故に、能はざる所なく、知らざる所ない、全知全能である。故に私は佛あつて衆生（注：絶対者の三極構造からの衆生愛）あり、衆生あつて佛（注：宗教的自覚の三極構造から

の往相）があると云ふ、創造者としての神あつて創造物としての世界あり、逆に創造物としての世界あつて神があると考へるのである」（XI：398）。

3．逆対応のヴィジョンとトマスの「二者ノ第三者ヘノ帰属ノアナロジー」

このような逆対応の神哲学ヴィジョンは、私見によるならば、トマス・アクイナスの有名な「二者ノ第三者ヘノ帰属ノアナロジー」《Analogy of Attribution Duorum Ad Tertium》の隠された真理性と創造的活用の可能性を、トマスのこれの神学的アナロジーとしての却下にもかかわらず、勇躍、推挙するものなのである。神と創造物を超えて妥当するReality ありやなしや、という形而上学的問いに対して、トマスは（後にはバルトも）否としか答え得なかった。それは、思うに、西田におけるような、絶対者（神／佛）と創造物（衆生）の等根源的な根源（絶対無／絶対矛盾的自己同一的世界）を彼が（バルトも）知らなかったからに他ならない。ここに、先の引用文において、西田が「絶対無に対する」とか「自己自身に対する」とかいう表現法で何を言いたかったのか、十分哲学的に留意する必要があると私は思うのである。彼の用いる「逆対応」概念は、哲学史的に顧みれば、トマスの却下したアナロジー概念、Analogy of Attribution Duorum Ad Tertium の再揚言の意味を含んでいる。そう考えないならば、我々は西田の哲学の世界的貢献の意味を、哲学史のコンテクストの中において適切に闡明したことにならないのである。また逆に言えば、そう考えないならば、トマスのアナロジー神学の豊潤な可能性を（よく知られている Analogia Entis のなかの、Analogy of Attribution Unius Ad Alterum「一者ノ他者ニ対スル帰属ノアナロジー」、Analogy of Proper Proportionality「本来的ナ比例性ノア

ナロジー」、Analogy of Metaphorical Proportionality「隠喩的比例性ノアナロジー」という三つのジャンルの考察を超えて）十分思慮深く探究したことにならないのである[11]。

4．仏教的弁証論の企画：Panentheismus——ハーツホーンとの対比

さて、西田の神哲学の右のヴィジョンは、仏教弁証論の企図を内包していた。西田は最晩年まで、彼の若い知己——かつて「一般概念と個物」という『思想』1933 年 8 月号掲載論文を以って彗星のように現れた九州大学の助手、西田自身「自分の哲学思想をはじめてよく理解する知己を得た」という意味の書簡を送って以来、親しく書簡を交わし導きの手を差し伸べてきた滝沢克己——との批判的対話を止めなかったのであるが、滝沢のドイツ留学とバルト神学吸収後の述作『西田哲学の根本問題』の出版は、それが余りにキリスト教神学（ことにバルト神学）の立場からの西田哲学解釈であったので、西田において永く仏教哲学弁証論を書く意欲を刺激していたようである。右のヴィジョンが西田哲学の集大成として枢要である所以である。

さて、西田は仏教哲学弁証論を書くに当たって、まず、彼がここまでに確立した「絶対の再構想」《re-envisioning of the Absolute》を再確認する。以下の文言のとおりである。

「絶対は何処までも自己否定に於て自己を有つ。何処までも相対的に、自己自身を翻へす所に、真の絶対があるのである。真の全体的一は真の個物的多に於て自己自身を有つのである。神は何処までも自己否定的に此の世界に於てあるのである。此の意味に於て、神は何処までも内在的である。故に神は、此の世界に於て、何処にもないと共に何処にもあらざる所なしと云ふことができる」（XI：398）。

ここに顕著なのは、「翻りの形而上学」とでも呼びうるものの展開で

あって、その究極は「神は世界に於てある」という神の徹底的内在の主張である。興味深いことに、これは、プロセス哲学の方では、ホワイトヘッド最晩年のメッセージ "God is *in* the world"[12] に酷似している。

　さて、そこで、西田の仏教弁証論はどのような骨格をもつであろうか。徹底的内在神を出すために、彼は、鈴木大拙の力説する金剛経の「即非」と大燈国師の語を用いるのである。以下の一節を熟読したい。

「仏教では、金剛経にかかる背理を即非の論理を以て表現して居る（鈴木大拙）。所言一切法者即非一切法是故名一切法と云ふ、佛佛にあらず故に佛である、衆生衆生にあらず故に衆生であるのである。私は此にも大燈国師の億劫相別、而須臾不離、尽日相対、而刹那不対といふ語を思ひ起すのである。単に超越的に自己満足的なる神は真の神ではなからう。一面に又何処までもケノーシス的でもなければならない。何処までも超越的なると共に何処までも内在的、何処までも内在的なると共に何処までも超越的なる神こそ、真に弁証法的なる神であらう。真の絶対と云ふことができる。神は愛から世界を創造したと云ふが、神の絶対愛とは、神の絶対的自己否定として神に本質的なものでなければならない。Opus ad extra ではない。私の云ふ所は、万有神教的ではなくして、寧、万有在神論的 Panentheismus とも云ふべきであらう。併し私は何処までも対象論理的に考へるのではない。私の云ふ所は、絶対矛盾的自己同一的に絶対弁証法的であるのである。ヘーゲル弁証法も、尚対象論理的立場を脱してゐない。左派に於て、万有神教的にも解せられた所以である。佛教の般若の思想こそ、却つて真に絶対弁証法に徹して居ると云ふことができる。佛教は、西洋の学者の考へる如く、万有神教的ではない」（XI：398－399）。

　ところで、ハーツホーンは万有在神論（panentheism）の成立要件として、以下の事実を確認している。「もしも宇宙が顕著に生気あるもの

で理性的であるとするならば、それがそのまま神であるか、それとも、二つの卓絶した存在者、神と宇宙、及び第三の超絶的な存在者、つまり"神と宇宙"の全体的実在、があるか、どちらかである。ジレンマは、創造する神と包括的創造物が一人の神である、ということの是認によってのみ満足の行く問題解決に至るのである[13]。」そう述べることにより、ハーツホーンは、彼自身の万有在神論の立場（それは、「神は、あるリアルな面に於いて、いかなる相対的なものとも区別され、かつそういうものから超絶しているのだが、しかも、現実的全体性として捉えた場合、一切の相対的なものを包含する」という見地である）を、伝統的な有神論ないし理神論（これは、神を「全く超絶的ないし非包括的なもの」と見なす）及びスピノザのタイプの汎神論（万有神教）（これは、「神は、相対的ないし相互依存的なもののすべてであって、何物も完全に超絶するもの、ないし明確な意味において非相対的な者は一切ない」という立場である）から区別しているわけである。ハーツホーンの立場は、従って、「非相対的絶対者」の観念に立脚する伝統的有神論の立場だけでなく、完全に相対的な神として自然と同等の意味しかもたぬリアリティー（つまり、deus sive natura）観に基づくスピノザの汎神論の立場に由来する偏った見方の隘路から脱却するものであるのだ。

このハーツホーンの万有在神論の成立要因である（１）超絶性、（２）一切包含性、の二要素は、西田の仏教的万有在神論において十分見い出されるであろうか。（２）の一切包含性は、容易に、「神の絶対的自己否定」の概念に見てとれる。では、（１）の超絶性の要素はどうか。大燈国師の「不離不対」の論理は、それだけでは、超絶性を明確に語ったことにはならないのではないか。

ここにおいて、西田の場合、神が「無」（絶対無＝内三位一体的神性）——西洋哲学史の最重要な事項で言えば、アンセルムスがその有名な神

証明の基礎とした「神の名」aliquid quo《nihil maius》cogitari possit（「それよりも大いなる無」が考えられ得る或る者＝「それより大いなるもの」は「何も」考えられ「無い」或る者）に就いて一貫して主題とするに至った《ニヒル・マーユス》（［神］より大いなる無）――に「対する」という徹底的神哲学が重大化する所以である。私自身はこの「対する」を①神の絶対無ないし仏教的空への至誠心と取る。第二に、「無が無自身に対して立つ」（XI：397）を②ナガールジュナの「空は空自らを空ずる」仏教的形而上学的原理の哲学的言い換えと取りたい。第三に、③西田の言う「神又は佛の呼声」（XI：409）を、①＋②の帰結と考える。この面では、西田はバルト的な「向うからこちらへ」の方向性（不可逆性）から学んでいると思える。西田の宗教観「神は我々の自己に心霊上の事実として現れるのである」（XI：372）が、こうして哲学的に基礎づけられたわけである。仏教弁証論が成就した。

　ただし、西田の言う「神の絶対的自己否定」の思想は、「極悪にまで下り得る神でなければならない。悪逆無道を救う神にして、真に絶対の神であるのである。（中略）絶対のアガペは、絶対の悪人にまで及ばなければならない」（XI：404－405）という悪の問題の解決法に触れてくる時、滝沢が批判して言うように、悪魔的なもの、ないしは悪が「なにか絶対矛盾的自己同一の不可欠の要素」であるかのように容認される隘路を抱えている[14]。

結語　西田哲学の全体観――創造作用の形而上学

　今、全体を振り返って見れば、西田哲学の進展の全体性「純粋経験――自覚――場所」（A－B－C連関）の中で、（A）純粋経験の絶対の背後に「絶対自由の意志――翻って己自身を見る――無限なる世界の創造的発展」（a－b－c）が窺われ、（B）自覚の絶対の背後に「自己成

立の根源——神又は佛の呼声——宗教的自覚」（d－e－f）が悟られ、（C）絶対者の再構想の焦点に「絶対無——絶対——絶対有」（g－h－i）が浮かび上がってくる。（B）自覚と（C）絶対者とは、ここまでの考察において詳しく見たように、等根源的組成をなすのであるから、「逆対応」の神哲学的ヴィジョンが両者を統一する。それを足掛かりにして、西田は、仏教的弁証論を彼独自のPanentheismusとして構築したのであった。

　では、こうした西田哲学の最終的全体観を統一的にどのように把握すればよいのであろうか。私はまず、彼の根源把握が、「自己成立の根源かつ絶対無」からなる「絶対矛盾的自己同一の世界」（ここで世界と言うのは、通常の意味ではなく、究極的実在の意味であろう）の言表に至っていることに注目したい。次に、自覚の絶対契機と言うか、「神又は佛の呼声」ないし（絶対者の場合だと）「絶対無に対する姿」（至誠心）が焦点をなしていることに注目せざるを得ない。「自己自身の中に形而上学的世界（自己矛盾的同一の世界）が自己を表現する」ことが焦点の活動である。第三に、我々の宗教的自覚にしても、神の絶対有への翻り（神は世界に於いてある）にしても、新しいものの形成に向かうものだ。

　これらの三段階をすべて網羅して動かしてゆくものが、遂に、創造作用として明らかにされている。曰く、「創造作用ということは、（A）多と一との矛盾的自己同一的世界が、（B）自己自身の中に自己を表現し、（C）何処までも無基底的に、作られたものから作るものへと、無限に自己自身を形成し行くと云ふことに他ならない」（XI：400）。ここに、西田哲学の初心「私は（A）純粋経験を（B）唯一の実在として（C）すべてを説明して見たい」が創造作用の形而上学の立場から、完成されているのを見る。日本の敗戦も間近な昭和20年の初夏、西田幾多郎は、これだけの事を完成して逝った。何と言う大きな達成であろうか。その巨大さ、その未来性、その強靭さに、私はただただ驚くのである。

82

純粋経験の哲学は、創造作用の形而上学として完成したのである。ホワイトヘッド流に言い換えるならば、＜平安＞ありて「平和」の創造的開発が成就されるための基礎工事がここになったのである。今、2016年5月27日のオバマ米国大統領の広島平和スピーチと被爆者歴史家森重昭氏抱擁に実現された「哀悼」「共大悲」から翻って見る時、西田の形而上学的基礎工事が世界史的規模と意義を有することに、私は息をのむのである。

［了］

（2007年6月25日脱稿）

＊　本稿は、西田哲学会シンポジウム「西田における哲学と宗教」（2007年7月21日 - 22日、於獨協大学）のために用意した発表ペーパーに補筆のうえ完成したものである。『西田哲学会年報』（第五号、2008年7月31日刊、45 - 62頁）所載。

　註

1　Tokiyuki Nobuhara, *God and Analogy: In Search of a New Possibility of Natural Theology*（Ann Arbor, Michigan and London: University Microfilms International, 1982）.

2　上田閑照『上田閑照集』第二巻（東京・岩波書店、2002年）第一部第三章　純粋経験と自覚と場所、263 - 292頁、参照。

3　何かの事象を取り上げれば、それを知覚する者の立場からはその事象の事実は宇宙に於いて一つの象徴と取ることができる。そこで、その象徴の意味はどこにあるか、を問うことができる。この場合、象徴と意

味の関係は一義的ではない。Cf.: "The nature of their relationship does not in itself determine which is symbol and which is meaning. There are no components of experience which are only symbols or only meanings. The more usual symbolic reference is for the less primitive component as symbol to the more primitive as meaning"（Alfred North Whitehead, *Symbolism: Its Meaning and Effect*, New York: G. P. Putnam's Sons, 1959, p. 10）. See Tokiyuki Nobuhara, "A Whiteheadian Reinterpretation of Nishida's Philosophy of Pure Experience: With the Concept of 'Symbolic Reference' As Guide," in Franz Riffert, ed., *Perception Reconsidered: The Process Point of View*（Frankfurt am Main: Peter Lang, 2007）.

4　Charles Hartshorne, *Creative Synthesis & Philosophic Method*（La Salle, IL: The Open Court Publishing Co., 1970）, xv.

5　See Etienne Gilson, *Elements of Christian Philosophy*（Westport, CONN: Greenwood Press, 1978）, pp. 130 − 131.

6　上田閑照『西田幾多郎を読む』（東京・岩波書店、1991 年）、130 頁。

7　滝沢克己『滝沢克己著作集 I』（京都・法蔵館、1972 年）、421 − 422 頁。以下、著作集 I と略記。

8　バルトの弁証法神学の方法は、人間の宗教性（例えば、祈祷）を完膚なきまで批判した上で肯定するところに現れる。バルトは、あらゆる世界内的な現象を終らしめるものこそ、それらの基礎付けだと考える。

以下の二つの引用を参照せよ：「イエスにおける啓示は、直接的な見方によっては理解することができない。無意識的なものを闡明しても、神秘的な祈祷に沈潜しても、隠れた精神的能力を発展させても、それを理解することはできない」(Karl Barth, *Der Römerbrief*, 2 ed. München, 1922, S. 72)。「パウロが歴史的終局や時間的終局について語るときには、彼はただ歴史の終わりや時間の終わりについて語っているに過ぎないのであるが、しかし、もう一度それの終わりについて、従ってあらゆる出来事や俗事に根本的に超越している実在について、かく根本的に、かく明白に理解されるならば、歴史の有限性や時間の有限性について語るときに、彼はまた同時にあらゆる時間やあらゆる出来事が基礎づけられているものについても語っているのである。彼にとっては、歴史の終わりは原歴史と同意義であり、彼が語っている時間の限界は、あらゆる時間の限界であって、従って必然的に時間の根源であらねばならない」(Karl Barth, *Die Auferstehung der Toten. Eine Akademische Vorlesung über I Kor. 15*, München, 1924, S. 58)。

　滝沢は、このバルトの弁証法神学の方法を用いて処女作『西田哲学の根本問題』における西田哲学（ことにその経験概念）の批判的評価に赴いている如くである。それは、例えば、「私は西田哲学の根柢としての神の直覚と、西田博士の体験とは厳密に区別せられなければならぬといった」（179、185、189 頁、参照）という、繰り返し反復されるモティーフに明示されている。「神の直覚」が我々の言う A 選択、「西田博士の体験」が B 選択と言えば、当たっているであろうか。

9　滝沢克己『あなたはどこにいるのか：実人生の基盤と宗教』（東京・三一書房、1983 年）、56 頁。以下、『あなた』と略記。

10 　ここで留意すべきは、「純粋経験」そのものは、もしも私の the pure act of experiencing という言い換えが正当ならば、形而上学的究極者としてホワイトヘッドやハーツホーンの言う creativity と内容的に違わない境位にあるものなのであるが、それを滝沢の「第二義」の（1）「神（の原決定）のはたらき」と同定し得るとするならば、ここには、形而上学的究極者と宗教的究極者（神）との同一化の局面が（少なくとも被造物との関係 ad extra においては）出来^{しゅったい}する、という興味深い事実である。

11 　See Tokiyuki Nobuhara, "Portraying 'Authentic Existence' By the Method of Analogy: Toward Creative Uses of the Analogy of Attribution *Duorum Ad Tertium* For Comparative Philosophy of Religion," *Bulletin of Keiwa College*, No. 1, February 28, 1992, 61-83; No. 2, February 28, 1993, 27-50; and No. 3, February 28, 1994, 1-19. なお、この英文拙稿の邦文解説については、「アナロジーの方法と『本来的実存』：比較宗教哲学のための『二者ノ第三者ヘノ帰属ノアナロジー』──《Analogy of Attribution Duorum Ad Tertium》の創造的活用の観点から試みる、『西田哲学との対話』」（日本ホワイトヘッド・プロセス学会第 25 回全国大会、2003 年 9 月 26 日 - 27 日、於上智大学、記念シンポジウム「場所とプロセス─西田哲学との対話」発題ペーパー）参照：
http://pweb.sophia.ac.jp/~yutaka-t/society/nobuhara.doc

12 　Cf.: "God is in the world, or nowhere, creating continually in us and around us. This creative principle is everywhere, in animate and so-called inanimate matter, in the ether, water, earth, human hearts. But this creation is a continuing process, and 'the process is itself the actuality,' since no sooner do you arrive than you start on a fresh journey.

In so far as man partakes of this creative process does he partake of the divine, of God, and that participation is his immortality, reducing the question of whether his individuality survives death of the body to the estate of an irrelevancy. His true destiny as co-creator in the universe is his destiny and his grandeur." (Lucien Prices, ed., *Dialogues of Alfred North Whitehead*, London: Max Reinhardt, 1954, p. 366) これは、1947 年 11 月 11 日の談話の記録である。同年 12 月 30 日、87 歳で永眠。拙著『ホワイトヘッドと西田哲学の＜あいだ＞：仏教的キリスト教哲学の構想』（京都・法蔵館、2001 年）、265 - 266 頁、参照。

13　Charles Hartshorne, *The Divine Relativity: A Social Conception of God* (New Haven and London: Yale University Press, 1964), p. 79; hereafter cited as DR. See also Tokiyuki Nobuhara, "Hartshorne and Nishida: Re-Envisioning the Absolute. Two Types of Panentheism vs. Spinoza's Pantheism"

http://www.bu.edu/wcp/Papers/Cont/ContNobu.htm

14　滝沢克己『畢竟：シンポジウム──生の根拠を問う』（京都・法蔵館、1974）、121 頁。延原時行『至誠心の神学──東西融合文明論の試み』（京都・行路社、1997 年）、152 - 153 頁、参照。ここで言う「隘路」を突破するには、形而上学的究極者（例えば、仏教的空＝法性法身）は、悪を含めてあらゆるものに浸透するが、宗教的究極者（例えば、人格神、阿弥陀仏）は前者に至誠であることから、逆に、パラドクシカルに、被造物に「汝至誠であれ」という招喚でもって臨む峻厳な事実を、顧慮する必要がある。ここに、「正しさ」《rightness》の原理が価値論的に確立するのである。この面では、西田の言う自己存在の（自己矛盾的）根底の「自

覚」ではなく、神の呼声への「人格的応答」において宗教的であること
が求められているのである。この意味では、西田の創造作用の形成面に
「告白」「懺悔」の契機が含まれなくてはならない。神への人格的応答は、
ルターも言ったように、「罪の認識・承認・告白」においてのみ現実的に「神
讃美」たり得るからである。

第三章　わが短歌神学日記──2016年春夏

第一節　2016年4月の巻：御友神学の開拓欣求す

I　（2016年4月9日）文や嬉しの歌二首

一　先達の文や嬉しや我が新著日本神学いささか進むと

二　仏教と対話神学求めつも御友神学ありて一新

　　（備考：小野寺功先生ご書簡あり、4月5日付、感謝無尽：「桜が一斉に開花し、春爛漫の美しい季節になりました。御変わりもなく、精力的に執筆活動に集中しておられることと存じます。先日は『良寛「風の歌」にちなんで──御友神学の省察』の最新作と英文の御論文をご恵送いただき、誠に有り難うございました。ライフワークである「仏教的キリスト共神学」の追求が今回、「御友神学」として具体化されましたことは、画期的な出来事と、心からお喜び申し上げます。これまでの「至誠心の神学」の三原理（注。①神は空に至誠である；②空は空自らを空ずる；③神は宇宙において我々被造物に至誠心を喚起することができ、現に喚起する唯一の御方である）に、ヨハネの御友の省察を加えることによって、私の聖霊神学とも一層深く呼応するものが感得され、一気に読了いたしました。

　　従来のキリスト教は、ここまで具体化され深められて、はじめて日本人の心の大地に着地するのではないでしょうか。これまでの宣教姿勢や神学は、いかにすぐれたものであるにしても、水面に触れない水車のようなもので、空転するばかりでした。「御友神学の発見」は、この空転を克服し、キリスト教の絶対的核心へと導くものです。少なくとも、私が生涯をかけて築いてきた「三位一体の場の神学」と基本的に一致する

ところがあり、大変勇気づけられました。

　西田哲学に最も深い理解をもつ鈴木亨先生は、「聖霊神学は、『三位一体のおいてある場所』においてのみ真に築かれうるものと思います」と評価して下さいましたが、これを具体化する視点が不十分で、展開に不十分なものがありました。この点、「二究極者」の発想と「御友神学」は、私に多くの手がかりを与えてくださいました。

　平和憲法を高く評価しつつ、「しかし、日本の教養の基礎が欠けている」という御指摘は、全く正しいものと思います。憲法以上の「法源」を問題にする人はおりませんが、日本には新たな世界観の確立が不可欠であると私も考えております。

　八木先生の「回心　イエスが見つけた泉へ」もすぐれた一つの到達点を示すものですが、「御友神学の省察」も、日本の神学の先端を行く業績と考えます。私の孤立無援の思索も大いに励まされています。

　また国際的な御論文も沢山読ませていただき感謝です。J.ブラッケン神父など、よくこなして論評されていますね。

　私は京都学派の歴史哲学をさらに発展させる形で、歴史神学を構築したいと考えています。今後とも、忌憚のない御教示をお願い致します。

　　四月五日　　　とりあえず、お礼まで。
延原時行様　　　　小野寺　功」

II　（2016 年 4 月 10 日）昨日やの歌七首

一　昨日や新 PC にプリンター新潟からや愛車運べり

二　旧メール確認や成り思ふやは意外と紙に残す尊し

三　PC の貴重なるやは刻々に写し伝ふる速さなるかな

四　かくてぞや本作りのや情熱の滾（たぎ）ることとて抑へ難しも

五　さて今日は再度ソフマップ赴きて設定確と成さしめんかな

六　我が新著幾たりものや友の声いただきてこそ人生喜悦

七　何にせよ御友神学しみじみと良寛「風の歌」ともどもに

III　（2016 年 4 月 11 日）朝からやの歌七首

一　朝からや鱈鍋仕込み精出しぬこの間次著の推敲喜々と

二　漸くや表題一新副題も御友神学活躍の場ぞ

　　（備考：『「変貌論」の時代の神学――良寛「散る紅葉」から神の
エコゾイックスまで』なり）

三　御友はぞ御父に我ら運びてや平安全う成すのや御方ぞ

四　のみならず宇宙全域経廻りて冒険ぞ成す交互御業や

　　（備考：地の事を天に告げ、天の幸をぞ地に知らしむる御業なり
けり。See PR, 351）

五　「本作る父さんやって」妻言ひし二人三脚御友命承く

六　昨晩も睡眠実にも心地よし二人三脚運び往く佳し

七　我や生く宇宙人生健やかに今生超へて今生に在り

IV　（2016 年 4 月 12 日）今日も我の歌七首

一　今日も我新潟に出づ恰もや Bic Camera にや通勤の態

　　（備考：買ひ替へし新 PC にデータ移行もなしたるを、Bic Cam-
era 内のソフマップに受け取りになり）

二　朝からやきりりと盛装タイを絞め春の陽光車中満喫

三　設定に出張サービス約したりその間次著や胸中邁進

四　熱誠の友に UP を謝したるや我が歌や生くブログ見ざるも

五　此度の書ジュンク堂にて伺ふやひそと静まり佇みおるや

六　それ思ひ次著の声をぞ胸に受け小嶋屋にてや蕎麦啜る我

七　今の時世界の現況御友はや如何に散る中みそなはすかな

Ⅴ　（2016 年 4 月 13 日）礼状の歌一首

一　友ありて読後礼状いただきぬ信子と交はす歌響くとや

　（備考：鈴木孝二氏ご夫妻の 4 月 9 日付お葉書なり）

Ⅵ　（2016 年 4 月 13 日）平安の歌三首

一　人最期死の死に至る厳粛や煌くばかり平安の時

二　我が妻やその時切れ目なき笑みに表しにけり平安極致

三　我が友や口を少しく開きてや告別の時平安の時

　（備考：2016 年 3 月 21 日枚岡教会にて木原和彦兄前夜式の峻厳の
面如何に和める）

Ⅶ　（2016 年 4 月 13 日）笑み桃の花の如の歌三首

一　我が庭に咲くや麗し桃の花我が妻の笑みかくの如しぞ

二　かく詠ふ間こそ在りけれ天が下「本作る」げに「父さんやって」

　（備考：かく咲きつ妻懇望すやげにも）

三　死後生の妻生きたるや不思議やもこれ真実の宇宙生なり

Ⅷ　（2016 年 4 月 14 日）燎原の火ぞの歌七首

一　我が妻や夢に顕れ箱しめす宇宙なべての解やありとぞ

二　心にぞ一つの光点りおり我暖むやげにも嬉しや

三　世に平和もたらさんとて在るものや御友平安如何に尊き

四　漸くに我悟りたり平安の分かちてこそぞ地の平和あり

五　平安や遂に御友に運ばるや御父に至り命法下る

六　命法や空神至誠見たるまま至誠なれとぞ御友告ぐなり

七　御友のや命法打つや日ノ本に一途走らむ燎原の火ぞ

Ⅸ （2016 年 4 月 15 日）発刊の栞の歌

一　発刊の栞折ては新著にぞ一枚ずつや我挟みゆく

二　手作りの本の味こそ誠にや友方贈る我が作の艶

三　今朝の夢いのち全う妻と我一つなりけりげにも嬉しや

四　我が妻や汝本作る父御許「父さんやって」はいやってます

Ⅹ （2016 年 4 月 16 日）徹夜論考作るの歌七首

一　徹夜して一気に書ける平安論平和基礎学切れ目なき善し

　　（備考：一般社団法人全国日本学士会会誌「ACADEMIA」No.
156 2016.4 への寄稿文「平和基礎学としてのホワイトヘッド平安哲学―
―神のエコゾイックスとホワイトヘッドの冒険ないし復活形而上学にち
なんで」なり）

二　この一文妻と友とが祐けしや告別の日の称名の口

三　かく書けば妻の言の葉生きたるや「本作る」故「父さんやって」

　　（備考：「本作る」とは平安の命事実を表す書作ることなり。「平
安の命事実」なすは妻の仕事なり。「それ表す書」の実作者我なり）

四　故と言ふ心はげにも御友なり「我が羊飼へ」命や妻承く

　　（備考：『ヨハネ』21・15，16，17、熟読参照。これ天にて甦らさ
れし者たちに与へらるる御友の命法なり）

五　我が家のや本作りのや大仕事天上天下二人三脚

六　本作る天上妻や仕事をぞ我に託すや御友供なり

七　然らばや我徹夜なぞ怖れなし新しき論作りにけりや

Ⅺ（2016 年 4 月 17 日）御友風の歌十首

一　我が新著諸処に顔出すげに嬉し何やら仄か涼し気な風

　　（備考：『良寛「風の歌」にちなんで――御友神学の省察』アマゾ

ン諸欄にて只今上位なり：教義神学、1位ほか）

二　力まずや拙著独自の佇まい天上大風御友もて来ば

三　かつてはや日ノ本教示せんとてや基教宣教厳めしき風

四　そもそもやこの地にいます御友のぞ香り豊かな風見ずやこそ

五　かつてはや日ノ本の風蔑してや原爆投下卜氏やなせしも

六　神学を人に教へんとてやこそ力みて書をば成すや多しも

七　誠はぞ神学びとは御友なす事を我らに告げ給ふわざ

八　かくなれば神学とぞや御友のぞ神学びのやまねび他なし

九　なにゆえに人方大所高所よりおらび神学教へんとすや

十　かかる学国と国との知恵比べ所詮御友の風承けずして

　　（備考：知恵比べ＝ intelligence なり）

　　　XII　（2016 年 4 月 18 日）昨夜からの歌四首

一　昨夜から夜を徹して査読なすヒュームとホ氏の繋ぎ考佳し

二　神と世の考察深き自然より繋ぎあればや面白き学

三　熊本の本震 M7.3 恐るべし願はくば水にぎり賜へや

四　不幸中命失ふ人方に御友伴ひ往きたまへかし

　　　XIII　（2016 年 4 月 19 日）西田何故の歌一首

一　西田がや内在的の超越と言ひし時何故飛翔言はざる

　　　XIV　（2016 年 4 月 20 日）それにせよの歌三首

一　それにせよよくぞ PC 壊るるも我論考を産みたるやこそ

　　（備考：拙稿「平和基礎学としてのホワイトヘッド平安哲学」
『ACADEMIA』No. 156. 2016 年 4 月号なり。その時だけ PC や良しとは！）

二　続いてや査読完了これやしもあれよあれよと我成しぬとは

（備考：これも驚きなり。『プロセス思想』17 号のためなり）

三　いざといふ時来るぞや馬鹿力出づるや不思議何故や知らねど

XV　（2016 年 4 月 21 日）新論の春の歌三首

一　面白き事はこれなり曲折やあれども新論校正や成る

二　これ不思議 PC 騒ぎあれどもや一つ一つの仕事成るほど

三　見事なる仕上がり編者送り来て我が平和論日の目見し春

　　（備考：ひとえに一般社団法人全国日本学士会専務理事・事務局
長　岡田和男氏と紹介者花岡永子教授の御蔭なり）

XVI　（2016 年 4 月 22 日）御友言の葉の歌三首

一　我が友に新著のコアを明かせしや我が心にぞ暖雪ぞ降る

二　御友はや超越あらずさりとてや内在あらず間在なるや

三　基督が御友としてや語りしぞその言の葉やいとも尊し

　　（備考：『ヨハネ』15・15、熟読参照）

XVII　（2016 年 4 月 23 日）驚きぬの歌二首

一　驚きぬ遂に拙著や一位とか教義神学「風の歌」愛づ

　　（備考：アマゾン、教義神学 1,067 件中 1 位『良寛「風の歌」にち
なんで──御友神学の省察』；2 位カブ著拙訳『とりなしの祈り──物語
形式のプロセス神学』；21 位『ホワイトヘッドと西田哲学の＜あいだ＞
──仏教的キリスト教哲学の構想』なり、嬉しも）

二　我書きぬ米核時代懺悔すや先端窮むオバマ氏往くや

　　（備考：拙著『良寛「風の歌」にちなんで──御友神学の省察』
195 − 196 頁参照。本日［ワシントン時事］「オバマ米大統領は来週にも、
5 月の主要国首脳会議（伊勢志摩サミット）出席に合わせて広島を訪問

するかどうかを最終判断する」との由なり）

XVIII （2016 年 4 月 24 日）まさかとやの歌三首
一　次著一章「散る紅葉」考なせしもやまさか御神エコゾイックスとや

　　　（備考：『「変貌論」の時代の神学』次著なるが、ふと一章で書きたる「良寛最晩年の大変貌をめぐって」の眼目「散る紅葉」の含意、我が思索の焦点なる、21 世紀の「変貌論」としてトマス・ベリーが挙げし「Ecozoic Era」（エコ生代）の建設の神学、すなわち「神のエコゾイックス」と通ずることに開眼したるなり。まさかとや思ひしも、良寛が個人として接したる「生死の際」の歌言葉「散る紅葉」が 21 世紀の「大変貌」の形而上学「神のエコゾイックス」と通底なせるとは！　一気に見へしや。故に次著の副題次のごとく決定せり：《良寛「散る紅葉」から神のエコゾイックスまで》）

二　このところ PC 騒ぎに紛れしが胸になぜかや新想や見ゆ
三　我が妻や絶後笑み増し不思議やも此処に在りたり一切の解

XIX （2016 年 4 月 25 日）平安平和の歌四首
一　誠にや切れ目なき笑みありてこそ我が妻しめす平安平和
二　我が妻や絶後笑み増す平安や一切包み平和ならしむ
三　我が妻や絶後笑み増し不思議やも深き低みの底ぞ飛翔す
　　（備考：復唱）

四　底の底御友父往く平安ぞ翻りてや地を和めむと

　　　（備考：初めの底は「太初のロゴス」（『ヨハネ』1・1・第一項）なり。第二の底は「神と共なるロゴス」（『ヨハネ』1・1・第二項）すなわち、父往く御友なり。「平安や翻りてや　地を和めむと」こそ平和基礎学の

問題なり）

XX　（2016 年 4 月 26 日）御友平安・平和の歌四首

一　御友ぞや平安父に霊委ぬ翻りてや「我が羊飼へ」

　　（備考：『ルカ』23・46、熟読参照。『ヨハネ』21・15、16、17、熟読参照。御友の父への往相と父からの還相ここにあるなり。往相平安、還相平和なり）

二　平和のや命法何故に下るやと訊かば汝見よ霊委ぬ君

　　（備考：ホ氏も書きぬ："The immediate experience of this Final Fact, with its union of Youth and Tragedy, is the sense of Peace. In this way, the World receives the persuasion towards such perfections as are possible for its diverse individual occasions." [AI, 296] 平安の感覚これ往相なり。世界命法を受くる、これ還相なり。両者宇宙の真っただ中にて「交互関係」Reciprocal Relation を結ぶなり。これ御友の御業なり。甦りし者たちこの御業を承くるなり。我が家の場合、我が妻の「本作る」「父さんやって」の声と共に、御業承くるなり）

三　霊委ぬ君御友ぞや在してや「我が羊飼へ」御声轟く

四　御業承けこの世なべてぞ何あらむペンテコステの受霊尊し

　　（備考：『使徒言行録』第二章、熟読参照）

XXI　（2016 年 4 月 27 日）御友世紀（包括的ペンテコステ）の歌十一首

一　人なるの有終の美ぞ死の死なり笑みて死す妻死して笑み増す

二　我が妻や絶後笑み増し不思議やも死して笑むとや死の死平安

三　死すれども笑むほかぞなき平安の満つる我が妻御友現臨

四　汝が笑みや生涯の際溢れてや絶後いや増す御友いませば

（備考：復唱）

五　我が妻や切れ目なき笑みしめしてや御友の世紀ペンテコステ生く

六　五旬節聖霊下りペテロ宣ぶ「このイエス神甦らせし」

　　（備考：『使徒言行録』2・32：「このイエスを神はよみがえらせた。そして、わたしたちは皆その証人なのである」）

七　主イエスぞや天昇りてや霊下り歴史かくてやペンテコステぞ

　　（備考：その意味たるや、俗世のみの歴史あるなしとのことなり）

八　御友はやただに「友よ」と言ひしかや天昇りてや霊下る君

　　（備考：「友よ」と言ひし受肉の「御友」のみならず、天昇り霊下る君なる故に、超越次元と内在次元の間次元の宇宙的「御友」なるべし。ホワイトヘッドが「交互関係」Reciprocal Relation を言ふはここに意味があるなり。See PR, 351. 惜しむらくは、プロテスタント神学に宇宙的キリスト論欠如したるなり。この点、カトリックのシャルダンに学ぶべし。プロテスタント神学「罪の赦し」信仰までの地上的信仰なり。ここに限界あり。復活信仰なし。宇宙を超えて復活を信ずる故に宇宙を包むキリスト＝御友信仰、これプロテスタント神学にあるなし。この点、『ヨハネ福音書』21 章 15 節の世紀の誤訳「ヨハネの子シモンよ、あなたはこの人たちが愛する以上に、わたしを愛するか。」（聖書協会訳、新共同訳）が尾を引くなり。ここは、我長年強調為す如く、「あなたはこれらの物（注。ペテロたちの旧来の生業、船や網や漁業一般、延いては宇宙全体）よりも我（アブラハムの生まれる前から在る「我」：『ヨハネ』8・58）を愛するか。」が正訳なり。拙著『復活の省察・上巻』31 頁、35 － 36 頁（注 6）、参照）

九　焚くほどは風が持て来る落ち葉かな良寛対話の御友世紀ぞ

十　かくてぞや Pentecostal Vision 溢れてや仏基対話の御友世紀ぞ

　　（備考：これこそや「包括的ペンテコステ」とは呼ぶべし。今の

核時代を凌駕するためには、歴史観が世俗歴史を脱する必要あるなり。キリスト教の Pentecostal Vision を「包括的宇宙的歴史観」となすべきこと宇宙的御友神学の要請なり）

十一　我が妻や絶後笑み増し不思議やも御友世紀に笑み添へし汝

XXII　（2016 年 4 月 28 日）妻いのち霊体に生くの歌十首

一　普通なら妻先逝きて落ち込むに切れ目なき笑み御友と愛づや

二　これ正に Pentecostal Vision ありてぞや我が妻いのち霊体に生く

三　霊体や御友父とや共なるの空間ありてその内の秘儀

　　（備考：『ヨハネ』1・1・第二項、熟読参照）

四　「本作る父さんやって」妻言ひしこの言の葉や生きたるやこそ

　　（備考：我が妻や我が著作活動に裸堂々たり）

五　今日もぞや旧友の文来りてぞ新著感想げに心打つ

　　（備考：同志社神学部クラスメート工藤弘志君より拙著『良寛「風の歌」にちなんで──御友神学の省察』への礼状来信、4 月 25 日付：「拝復　御高著拝受、ありがとうございます。まず表紙を眺め、裏を返して良寛の、「焚くほどは　風が持てくる　落ち葉かな」を何度も口ずさみながら、この句が醸しだす自然（じねん）の風情、何ものかに全てを託した、泰然自若の心意気を味わい、その上で、貴書を繙きました。

「御友神学」とは何か。はじめて目にする用語です。良寛の「風の歌」の中に、優しく寄り添うキリストの「御友の調べ」を、貴兄は聞き取っておられました。お蔭で良寛の宗教心と、貴兄が感知した「御友神学」とが融合する、心の宇宙の存在に気づかされました。

もう随分前のことになりますが、今は亡き川瀬彰吾君が牧会していた教会へ説教に呼ばれて訪問した折、川瀬君が良寛の庵に案内して下さった。そのとき、しばし良寛の世界に触れ、良寛の本も二、三冊購入して

帰ったことを思い出しました。

「御友」の神学的空間、貴兄が説くインマヌエルの広さ、深さを認識することができました。これからも延原神学をさらに深化させてください。期待しています。いつまでもお元気で。感謝しつつ。

2016 年 4 月 25 日　　　　工藤弘志

延原時行様」）

六　胸震ふ友や祈るや心より延原神学深化させよと

七　誰知らう我が神学の生まれしは妻絶後のや笑み見し時ぞ

八　而してや切れ目なき笑み只中に御友ぞおはす生死の主そも

九　死ぬといふ事よあらざる不思議やも妻示してや死して笑むとは

十　かくあれば我や言ふまい金輪際我が妻にぞや先立たれしと

　　（備考：ノーちゃん、すごいこっちゃ。父さん、そういうこっちゃ、嬉しい嬉しい）

XXⅢ　（2016 年 4 月 29 日）新著出での歌十首

一　新著出で「宇宙時代の風神学」初めて上昇引き立てられつ

　　（備考：此度の『良寛「風の歌」にちなんで——御友神学の省察』出でて初めて旧著『宇宙時代の良寛再説——ホワイトヘッド風神学と共に』（2014 年）アマゾンにて急上昇その時を得るや面白し）

二　これもぞや我が著作のぞ摂理かな如何に神慮の秘められたるや

三　「風の歌」御友神学打ち出せりただ再説本の準備ありてぞ

四　ところがやその機を受けて再説本己が日を得るげに面白し

五　再説本ホ氏神学の全貌を「風」四態と解明せしも

六　恩寵の風まずありて理解あり冒険ありて遂に慈悲風

　　（備考：ホ氏主著『過程と実在』末尾の二頁に書けり、有名なる言葉なり："There are thus four creative phases in which the universe accomplishes its actuality." [PR, 350] 而して、the phase of "conceptual origination," the temporal phase of "physical origination," the phase of "perfected actuality, in which the many are one everlastingly," and the action of the fourth phase "as the love of God" – と続くなり。ホ氏の一番の主張点なり。されど、解釈者の一番難渋する箇所なり。ここを我「恩寵の風」（一切の初めにあるもの＝ conceptual origination）、「理解の風」（ここに絶対の偶然体、滝沢の言ふ「コンティンゲントな実存」があるも、背後に恩寵の理解あり：これ恩師の言ふ「インマヌエルの原事実」なり＝ physical origination）、「冒険の風」（現実性が常に絶えせず「完成過程にあるゆえに」固定した実体にあらず、しかも「一」なり＝ perfected actuality）、而して「慈悲の風」（神の愛＝御友神学、the love of God, the reciprocal relation）と一気に全体把握なすなり）

　七　ホ氏やそも「プロセス哲学」語りしも日ノ本にてや「風」趣ぞ

　　　（備考：欧米にての人気概念「プロセス」なり。されど、日ノ本にては「風」なり。プロセス神学もう幾星霜語るも人気なし。「風」基調に移すや、この人気とは！）

　八　風基調これ良寛の気風なりそれ承けて今ホ氏や読まれむ

　　　（備考：只今『宇宙時代の良寛　再説——ホワイトヘッド風神学と共に』突如人気本なり、いとおかし）

　九　それにせよ此度は誠冒険ぞ「御友神学」本邦初演

　　　（備考：「御友神学」とは、我が友工藤君も言ふごとく、「初めて目にする用語」なり。さて、一般的に受け入れらるるや。これ重大問題なり）

　十　それがぞや忽ちにして風靡せり「神学入門」人気の一書

　　　（備考：アマゾン：神学入門にて、２２９３件中１５５位なり。合格判定なり。他に教義キリスト教神学５位、教義神学４位など）

XXIV　（2016 年 4 月 30 日）ともいきの歌十首

一　本作る父さんやって言ひし妻「風の歌」本贈る手に在り

二　拙論を掲載したる ACADEMIA 妻と友とを詠ひてや在り

　　（備考：『ACADEMIA』No. 156.2016.4 に拙稿「平和基礎学とし
てのホワイトヘッド平安哲学——神のエコゾイックスとホワイトヘッド
の冒険ないし復活形而上学にちなんで」を寄稿せり。花岡永子名誉教授
（大阪府立大学、奈良学園大学）の先導による企画、一般社会法人全国
日本学士会専務理事・事務局長岡田和男氏の御招きにより、荒牧典俊名
誉教授（京都大学）、尾崎誠名誉教授（山陽学園大学）、田中裕教授（上
智大学）と共に「A.N. ホワイトヘッドの平和論」の主題に関して共同執
筆す。我が妻信子、親友木原和彦兄の絶後の笑み増しの歌幾首も拙稿の
うちに献じたり、嬉しも）

三　ホ氏の言ふ平安哲学神接す激励受けてなすや平和ぞ

四　何がぞや嬉しと言ふもともいきの歌詠める文作るほどなし

五　なぜならば文かくてぞや五旬節祝ひし宴正にそれなり

　　（備考：天父御許に御友共運ばるる幸ありてこそ、「我が羊飼へ」
との御声受け、甦らされたる人々御友と共に此処に我と「ともいき」な
せるなり。これ我の「五旬節」なり、Pentecostal Presence なり。「と
もいき」の学を我「平和基礎学としてのホワイトヘッド平安哲学」と言
ふなり。この学、地球の危機（環境破壊と核時代）に面して理念理想な
る平和を必死になりて追求せる困難から緩められたり。平安（復活）な
くば、平和（ともいき）の現実過程なし）

六　かく思ひ今この歌を書くや我心底より歓びや出づ

七　この時代様々の憂き事あるにともいきなくば何が縁ぞ

八　ともいきの深みこそぞや誰あらう命岸辺に立つ御友ほか

九　この時代地球危機をぞ知りつつも復活承けずば危機のまた危機

十　我が妻や絶後笑み増し不思議やも深き低みの底ぞ飛翔す

　　（備考：復唱）

第二節　2016年5月の巻：オバマ広島平和スピーチまで

I　（2016年5月1日）終はりにあらずの歌十二首

一　良寛が「散る」と言ひしや大変貌終はりにあらず始めなりけり

二　我らもや我が妻絶後笑み増すや終はりにあらず始めとぞ知る

三　直ちにぞ「復活省察」完成すかくて著作の勢や出づ

　　（備考：拙著『復活の省察・上巻──妻と歌う：生くるとは深き淵から共々に甦ること喜びてこそ』（新潟・考古堂書店、２０１４年１０月）は我にとりて画期的著作なり。これ、我が妻絶後笑み増しありて出でし一書なり。この書ありて、此度の拙著『良寛「風の歌」にちなんで──御友神学の省察』（新潟・考古堂書店、2016年）の心意気湧くを得たるなり。而して旧著、風神学の著『宇宙時代の良寛再説──ホワイトヘッド風神学と共に』（新潟・考古堂書店、2014年4月）の急上昇を招きたり。面白き現象なり）

四　我が妻や絶後笑み増し不思議やも本作る日々始まりにけり

五　誠にや妻も言ひしや「本作る父さんやって」これ五旬節

　　（備考：「五旬節の日がきて、みんなの者が一緒に集まっていると、突然、激しい風が吹いてきたような音が天から起こってきて、一同がすわっていた家いっぱいに響きわたった。また、舌のようなものが、炎のように分れて現れ、ひとりびとりの上にとどまった。すると、一同は聖霊に満たされ、御霊が語らせるままに、いろいろの他国の言葉で語り出した。」『使徒言行録』2・1－4、熟読参照）

六　恰もや主の復活の喜びや瞬時措かずや霊下る如

七　人よ知れ父より聞きて友に告ぐ御友語りや激動の時

八　御友はぞ今や昇天ありてぞや霊下ります宇宙時やそも

九　「父よりぞ聴きたる事や告ぐる」こそ御友道なり甦りてぞ

十　誠にやこれ Pentecostal Vision のや受肉にまさる御友姿よ

（備考：御友姿二段階あり：一は受肉、二は Pentecostal Vision なり。「父より聴きし事皆、友よ、汝らに告ぐ」。『ヨハネ』15・15、さらに『使徒言行録』第二章なり）

十一　さらにぞや我が妻絶後笑み増せる後に続くや本作る時

十二　これまさに平安ありて平和次ぐホ氏の語れる哲学の如

（備考：See what Whitehead writes at the end of *Adventures of Ideas*: "The immediate experience of this Final Fact, with its union of Youth and Tragedy, is the sense of Peace. In this way the World receives its persuasion towards such perfections as are possible for its diverse individual occasions." [AI, 296] 拙稿「平和基礎学としてのホワイトヘッド平安哲学」『ACADEMEIA』No. 156. 2016.4、11 − 21 頁、参照）

Ⅱ　（2016 年 5 月 2 日）つくづくとの歌八首

一　復活を金輪際や考へぬ人類の平和や根無し草なり

二　平安やありてこそなれこの世界平和の努力実りあらむも

（備考：拙稿「平和基礎学としてのホワイトヘッド平安哲学」『ACADEMIA』No. 156. 4 、11 − 21 頁、参照）

三　現代の危機地球をば呑み込まむ時にしあれど御友の声す

四　御友がや「友よ」と我ら呼びたまふ父に聴きしや底飛翔せば

五　我が妻や絶後笑み増し不思議やも深き低みの底ぞ飛翔す

（備考：復唱）

六　ながしまで刺身御膳をいただきつ御友歌作す胸に雪降る

（備考：ながしま JR 新発田駅前の寿司処なり。昨日久方ぶりに散髪丸井でなしたる後寛ぎぬ）

七　この度や御友の声を綴りてや風の歌との一書我なす

（備考：新著『良寛「風の歌」にちなんで──御友神学の省察』（新潟・考古堂書店、2016 年）なり）

八　つくづくとこの幸思ひ妻と共ながしまの宴楽しみにけり

　　Ⅲ　（2016 年 5 月 3 日）御友神学の歌十二首

一　御友なる御名や麗し頂上の趣あらずともいきの粋

二　ホ氏も言ふ冒険実在変容す命なりけり共同復活

（備考：In this Supreme Adventure, the Reality which the Adventure transmutes into its Unity of Appearance, requires the real occasions of the advancing World each claiming its due share of attention." [AI, 295]）

三　人如何に命今生求むやも闘争不可避笑むことやなし

四　我が妻や絶後笑み増し不思議やも岸辺に立つ主御友なりけり

（備考：『ヨハネ』21・4、15・15、熟読参照）

五　時代のや中心御友宣ふや父至誠如汝至誠なれ

（備考：『マタイ』5・48、熟読参照）

六　新しき地平拓くや我が新著御友語りや嬉しくやこそ

七　人如何に超絶の神語るやも一般論しか語れずやそも

（備考：「一般論」「私」に届かず）

八　恩師がや絶対客観原事実ありと語らるこれ主観論

（備考：なぜならばこれ滝沢が主張しおればなり。物事には必ず客観軸と主観軸とが同時に成立するなり。その間に必ず関係軸が在るなり。かかる様態をホワイトヘッドは、改善されたる主観主義的原理と言

へり。「改善されたる」とは不純なる主観主義的原理ある故なり。例えば、"This stone is grey." と言ふことにて、形而上学的言説を始めるならば、これは不純なる主観主義的原理の一例なり。正しくは、"My perception of this stone as grey" と言ふべきなり。[See PR, 159] 後者を「改善されたる」主観主義的原理の一例と言ふなり。滝沢の場合は、主観主義的原理の法則にいまだ自覚的ならざる状態なりたる如し）

　九　事ほどに左様なるなり神論議矛盾満杯我が身遠しや

　　（備考：我が身真実に遠しなり）

　十　されどもや御友語りや誠なり父より聴きて「友よ」と告ぐや

　十一　而してや父へと運び霊下る Pentecostal ともいき現成

　　　（備考：受肉の御友、Pentecostal Event の御友へと甦らされし事知るべし。その場合、「父から聴く」は御子の昇天にて起こるなり。而して「友よと呼ぶ」は御子も我ら弟子たちも地上へと「霊体下る」Pentecostal Event ありて、私なら私に接する——何らかのインスピレーションを携へて——と言ふ事象ありて、御友語りが実現するなり。これ Pentecostal なる御友語りなり。キリスト教会はかかる御友語りを「五旬節の祝ひ」（『使徒言行録』二章、参照）に経験したるなり。我の場合は、「暖かき雪胸に降る」体験なり。良寛の場合には、「焚くほどは　風が持て来る　落ち葉かな」の体験なり。かかる体験を否認するならば、日本の宗教も文化も立ち行かぬなり）

　十二　いのちとは切れ目なき事ある日我深く論さる我が妻笑むや

　　　（備考：復唱。「深く論さる」とは、Pentecostal ともいき Event なり。我が妻の笑み御友父に運びて霊体を得、霊（我に）下る不思議なり）

Ⅳ　（2016 年 5 月 4 日）御友神学発見の歌十二首

　一　我が新著御友神学発見の喜び示しほどほどの態

（備考：アマゾン「教義キリスト教神学」4位：「教義神学」2位：「教義キリスト教」36位：「神学」18位：「キリスト教神学」27位：「良寛」38位なり）

　二　神学書押しなべてぞや「従順」考キリスト論の主軸なせるも

　三　かく見れば超越軸や「従順」ぞ内在軸や「改悛」にあり

　　　（備考：ルターの「メタノイア」「信仰義認」これ内在軸なす）

　四　概してや関係軸や欠落す御友神学ヨハネにのみぞ

　　　（備考：『ヨハネ』15・15、燦然として輝けり：「絶対関係や在り」の福音なり）

　五　それ故に御友神学発見や新キリスト教出現の如

　六　恐らくや贖罪信仰出づる先御友「愛人」圧倒的ぞ

　　　（備考：贖罪や「主従の間」になさるるも、御友信仰「友友の間」の真実なり。ホ氏の言ふ「its Unity of Appearance」[AI, 295] なり）

　七　誰がそも「主の愛から我離す」パウロ叫ぶや御友信仰

　　　（備考：『ロマ』8・35、熟読参照。パウロは御友信仰の再発見者なり）

　八　驚けや「ロゴス神とぞ共なりき」その内にぞや招く御友ぞ

　　　（備考：これ滝沢の言ふ「太初のロゴス」（『ヨハネ』1・1・第一項）によって実存根底から支へらるる真実（その意味での「根底インマヌエル」）を超える「飛翔のインマヌエル」（実存の根底＝根底のロゴス＝が死せる我らと共に「父へと飛翔なす真実＝飛翔のロゴス」「三位一体的ともいきへと招じ入れらるる宴」）（『ヨハネ』1・1・第二項）なるなり）

　九　我が妻や絶後笑み増し不思議やも深き低みの底ぞ飛翔す

　　　（備考：復唱）

　十　「神ロゴス共なる内に招きたる」御友下れるこれ五旬節

　　　（備考：『ヨハネ』17・24、熟読参照：「天地が造られる前からわたしを愛して下さって、わたしに賜わった栄光を、彼らに見させて下さ

い。」「御友下れる」＝『ヨハネ』1・1・第三項。「これ五旬節」＝『使徒言行録』第二章)

十一　いのちとは切れ目なき事ある日我深く論さる我が妻笑むや

　　　(備考：復唱)

十二　「ロゴスはや神なりき」とぞ称へらる良寛「風が持て来る」と言ふ

　　　(備考：ここで言ふ神、原文では、冠詞 ho の付かぬ神 theos にて「神の代理」の意義なり。これ「下れる御友」のことなり。これ Pentecostal ともいき Event なり。良寛の歌「焚くほどは　風が持て来る　落ち葉かな」は、全く Pentecostal ともいき Event としての御友の姿を詠ふものなり)

　　Ⅴ　(2016 年 5 月 4 日) 面白しの歌一首

一　面白し「ノーちゃんの笑みすごいなあ」言ひしや胸に雪や降りけり

　　(備考：これ我が家の Pentecostal ともいき Event なり)

　　Ⅵ　(2016 年 5 月 5 日) 脱稿の歌十首

一　我やしも英文稿の余韻をば録して「平安」脱稿せしや

　　(備考：論考「平和基礎学としてのホワイトヘッド平安哲学——神のエコゾイックスとホワイトヘッドの冒険ないし復活形而上学にちなんで」『ACADEMEIA』No. 156, 2016.4.11 − 21 頁、参照)

二　かくほどに英文稿や我にとり思索の基本刷新せるや

　　(備　考：See "Divine Ecozoics and Whitehead's Adventure or Resurrection Metaphysics," *Open Theology* 2015; 1: 495 − 511.)

三　如何に我一般論をなし得るも御友切実見なば虚しや

四　この立場「風の歌」本御友学唱へて嬉し良寛とゆく

五　焚くほどは風が持て来る落ち葉かな良寛に風切実至極

六　父の事御友聴きてや「友よ」とぞ告げ給ふにぞ命あるなり

七　生涯の際に至りて御友共父にまみゆるこれ「平安」ぞ

八　平安に在りてこそなれ平和考世の完成に資する嬉しも

　　（備考：ホ氏も書けり："The immediate experience of this Final Fact, with its union of Youth and Tragedy, is the sense of Peace. In this way the World receives its persuasion towards such perfections as are possible for its diverse individual occasions." [AI, 296] "its union of Youth and Tragedy" とは「生死一体」の事なり。御友岸辺に立ち給ふ、この一事なり！　ホ氏書くや："We perish *and* are immortal." [PR, 351, 82] 而して *and* 御友のことなり）

九　何があり何が無くとも我が妻の切れ目なき笑み仕合せ泉

十　切れ目なき笑み平安ぞここにこそ仕合せ泉我見つけたり

　　Ⅶ　（2016 年 5 月 6 日）妹背会話の歌六首

一　生涯の最高の幸妻や謝す「何でや」と我「みなやって呉れる」

二　「皆」と聴き胸溢るるやともさちぞ絶後笑み増す御友の香り

三　ともさちに心溢るや妻と我誠御友の御運びまにまに

四　御運びは思ひでなべて御父へと奉献なすや命との信

　　（備考：これ延原信子の人生神学なり）

五　ともさちに心溢るや妻と我御友とともに燃ゆるいのちぞ

六　我が妻や絶後笑み増し不思議やも深き低みの底ぞ飛翔す

　　（備考：復唱）

109

Ⅷ　（2016 年 5 月 6 日）我が心地の歌二首

一　歌つくり大仕事なす心地すやトランプ勝つも小事とすほど

二　PC の設定再度 TEL しつつ明日や待たるや出張氏来

Ⅸ　（2016 年 5 月 7 日）この七年の歌十二首

一　この七年妻と歌ひて過ごしきぬ成果や信子／良寛本五

　　（備考：『あなたにいちばん近い御方は誰ですか──妻と学ぶ「ラザロとイエスの物語」』（東京・日本キリスト教団出版局、2011 年）、『復活の省察［上巻］──妻と歌う：生くるとは深き淵より共々に甦ること喜びてこそ』（新潟・考古堂書店、2014 年）信子本二冊なり。而して『宇宙時代の良寛──エコ神学者トマス・ベリーと共に』（新潟・考古堂書店、2013 年）、『宇宙時代の良寛・再説──ホワイトヘッド風神学と共に』（新潟・考古堂書店、2014 年）、『良寛「風の歌」にちなんで──御友神学の省察』（新潟・考古堂書店、2016 年）良寛本三冊なり）

二　病床に呻吟せるも我が妻を天地に出だす如何に嬉しき

三　しかもぞや絶後笑み増す歓喜妻世に知らしむる我が務めなり

四　かくなして妹背歩みは誠にや歌のまにまに御友ともにぞ

五　なににせよ貧相なるは我好かず思ひ出をぞや天父奉献

六　良寛本揃踏みなす我が三著時や来にけり頼もしき哉

七　遂にぞや風の歌にぞ因てや御友神学生まれし嬉し

八　誰にもや憚ることもなかりけり御友と呼ぶや信仰冥利

九　而してや風の神学生まれしや良寛とホ氏邂逅　縁（よすが）

十　その間にも思ひは運ぶ我が仕事やがて一気に決めんとぞ期す

　　（備考：一著これなり『「変貌論」の時代の神学──良寛「散る紅葉の歌」から神のエコゾイックスまで』：*Toward a Theology of the Age of "Metamorphosis Theories": From Ryokan's "Song of Falling*

Maples" to Divine Ecozoics)

十一　未来にや人類変貌来してや New Species（新種）ならむシャルダンや言ふ

十二　このことや人類生死含みてや脱却の果て御友待てると

　　（備 考：See Pierre Teilhard de Chardin, *The Future of Man* (New York and Evanston: Harper & Row, Publishers, 1959）, esp. Conclusion: 1. The End of the World; 2. Last Page of the Journal of Pierre Teilhard de Chardin）

X　（2016 年 5 月 8 日）朝夢にの歌五首

一　朝夢に変貌今に来らむと見しゆえにこそ心待ちせむ

二　人類や大変貌の暁に「五旬節」在り聖霊降下

三　我信ず如何に変貌あらうとも Pentecostal ともいきやあり

四　復活者現生者とや共々に命の社会築くことせむ

五　命とは切れ目なき事ある日我深く諭さる我が妻笑むや

　　（備考：復唱。切れ目なきとは「滅するも不滅」「不滅なるも霊降下あり」の二重の謂いなり）

XI　（2016 年 5 月 9 日）我が母やの歌十首

一　我が母や在家称名称へつつ「御国見た」言ひ恍惚とせり

　　（備考：1989 年のクリスマスイブの頃なり。腰が痛いと訴える故に「これやっとき」と在家称名を米国クレアモントからの手紙でもう何か月か前に教へたりき）「イエスース・クリストス・インマヌエール・アーメン！　イエスはキリストなりと言ふは、神我らと共に在す、と言ふ意義なり。誠に然り」この在家称名を母延原きよのは、この日も何時もの様に炬燵にあたって称へておりたる時、「見た」と言へり。「それはそれ

は神々しい御国やで」「そうか、もうそれ以上ないわ」と我言へり。心に言ひ難き喜びありたり）

　二　我はしも敬和に赴任一年前初顔合わせ終はりて帰省

　　　（備考：敬和学園大学チャプレン兼哲学教授に赴任一年前の教員初顔合はせは、ホテル泉慶にて行はれたり。その帰りに兵庫県三木市にてクリスマスイブの日のことなり）

　三　教会に母を支へて行きたるや荘厳の風晦日礼拝

　　　（備考：三木志染教会に出席せり）

　四　元旦に母のマンション出づる時なぜ深々と母お辞儀せる

　　　（備考：兄とタクシーで伊丹空港に滑り出したるその時、我お辞儀せる母に手を振りつ、これが最後ならむか、ふと思ひしも）

　五　正月の十七日に兄電話「悪い知らせや」聴きて帰省ぞ

　六　ロスからの機上で我やウイスキー求めて土産兄叔父友に

　七　此度のや母の帰命の喜びに乾杯やってと願ひしや我

　八　御国見し母の葬儀やいと嬉し面輝きて望み溢るや

　九　帰米して見し夢にぞや現れし薬玉はじけ大歓喜あり

　　　（備考：次から次から人形たちが母のマンションに集まりてディズニーランドの「スモールワールド」の行進さながらの賑やかさなりき。拙著『無者のための福音――プロテスタント原理の再吟味を媒介に』（福岡・創言社、1990年）、あとがき、参照）

　十　この話幾たびぞ我我が妻に聴かせしことか妻聴き入りつ

　　　　　XII　（2016年5月10日）オバマ氏やの歌七首

　一　オバマ氏や広島行きて核時代懺悔なせばや人類一息（ひといき）す

　　　（備考：拙著『良寛「風の歌」にちなんで――御友神学の省察』195－6頁第十三首備考、参照）

二　その時や核決してや法源にあらざることぞ明らめられむ

三　北浅慮そもこれなるよ実にも実に核持つことや「法源」もとぞ

四　さてもさて核告白やなさるるや一切法源なき核露わ

五　法源の無き核露わ所以はや法源御父無に至誠厳

六　人類や一人残らず礼拝の文明入るやげに厳粛事

七　日ノ本や謝罪求むる気配なし事や人類御前の誠

XⅢ　（2016 年 5 月 11 日）今やこその歌十首

一　今やこそ風神学のシリーズ本贈る春我楽しみにけり

二　此度のや「風の歌」本前作の「ホ氏風神学」在りてこそ成る

三　それまさに摂理の不思議今にして我や悟るやいみじくもとや

四　しか見れば天が下なる一事はやその職分なし次に送るや

五　一事にて万事なす事無理ならむ著作にしてがこの気風佳し

六　この妙味悟りてこそやこの春や「風のシリーズ」贈る楽しも

（備考：『宇宙時代の良寛　再説——ホワイトヘッド風神学と共に』（2014 年）と『良寛「風の歌」にちなんで——御友神学の省察』（2016 年）併せて贈る楽しみや、誠楽しや、著作者の醍醐味なり）

七　ホ氏ならば一作倶現次作へと推移なるとぞ喝破せしぞや

（備考：有機体の哲学における「倶現（合生）」（concrescence=growing together, becoming actual）と「推移 = 成りたるものの未来への対象化」（transition = objectification）の絡まりの妙味、此度や我が著作の事として味わいたるや、実に面白し）

八　なにごとも一事に全力打ち込むも後につながる思う楽しや

九　さながらやこれ人生の妙味なり生死一体「滅して不滅」

（備考：ホ氏も言へり："We perish *and* are immortal." [PR, 351, 82]）

十　次作をや楽しみとなす心事はや永生期する楽しみと一

XIV　（2016 年 5 月 12 日）平安論の歌二首

一　我が友の告別の笑み胸打つや詠ひて我ぞ平安論成る

　　（備考：論考「平和基礎学としてのホワイトヘッド平安哲学」
（『ACADEMEIA』No. 156, 2016.4, 11 – 21 頁）我が友木原和彦兄の告
別の笑み「はしがき」で詠はずしてや脱稿ならざりしならむ、実に実に
実にも）

二　平和のや基礎学こそぞホ氏のなす平安哲学如何に尊き

　　（備考：See AI, 295 – 296）

XV　（2016 年 5 月 12 日）日米平和の歌五首

一　幾十万原爆に死す人方のおはしてやこそ日米平和
二　これも皆非業の最期遂ぐるまま御友御父に運びたるゆえ
三　ここにぞや平安や在り今ぞこそ平和の声を聴くときやこそ
四　オバマ氏や二十七日広島に頭垂れむは核越へむとて
五　核と言ひ原爆とぞや呪ひしやト氏「獣撃て」と叫びし時ぞ

XVI　（2016 年 5 月 12 日）お心ぞの歌一首

一　美しきベネツィアの旅絵葉書に拙著ほむるや師のお心ぞ

　　（備考：昨日プロセス学会の長老クララ、酒井ツギ子先生より素
晴らしき絵葉書頂ぬ。感謝無尽も！：「延原先生　思いがけず、先生の
珠玉の御著書を戴き、感動いたしております。良寛さまとキリスト教の
深い共通点を見事に究明し、詩いあげ、記述下さいましたことは、キリ
ストを知らない方々にも素晴らしい啓蒙となり、そして神様の愛と優し
さを親しく学ばせてくださっております。

私は一昨日まで、10 日間のイタリア巡礼に行って参りました（特別聖年です）。このしおりはベネツィアのレースでございます。

では、本当に心からの感謝を込めて

クララ、酒井ツギ子」）

XVII　（2016 年 5 月 13 日）底飛翔の歌十首

一　日ノ本の仏教心に此度の書仏基の道を拓く嬉しや

二　事はぞや究極奥所いずかたに死して後にや往くべきかぞや

三　我が恩師原事実こそ究極ぞ言ひてイエスに縛られずとや

四　事はぞやかく簡単にあらぬこそ原事実底ありて飛翔す

五　我が妻や絶後笑み増し不思議やも深き低みの底ぞ飛翔す

　　（備考：復唱。この一首我が最高の哲学詩と感ず）

六　ホ氏言ひし冒険実在現象の統一態へ変転すとぞ

　　（備考："In this Supreme Adventure, the Reality which the Adventure transmutes into its Unity of Appearance, requires the real occasions of the advancing world each claiming its due share of attention." [AI, 295]）

七　かくてぞや現象底の飛翔なり而して機縁共往くべしや

　　（備考：これ「共同復活」と言ふべし）

八　かくてこそ御友父へと飛翔しつ「友よ」と我ら呼びて共往く

九　御友はや父よりなべて聴きてぞや我らに告ぐに冒険ぞあり

十　御父はや御友冒険ゆるしてや冒険のぞや冒険まこと

　　（備考：かくてこそ御父アリストテレス的「不動の動者」に非ず）

XVIII　（2016 年 5 月 14 日）庭散髪の歌十三首

一　ノーちゃんなぁ今日は快晴シルバーの五十嵐さんら庭散髪や

（備考：13日、新発田市シルバー人材センターから五十嵐さんらお二人庭手入れに見える）

二　あんたのなぁ丹精込めた庭やから父さんこの日待ちに待ちしや

三　雪の日を越えてや誠繁茂せる梅松桜金木犀も

四　ゴールデンクレストさまも整髪し前のぼんぼりそよ風に笑む

　　（備考：道路に面したぼんぼり状の庭木十三本佳し）

五　「みなやって呉れる」と汝や歓びし絶頂の日や今に活くるも

　　（備考：この新しき庭「皆」のうちなり）

六　我が妻や絶後笑み増し不思議やも「皆」称へたる信子いのちよ

七　かく我や信子いのちを詠ひてやおふたりに告ぐ歓喜溢るや

　　（備考：五十嵐氏らおふたりにアイスクリームをすゝめながらや談笑す。嬉しも）

八　五月晴れあくまで碧き空の下庭木伐採後や袋に

　　（備考：新発田市大型袋二十五もあり我が庭の木々）

九　丹念なお仕事誠見事なり延原信子記念庭げに

十　我が妻と「記念庭」（にわ）見るべしと思ひきやいのち輝く復活の家

十一　すいすいと風吹きぬけぬ信子庭何度見てもや見飽きぬやほど

十二　道通るひとも見やるや見惚れるや我が信子庭麗しやげに

十三　おふたりや「家の後もやりましょう」塵ひとつなしこれぞ庭師ぞ

　　　XIX　（2016年5月15日）原事実の歌八首

一　原事実そのままならば不動なり神人一体盤石にして

二　冒険やここにはあらず一体を神属性と断ずればなり

　　（備考：これ恩師のお立場なり）

三　真実や神人共に一体に至誠なりけり一体深奥

　　（備考：これ我が立場なり。「一体」（不可分）深奥のリアリティ
なり。仏教的空のことなり。神も人も空に嫌も応もなく存在論的に至誠
なり。そこに次に宇宙の価値と意味発すなり）

四　神人や空に至誠にありてこそ一体や成す空無自性

　　（備考：ここで言ふ「一体」第二義の「深奥のリアリティ表現の一体」
なり）

五　その点に鋭く注目なさずして原事実をば一丸視不可

六　原事実在るものならず成るやこそ神人一体空至誠ゆえ

七　原事実一丸とすや至誠なしそれ自らを原点とすや

八　原事実内部構造空至誠神人かくて一体現成

　　　XX　（2016 年 5 月 16 日）事四つの歌四首

一　人がただ生くる事より死ぬ事でできる事ぞや甦る事

二　宇宙ただ生くる事より死ぬ事でできる事もや甦る事

三　それをしもシャルダン書けり『未来人』惑星ごとの復活のうた

　　（備考：See Pierre Teilhard de Chardin, *The Future of Man*（New
York & Evanston: Harper & Row, Publishers, 1964））

四　熊本やまだまだ余震ありしもや復活胎動望めとやこそ

　　　XXI　（2016 年 5 月 16 日）神人一体（不可分不可同不可逆不思議）
　　　　の歌十六首

一　初めのや一体これぞ不可分ぞ神人不可分空の事なり

二　空ありて神人一体成す事や夢原事実一丸とすな

三　一丸に非ずして原事実「底」神人不可分即空リアリティ

　　（備考：滝沢に取りては、原事実より内奥の次元なきなり。我に

117

取りて、神人の「あいだ」すなわち「一体」神人一体の原事実と滝沢の呼ぶものの内奥なり。それなくしてやここに論ずる一切の発展の動態発動せず。滝沢『純粋神人学序説──物と人と』（福岡・創言者、1988 年）、274 頁、熟読参照）

　四　リアリティ決して神の属性に非ずしてこそ無自性と言ふ

　　　（備考：私見によれば、滝沢先生は「インマヌエルの原事実論」なる秀逸なる哲学を発表されしも、最後に「絶対不可逆説」でもって一切を神の属性視されしにより、この日本に出でし大形而上学を台無しになされたりとは、我が無念の観点なり。我が恩師批判は、故に、この無念の思ひに発するなり。我が滝沢修正は、ホ氏の熟読と相まっての努力なり）

　五　無自性に神人共に至誠なりかくて現る空即縁起

　　　（備考：縁起論、現れがなぜ出づるかの仏教空哲学の生起論なり。我ホ氏の冒険論と対比すべしとの観点有するなり："In this Supreme Adventure, the Reality which the Adventure transmutes into its Unity of Appearance, requires the real occasions of the advancing world each claiming its due share of attention." [AI, 295] この宇宙冒険論、単純なるキリスト教神学の創造論より、仏教の空即縁起論に即応すとは、我が観点なり）

　六　無自性に否応なくぞ至誠なるこれ原至誠とぞ言ふべきやこそ

　七　かくなれば神人共に原至誠ありてこれにぞ自覚の至誠

　　　（備考：空への存在論的なる「原至誠」を想定せずして、態度論的自覚的「至誠」を論ずること能はず。神が暴君にあらざる所以のものは、いつにかかって「原至誠」にあるべし。キリスト教神学この点我が「至誠心の神学」出づるまで、神が信頼するに足るや否や（whether God is trustworthy or not）の設問に関して不正確なる議論にかまけたるなり。

『至誠心の神学——東西融合文明論の試み』（京都・行路社、1997 年）、参照。
なお、人にも「原至誠」ありとすること、人の不信仰の根拠なき事を言
ふ『ロマ書』の記述（2・1，3・4）に徴しても正当至極なり。「弁解なし」
≪ anapologetos ≫の根拠、我に言はしむれば、「原至誠」にあるなり）

　八　しかれども神至誠をぞ自覚すも人無明にてそこそ不可同

　　　（備考：無明とは、原至誠を身に否応なく帯びたる人がそれを自
覚せぬことにあるなり。人による自らの尊厳の無視・蔑み、これ無明なり。
キリスト教神学の「total depravity/ 全面的堕落原罪説」より緻密精確
なり）

　九　しかれども空神至誠を尊びて至誠なれよと御友や告ぐや

　　　（備考：『マタイ』5・48、熟読参照）

　十　御友こそ不可逆愛の御方ぞ神よりなべて見て「友よ」とぞ

　　　（備考：『ヨハネ』15・15. 熟読参照。恩師「絶対不可逆説」を「一
体の神属性視」により提唱されし故、御友神学に想到なさることなきな
り。不可逆とは愛の事なり。哲学論の事にあらざるなり）

　十一　至誠なき我らに至誠なれとぞや招きて「友と」呼び給ふなり

　十二　かくしてや天（空）の御国に招じ入れ飛翔の恵み賜ふや嬉し

　　　（備考：『ヨハネ』17・24、熟読参照）

　十三　我が妻や絶後笑み増し不思議やも深き低みの底ぞ飛翔す

　　　（備考：復唱。我が復活形而上学は我が妻の「絶後笑み増し」「切
れ目なき笑み」に触発されしなり。如何に有り難きことぞ！）

　十四　御友はぞ御自らや飛翔して御父御運び神人一体

　　　（備考：これホ氏 "its Unity of Appearance" と言へり。［AI, 295］
我「共同復活」と訳したるなり。復活を主イエス・キリストの事として
のみ見倣す人は、復活知らぬなり、とは我が観点、またホ氏の観点なり。
自らが復活の地に立つ人以外誰が主の復活を見得るものや？）

十五　かくてぞや神人一体即不可分今ぞ現成一体と化す

　　（備考：これ、キリスト教信仰のみならず、人類史を含む宇宙歴史の意義なり、目的なり。そう取らぬ人は、宇宙的ニヒリズムから逃れ得ることなし）

十六　御恵みや尊しこそぞ称へよや不可分不可同不可逆不思議

　　（備考：ここに詠ひし如く、「不可分不可同不可逆」を恩師のごとく同一の存在論的平面の事態にして「一息」に理解すべき事柄とは認めず、存在論的・態度論的自覚的・恩寵論的なる発展事態と我認識す。かかるものとして人類史を含む宇宙史を包摂するなり）

ⅩⅫ　（2016 年 5 月 17 日）底飛翔の歌八首

一　昨日や歌作り成り転寝す誠心地の良き春の日ぞ

二　その歌を作りおるうちつくづくと御友の位置や不可逆と知る

　　（備考：恩師のカテゴリー「不可分不可同不可逆」のその「不可逆」の愛、御友神学の宇宙的位置なりと我悟る。不可分や底（「太初のロゴス」『ヨハネ』1・1・第一項）の底（「ロゴス神と共なりき」『ヨハネ』1・1・第二項）なり、仏教では空＝無自性のリアリティなり。神人共に「不可分」に存在論的に否応なく原至誠なり。されど、原至誠に態度論的自覚的至誠を捧ぐるは、神のみにして我ら人無明なり。ここに「不可同」の境位あり。されど、御神御友に於いて宇宙の底の底まで遜り給ひ「友よ、至誠なれ」と招き給へり。『マタイ』11・28 − 30 ＝ 5・48 ＝『ヨハネ』15・15、熟読参照。ここに「不可逆」愛の現成あり。これ御友神学なり。御友神学と言ふは、御友が御父より神の道を学び給ふ事なり。これ「神学」原初の意味なり。神学の専門職がなす学問を先立てること、これ無礼なり。御友神学を御友が「友よ」と呼びかけ我らに教導なし給へる、これ「不可逆」の愛なり。汝らの天の父が全き（至誠なる）ごとく汝らも全かれ

（至誠なれ）、との御言葉には、御友の神学び「御友神学」が秘められた
るを知るべし）

　　三　父に聴き「友よ」汝にぞ告ぐる事命の御告げ我告ぐと御友

　　四　御友はや十字架上にエリエリと叫びてやこそレマサバクタニ（何
ぞ我見捨て給ひし）

　　五　この叫び我らが叫び底の底御友御父に告げしものなり

　　　　（備考：第一の底「実存の底」「太初のロゴス」（『ヨハネ』1・1・
第一項）なり。第二の底、その内奥「ロゴス神と共なりき」（『ヨハネ』1・
1・第二項）なり）

　　六　呼応せし御父の返事勇躍や叫びのままや飛翔せよ子よ

　　七　かくてぞや歴史の変貌成るぞかしレマサバクタニ底ぞ飛翔す

　　　　（備考：『マルコ』15・34 ＝ 『マタイ』27・46 ＝ 『ヨハネ』17・5
＝『ヘブル』5・7、熟読参照）

　　八　我が妻や絶後笑み増し不思議やも深き低みの底ぞ飛翔す

　　　　（備考：復唱）

XXⅢ　（2016年5月18日）感謝溢るやの歌七首

　　一　幼稚園クラスメートの坂本君拙著愛読熟年愉楽

　　　　（備考：何と言ふ有り難き事か。5月14日付我が伊丹幼稚園同級
坂本武君よりお便りありたり、嬉しも：「拝啓　新緑の候先生御達者で
いらっしゃいますか、お伺いします。キリスト教と仏教についての立派
なご本沢山ご恵送下さり喜んでいます。私の手元には、あなたに一番近
い御方は誰ですか、二冊、無者のための福音、一冊、復活の省察上巻、
一冊、宇宙時代の良寛と再説、二冊、良寛「風の歌」、一冊を頂いてい
ます。まだ、お支払いの済んでいない分がありましたら御請求をおねが
いします。

教会の帰り道に（注。延原が日本キリスト教団伊丹教会の伝道師をしていた頃［1962－1964］のこと）月山（注。伊丹中心街のお好み焼き屋）に寄り仲間と一緒にはいからうどんやたこ焼き等を食べた思い出があります。まったく昨日の様に思い出されます。五十五年もキリストの教会にお世話になっていますのに聖書の学びは皆目です。旧約では詩編と箴言、それと新約聖書です。真理への忠誠については、テモテへの第一の手紙五節の聖句等あります。人間学についてもまだまだです。

良寛「風の歌」を読み返していますが樂しい学びであり、教会へ行かなくても聖句は解釈できる思いです。また今朝の教育欄にもあります様な記事についても（注。拙著を通じて）学べる思いです。敬具

　人生や能勢の山々緑なす

山燃えてゴールデンウイーク能勢の里

坂本武

延原時行様」）

　二　ここ七年次々五冊信子本良寛本や風が持て来る

　三　かくて我老後に俄然生き返り日夜文書くリズムげに佳し

　四　我が妻や絶後笑みなし不思議やも死線を越ゆるリズム汝作す

　五　数々の読後感をやいただきぬ我や知るなり時代の和み

　六　お優しき御心御花香しき見るほどに我感謝溢るや

　　（備考：新発田良寛会会長　星野淳雄氏に拙著『良寛「風の歌」にちなんで──御友神学の省察』を五部謹呈申し上げたところが、5月5日付のお手紙を立派な献花と共に昨日いただきぬ。感謝無尽も：「延原時行先生　先般は「良寛風の歌にちなんで」のご著書を多数ご恵与いただきありがとうございました。みなさんは無料ということは心苦しいのでせめて半額ぐらいの、ということで、先生の奥様に花をお供えしようということになりました。いつもご著書にあるように奥様を思いやる限

りない慈しみを感じております。

　二十八年五月五日

　星野淳雄」ちなみに、第六首は、これを添えて、拙著「平和基礎学として
のホワイトヘッド平安哲学」（『ACADEMIA』No. 156, 2016.4, 11 ‒
21 頁）五部謹呈を星野会長様に託した際の添歌なり）

　七　なにやらぞ皆様方のご親切妻の飛来のごとく思はる

XXIV　（2016 年 5 月 19 日）突然にの歌五首

　一　突然に米恩師よりメールあり来春訪日したきやがさて

　　　（備考：18 日記す。ジョン・カブ先生ご芳書「義理の娘が真光に
て活躍中。Jean（夫人）昨年クリスマスに帰天せし後、漸く訪日を思ひ
つきたり」との由なり）

　二　昨夜うち友垣メール飛び交ひてどうやら京都母校ぞや佳し

　　　（備考：田中裕、和田喜彦の両教授と小生にて恩師のメールに即
応せり）

　三　盛大な学術対話 John Cobb を囲みてこそぞ京や賑はふ

　四　詳しくは今に結実せんとやと我や望むや友垣の知恵

　五　その頃や我が新著ぞや上昇し新新著も出でしあらむも

　　　（備考：新著『良寛「風の歌」にちなんで──御友神学の省察』、
新新著『「変貌論」の時代の神学──良寛「散る紅葉」から神のエコゾイッ
クスまで』Toward a Theology of the Age of "Metamorphosis Theo-
ries": From Ryokan's "Song of Falling Maples" to Divine Metaphysics
なり）

XXV　（2016 年 5 月 20 日）　嬉しやの歌七首

　一　我やしも御友神学風の歌繋ぎて唱ふともいき嬉し

（備考：拙著『良寛「風の歌」にちなんで——御友神学の省察』
の趣これなり）

　二　我が友やこれだと聖句自分でも易々解ける如何に嬉しと

　　（備考：我が幼稚園級友坂本武君拙著謹呈の礼状、5月14日付、
にかくありたり）

　三　何が我幸ひとぞや言ふべくも切れ目なき笑み我が妻や生く

　　（備考：永生の醍醐味なり）

　四　生涯の終はりに友や我に訊く相対性の特殊なる「時なき」や何故

　　（備考：我が親友木原和彦兄昨年12月17日の書簡の主旨これなり）

　五　我答ふ御友我らを運びてや御父に即時至らざるなし

　　（備考：本年3月6日付返書にてなり）

　六　「国籍や天に在り」とぞ令夫人書きし御文を贈り来給ふ

　　（備考：御文これなり：「我らの国籍は天に在り　謹啓　皆様方に
はますますご清祥のことと　お慶び申し上げます。さて過日　夫木原和
彦の召天に際しましては　お心のこもったご弔慰を賜り　また格別のご
厚志に預り　まことに有り難く　心から厚く御礼申し上げます。故人も
どんなにか感謝いたしておりますことと存じます。つきましては早速拝
眉の上　生前のご厚情に対し御礼申し上げるべきところ　失礼ながら略
儀にて書中をもちまして謹んで御礼のご挨拶を　申し上げます。敬白

　二〇一六年五月　　　　木原法子
延原時行様」

　七　告別の日や称名の口開き天仰ぐ君面(おも)や嬉しや

　　（備考：日本キリスト教団枚岡教会にて3月21日木原和彦兄告別
式中嬉しきお顔　我しかと拝顔せしや。それ故、令夫人の「我らの国籍
は天に在り」御文　我大歓喜をもって戴きぬ）

XXVI （2016 年 5 月 21 日）　常になくの歌十首

一　此度の書我大君の民「護持し」ポツダム受諾ありし詠へり

（備考：『良寛「風の歌」にちなんで──御友神学の省察』20 - 21 頁、参照）

二　御友はぞ日ノ本民や滅私すや君「護持シ得テ」受諾時顕現

（備考：復唱。同書、20 - 21 頁、参照）

三　我が主旨や御友神学何処にも顕現の事大君の場にも

（備考：日ノ本の大君の場にも御友顕現ありきとは、昭和 20 年 8 月 15 日の真実なり。これなしには、戦後開始なかりきとは、我が日本理解なり。この理解持つや否やで日本把握異になすなり）

四　我にとりイスラム国のパリテロや啓示的なる一瞬なりき

（備考：我常には天皇主義者でも何でもなきが、パリテロ以来、常になく時代の読み新たにされしなり：広島長崎への原爆投下ありたる後、8 月 15 日の玉音放送における「大君の愛心愛語」見えて来るなり。しかるに、シリア空爆後の「パリテロ」これ何なるや？）

五　嗚呼これや民困窮の極みにや護持為す人のおはさぬ国ぞ

六　何故に空爆後のや民にしてテロに赴く汝家や無し

七　日ノ本や戦時末期のどんづまり大君ありて民庇ひたり

八　これこそや御友顕現露わなる恵みの時にありし日ノ本

九　我やしも御友神学此処にもぞ顕現すとぞ悔悟新や

（備考：日ノ本の空前絶後の時戦後初発の一瞬、昭和 20 年 8 月 15 日正午玉音放送の只中、「シーンとした国民の心の一瞬」（河上徹太郎「ジャーナリズムと国民の心」）に、御友顕現やありたり。尊し。このとき未だ「左」も「右」もなかりき。「左」と「右」が相角逐し活動し始めしは、8 月 16 日からと言はる）

十　我にとり国体（民の心）護持の内実や御友神学はたらきの場ぞ

（備考：「もう一度網を打て。」『ヨハネ福音書』21 章 6 節、熟読参照）

XXVII　（2016 年 5 月 22 日）　天地流れの歌四首

一　我が妻や白コスチューム麗しく拙著手にして開きおる夢

　（備考：面白き夢見しなり）

二　驚きぬそれかあらぬか「風の歌」教義基教の一位となれり

　（備考：アマゾン一位なり）

三　朝餉にや妻と友のや天父許幸祈りたり心雪降る

　（備考：妻にも木原和彦兄にも御友に在りて天父に幸祈りしが、途端に熱き歓び恵まる）

四　我やしも天地の間にぞ流れあり知りて祈るや誠嬉しき

XXVIII　（2016 年 5 月 23 日）宛名書きの歌八首

一　宛名書き風神学と御友学一筆づつや楽し楽しも

　（備考：『宇宙時代の良寛・再説──ホワイトヘッド風神学と共に』（2014 年）から『良寛「風の歌」にちなんで──御友神学の省察』（2016 年）へのシリーズなるや、喜び大いなり）

二　誠にやホワイトヘッド風神学御友の学も良寛在りて

三　触媒の力ありてぞ神学や風が持て来る落ち葉如くに

四　日ノ本の触媒たるや誰あらむ腰屈めてや落ち葉焚く人

五　書くほどは御友持て来る一書哉我に何のぞ才や無きにも

六　面白き本作りてや贈る日々始めしや我風のまにまに

七　「本作る父さんやって」言ひし妻ひそと我にぞ添ひてゆく如

八　一つのや風神学やホ氏のものそれに良寛「風の歌」和す

XXIX　（2016 年 5 月 23 日）思ひ出増すの歌一首

一　我が妻や歌も本もぞ我書くや一日ごとに思ひ出や増す

（備考：Each day is a fresh day up there , too!　なあ、ノーちゃん。そう、父さん。嬉しい嬉しい）

XXX　（2016 年 5 月 24 日）懺悔せよの歌七首

一　オバマ氏や広島往きてなすべきや核体制を始めし懺悔

二　かくてぞや開始と今の二分法明らめてぞや懺悔道あり

三　懺悔道往くべき者やまずや米オバマ告白御神に為せや

四　謝罪はぞ人に対するものなれば政治二分法論議紛糾

（備考：政治二分法とは「支配被支配」の関係なり。橋下徹氏今日のメルマガ《橋下徹の「問題解決の授業」》vol. 8（5 月 24 日配信予定）の一部「プレジデントオンライン：5 月 23 日付に転載」にもある通りなり：「広島・長崎での原爆投下は当時はやむを得ない事情があったにせよ、現代的価値からすれば過ちであり、二度と同じことが起きないようあらゆる努力をする。現在の世界情勢では、当面、核兵器は必要であるし、日本はアメリカの核の傘に入る必要があるが、将来核兵器を廃絶する理想を実現するためにあらゆる努力を惜しまない」）

五　核投下まず御神への無明なり法源侵す御友諫めし

（備考：『マタイ』5・48、熟読参照）

六　米国や汝が基教信投下時に失われしやそれ懺悔せよ

七　米こそや「核告白」をせよとぞや我書きしはや新時代向け

（備考：拙著『良寛「風の歌」にちなんで——御友神学の省察』196 － 7 頁：第十三首備考、参照。核体制を超え地球政治礼拝構造に入らむためなり。それを欣求し我この書書きたり！）

XXXI （2016 年 5 月 25 日）恵みの時の歌五首

一　オバマ氏や「甚大人類犠牲」にぞ触れて核のや削減アピール

　　（備考：『朝日新聞デジタル』24 日付によると、27 日広島での予定の由）

二　その裏に米の懺悔の告白や被爆者前に為されんとすや

　　（備考：裏と言ふは、これ「ひそと込められたる」故なり）

三　安倍首相共に「核なき世界」をぞ訴へんとすや恵みの時ぞ

四　御神に懺悔なすこそ平安ぞ核廃絶の平和進まむ

　　（備考：See Whitehead's dictum: "[A] The immediate experience of this Final Fact. With its union of Youth and Tragedy, is the sense of Peace. [B] In this way the World receives the persuasion towards such perfections as are possible for its diverse individual occasions." [AI, 296] [A] = Peace: [B] =earthly peace. 拙稿「平和基礎学としてのホワイトヘッド平安哲学――神のエコゾイックスとホワイトヘッドの冒険ないし復活形而上学にちなんで」『ACADEMEIA』No. 156. 2016. 4, 11 － 21 頁、参照）

五　御神に懺悔なすこそ平和のや基礎学なるや平安嬉し

XXXII （2016 年 5 月 26 日）命平安の歌七首

一　原爆や永きにわたり日ノ本の法廷なりき慰霊これ超ゆ

　　（備考：法廷＝極東国際軍事法廷（東京裁判）と言ふより、その源なり。原爆は、天の父なる御神がそれなる「宇宙の法源」を簒奪せる点が最も深刻なる大罪なり。これ全く虚仮不実なり、それ人々覚らず）

二　此度のや容疑軍属支配者の気取りのみにて命（おきなわ）奪ひし

　　（備考：これ米軍事サブカルチャーの例示なるべし）

三　命をば今生にしか見ぬあはれかく見る事ぞ犯罪やこそ

四　懺悔あり慰霊ありてや命はや平安のうち御神共にぞ

（備考：最重要なる聖句これなり：「父よ、あなたがわたしに賜わった人々が、わたしのいる所に一緒にいるようにして下さい。天地が造られる前からわたしを愛して下さって、わたしに賜わった栄光（「父と共なる」《pros ton theon》[『ヨハネ』1・1・第二項] 子・ロゴスの栄光）を、彼らに見させて下さい」。『ヨハネ』17・24、熟読参照）

五　これをしも大変貌と言ふべきぞ平安ありて平和来るや

六　この時代誰かくまでの変転を期待せしぞや御神御心

七　ホ氏も見し実在冒険変転す its Unity of Appearance [共同復活] こそ命なりけり

（備考："In this Supreme Adventure, the Reality which the Adventure transmutes into its Unity of Appearance, requires the real occasions of the advancing world each claiming its due share of attention." [AI, 295]）

XXXⅢ　（2016 年 5 月 27 日）面白き夢列車の歌四首

一　面白き夢途中下車我やなす荷物皆妻まかせしやさて

（備考：5 月 21 日転寝の夢なり。妻は下車せず我が荷物と共に終着駅まえ往きにけり。その感覚や実にも佳きかな。なあ、ノーちゃん。OK、父さん任しといて）

二　列車とは今生永生いのちなり我本作る妻後や見む

三　命のや尽くる果てにや妻と共御国にあらば余裕綽々

四　この故に最重要なる聖句はやヨハネ十七・二十四ぞや

（備考：聖句これなり：「父よ、あなたがわたしに賜わった人々が、わたしのいる所に一緒にいるようにして下さい。天地が造られる前からわたしを愛して下さって、わたしに賜わった栄光を、彼らに見させて下

さい。」)

XXXIV （2016 年 5 月 28 日）我が欣求の歌五首

一　我が欣求我が傑作の公刊ぞ Anselm's Argument and Buddhist Wisdom げにも

　　（備考：『アンセルムスの神証明と仏教的智慧』なり）

二　英文や Brite の頃書き始め敬和最後に脱稿す

　　（備考：1982 年 Texas Christian University, Brite Divinity School 客員教授時より 2008 年 4 月敬和学園大学引退時までの執筆、四半世紀の作なり：目次以下の如し、

Anselm's Argument and Buddhist Wisdom

Table of Contents:

Preface

Prologue: Studying Anselm's Argument Anew in Dialogue with Buddhist Wisdom: With the Idea of a Buddhist-Christian Theology of Loyalty as Guide

Part One: The Forefront—Anselm's Argument and Buddhist Wisdom

Chapter I: How Can Principles Be More Than Just Epistemological or Conceptual? Anselm, Nagarjuna and Whitehead

(*Process Thought*, No. 6, September 1995, 125-150)

Chapter II: A "Buddhistic" Reinterpretation of Karl Barth's Argument for the Existence of God in *Anselm: Fides Quaerens Intellectum*

(*Bulletin of Keiwa College*, No. 13, February 2004, 1-14)

Chapter III: Ignorance—Christian and Buddhist: Reinterpreting Anselm's *Proslogion* IV in Light of D. T. Suzuki's Zen Thought
(*Bulletin of Keiwa College*, No. 15, February 2006, 1-16)

(A paper originally delivered at the 19th World Congress of the International Association of the History of Religions at Tokyo, Takanawa Prince Hotel, March 24-30, 2005)

Chapter IV: Reason and Intuition in Christian and Buddhist Philosophy: Anselm's *Proslogion* II and IV Reinterpreted in Light of D. T. Suzuki's Zen Thought
(*Bulletin of Keiwa College*, No. 17, February 2008, 1-35)

(A paper originally presented at the 6th International Whitehead Conference at Salzburg University, July 3-6, 2006)

Part Two: The Background—The Idea of a Buddist-Christian Theology of Loyalty: Accounting for the Meaning of Christian Theology in a Religiously Pluralistic Age
Chapter V: Sunyata, Kenosis and Jihi or Friendly Compassionate Love: Toward a Buddhist-Christian Theology of Loyalty
(*Japanese Religions*, 15/4, July 1989, 50-66)

Chapter VI: Hartshorne and Nishida: Re-Envsioning the Absolute. Two Types of Panentheism vs. Spinoza's Pantheism
(http://www.bu.edu/wcp/Papers/Cont/ContNobu,htm) (1998)

（A paper originally delivered at the World Congress of Philosophy, Boston University, August 12-16, 1998）

Chapter VII: Religion and Nothingness: A Review
(*Japanese Religions*, 13/3, December 1984, 57-68)

Epilogue

March 26, 2005/September 19, 2005/June 8, 2006 Revised/April 26, 2015 Re-revised

Shibata, Niigata, Japan

　三　これやこそ佛基対話の哲学編根本的の論や成せるや

　四　今のこの核体制脱却の奇しき秋（とき）にぞ華咲かむとす

　　　（備考：核体制脱却は、2016年5月27日オバマ米大統領広島訪問追悼と言ふ時期を得、背後に哲学的東西対話の広範なる後押しなかるべからず）

　五　邦訳も出だせば至極楽しからむひそと磨かむ一日一歩

　　XXXV　（2016年5月29日）オバマ米大統領過去記憶すも飛躍なすの歌八首

　一　オバマ氏や過去（1945年8月6日）記憶すも飛躍なす共人間性学びてやこそ

　　　（備考：2016年5月27日午後5時半オバマ米大統領、被爆地・広島の平和公園を訪れ、原爆慰霊碑に献花、被爆者を含む全ての戦争犠牲者を追悼せり、英知と友情と深き反省に満ちた17分の感話ありたり）

　二　かく述べつ広島悲惨未来にや繰り返さぬと無明懺悔す

（備考：「無明懺悔す」とは、以下の一節を指して言ふなり）"Yet in the image of a mushroom cloud that rose into these skies, we are most starkly reminded of humanity's core contradiction—how the very spark that makes us as a species, our thoughts, our imagination, our language, our tool making, our ability to set ourselves apart from nature and bend it to our will—those very things also give us the capacity for unmatched destruction." =「しかし、この空に上がった時のきの雲のイメージが、われわれに人類の根本的な矛盾を想起させた。われわれを人類たらしめる能力、思想、想像、言語、道具づくりや、自然界と人類を区別する能力、自然を意思に届させる能力、これらのものが比類ない破壊の能力をわれわれにもたらした」『新潟日報』2016 年 5 月 28 日付 14 面）

　三　如何にして共人間性の出づるぞや人類コア矛盾帯びたるにもや

　四　米国の創造信仰建国の礎なるもなお至誠欠く

　　　（備考：My own nation's story began with simple words.　All men are created equal and endowed by our creator with certain inalienable rights, including life, liberty and the pursuit of happiness."「私の国は単純な言葉で始まった。すなわち、人類は全て、創造主によって平等につくられ、生きること、自由、そして幸福を追求することを含む、奪うことのできない権利を与えられている」同上参照）

　五　これまさに御友の誠教へしぞ「空神至誠　汝至誠なれ」
　　　（備考：『マタイ』5・48、熟読参照）

　六　この命法御友おんみの献身に顕れにけりその外になし
　　　（備考：『ヨハネ』15・13 − 15、熟読参照）

　七　しかるゆえ御友の内に生くる者父に運ばるげにも安しや

　八　オバマ氏や日米友情語る時御友神学称へらるるや

（備考：”And since that fateful day we have made choices that give us hope. The United States and Japan forged not only an alliance, but a friendship that has won far more for our people than we can ever claim through war.”「あの運命の日からわれわれは希望をもたらす選択もしてきた。米国と日本は同盟関係を築くだけでなく、戦争を通じて得られるものよりもずっと多くのものを国民にもたらす友情を築いた」）

XXXVI　（2016 年 5 月 30 日）友方に謝すの歌三首

一　何時になく弱りたる君我感ず熱誠の友風邪癒し給へ

（備考：日本キリスト教団番町出合の家鳥飼慶陽牧師風に難渋す。とく癒されよ！）

二　日に日にや我が歌 UP し給ひて世に告ぐる業如何に尊き

三　微々たるの作に託して我が謝意を捧ぐや友の文や嬉しも

（備考：新発田良寛会会長星野淳雄氏 5 月 26 日御葉書来信、深謝無尽も：「前略　この度はまた「ホワイトヘッドの平和論」の研究文集を賜わりありがとうございました。早速先生のご著書をさし上げた四人に届けました。五月五日に先生宅のるす電に伝言を入れ、時々お電話していたのですが、十日も経ったので十五日に様子伺いをした次第です。

奥様へのお届けが遅くなってしまいすみませんでした。今後共またご指導のほどお願い申します。草々」

滝沢克己協会前田保事務局長おなじく 26 日御葉書来信：「拝復　先日良寛「風の歌」にちなんで（考古堂）、宇宙時代の良寛　再説（考古堂）の二著　たしかに落手いたしました。ご恵送に心より感謝申し上げます。私個人宛でしたが協会事務局にいただいたものとして会報で公告させていただきます。良寛への長いお取り組み、興味をかきたてられます。あ

りがとうございました。敬具」)

XXXVII （2016 年 5 月 30 日）これいかにの歌二首
一　新しき小著作らむこれいかに「平安ありて平和なる」とぞ
　　（備考：副題「ホワイトヘッド平和論と短歌神学日記」）
二　論考やひとつ提示す楽屋裏日々しめす短歌神学
　　（備考：第一章：平和基礎学としてのホワイトヘッド平安哲学
（『ACADEMIA』No. 156. 2016.4, 11 － 21 頁）：第二章：わが短歌神学日
記「命輝く」——平成二十八年春）

XXXVIII （2016 年 5 月 31 日）オバマ米大統領広島平和スピー
　　　　　　チの歌一首
一　オバマ氏や平安ありて平和なる人類コア矛盾懺悔友抱く
　　（備考：オバマ米大統領が 27 日、被爆地広島平和記念公園を訪
れ、原爆慰霊碑に献花、被爆者を含む全ての戦争犠牲者を追悼した。現
職大統領の広島訪問は初めて。所感で「われわれは歴史を直視する責務
を有している」と述べ、人類史上初めて米国が核兵器を使用した広島の
記憶を風化させてはならないと強調。「（核保有国は）核兵器なき世界を
追求する勇気を持たなければならない」と決意を表明した。『新潟日報』
2016 年 5 月 28 日付。演説直後、被爆者森重昭さんを抱き締めるオバマ
米大統領 = 27 日午後（ロイター＝共同））

XXXIX （2016 年 5 月 31 日）はしなくもの歌四首
一　はしなくも新小著ぞや出できたり「変貌論」の時代極まる
二　これやしも「変貌論」の時代のや神学思索そも結論ぞかし
三　かくしてや我が大企画結論に新小著得し如何に嬉しき

（備考：大企画：「変貌論」の時代の神学——良寛「散る紅葉」から神のエコゾイックスまで。結論：新小著「平安ありて平和なる」巻頭の一首：オバマ氏や平安ありて平和なる人類コア矛盾懺悔友抱く　第一章　平和基礎学としてのホワイトヘッド平安哲学；第二章　わが短歌神学日記——平成 28 年春）

四　人類史大変貌の極みなるオバマ演説結論浸潤

第三節　2016 年 6 月の巻：核時代懺悔道を窮めんと——「平安ありて平和なる」に想到、滝沢書簡再読

Ⅰ　（2016 年 6 月 1 日）日米友情世紀の歌二首

一　我が歌を英訳すれば米友人オバマ演説反響に湧く

（備考：我が春の短歌挨拶以下の如くなり。"Dear Friends, I am happy to send my Spring Tanka Greetings to you.

オバマ氏や

平安ありて

平和なる

人類コア矛盾

懺悔友抱く

Obamas-shi ya

Heian arite

Heiwa naru

Hito core mujun

Zange tomo daku

Pres. Obama, sensing

Peace brings about

Earthly peace

Despite core contradiction

Embraced his friend warmly

（Note: His friend ＝ a Hibakusha patient/historian in Hiroshima, at Peace Memorial Park on May 27, 2016. See Whitehead's sayings: "The immediate experience of this Final Fact, with its union of Youth and Tragedy, is the sense of Peace. In this way the World receives its persuasion towards perfections as are possible for its diverse individual occasions [namely, earthly peace]." [AI, 296] 我が友 Herman Greene メール便在りたり、On Tue. May 31, 2016 at 4: 49 AM: "So nice Toki, I am glad to hear your response to the event of Pres. Obama's visit. Herman" 我が返事これなり，11：51PM: "Thank you, Herman.　A new friendship century has now opened up between your country and mine, which is spiritually profound and yet is ready for constructing healthy societies bit by bit.　Cordially, Toki"）

　二　日米に友情世紀開けゆく悲劇にオバマ心添へしや

Ⅱ　（2016 年 6 月 2 日）終はりぞ始めの歌八首

　一　我や知る風神学や一通り巡ればまたや終はりぞ始め

　二　恩寵の風や理解に冒険に遂に慈悲にぞ至りける哉

　　　（備考：拙著『宇宙時代の良寛・再説――ホワイトヘッド風神学と共に』9 － 78、117 － 118、211 － 243 頁、参照。我がホワイトヘッド風宇宙論によれば、恩寵の風、理解の風、冒険の風、慈悲の風ののちその底の底からまた「風」は恩寵の風へと舞い戻るごとくなり。それと言ふのも、慈悲の風なる御友は御父の御許へと我らを選びつ「帰還」なさ

るが故になり。「帰還」すなわち「復活」なり。この事を含まぬ宇宙論純正ならず）

　三　至りてやホ氏の文言よく見れば新生渇仰満たされむとぞ

　　（備考：See the following passage: "In this way, the insistent craving is justified—the insistent craving that zest for existence be refreshed by the ever-present, unfading importance of our immediate actions, which perish and yet live for evermore." [PR, 351]「このようにして、執拗な渇望——存在への欣求が、滅してもなお永遠に生きるわれわれの直接の働きの常在する不滅の重要性によって、新たにされんことをとの渇望——は正当化されるのである」（ホワイトヘッド著作集第11巻『過程と実在・下』山本誠作訳、京都・松籟社、1985年、626頁、参照）

　四　この言葉「焚くほどは」とや繋ぎてや我再説本巻頭言とす

　　（備考：良寛の「焚くほどは風が持て来る落ち葉かな」は一切の存在者を〈かく在らしめるもの〉「風」の視点＝ホ氏の言ふ Conceptual Origination ＝から書かれたるなり。その意味にて、誠に興趣深きことに、ホ氏の主著『過程と実在』末尾の上記の一節と合致成すなり。この事態「恩寵の風」に通底するなり。そのことを思ひ、拙著『宇宙時代の良寛・再説——ホワイトヘッド風神学と共に』巻頭の言葉に、良寛の「焚くほどは」と『過程と実在』最後の一節の揃ひ踏みを掲げたるなり）

　五　我信ず終はり始めにあらずばや人類世界観不備の極みぞ

　六　一切の革命思想人滅す事の中にぞ始め見ざるや

　　（備考：人滅す事の中に終はりのみ見る故なり）

　七　誠にや人の終はりぞ始めとて笑み漲りぬ妻麗しや

　八　オバマ氏や広島追悼なしつ汝人の始めに心添へしや

　　（備考：新しき始めとは、浄土真宗では、弥陀の御許への「還浄」なり。キリスト教では、「復活」なり）

Ⅲ　（2016 年 6 月 3 日）　命道の歌五首

一　人もしも終はりに始め認むなら終はり武具皆そのままならず
　　（備考：殊に核体制の維持問はるるは、勿論なり）

二　終はり武具一切法源有たぬとぞ告白為して命道踏め

三　ここにぞや「空神至誠　至誠なれ」命道なる明らむべしぞ
　　（備考：『マタイ』5・48、熟読参照。命道御友のことなり）

四　一切の国法条約命道前にしてぞや準拠問はるや

五　核時代原爆投下法源と錯誤したるや今や匡せよ

Ⅳ　（2016 年 6 月 3 日）　今ほどの歌六首

一　我ソファで転寝せしやノーちゃんが風邪ひくでとぞ近づきたるよ

二　思はずやそうやな言ひつ立ち上がりあれ今ほどやノーちゃんやがな

三　日々の我が歌作りかくの如作りてはげに転寝の巻

四　歌ほどに楽しきものやげにもなしひとつ作ればこれ大仕事

五　日常の何でもあらぬ一齣や天にも昇る充実感ぞ

六　我悟る今ほどの事不思議なり御友派遣す信子や飛来

Ⅴ　（2016 年 6 月 4 日）　主題得しの歌五首

一　我主題得しや今日こそ目出度しや風神学や終はりぞ始め

二　我やしも主題得たるやありてこそ脳髄甚く活性化せし

三　刻々にはたらきやまず我が脳髄終はりぞ始め主題生くるや

四　脳髄の燃ゆればからだ一切や天に向きてや欣求一筋

五　かくてぞや我新しき時に生く終はり終はりに尽きず一新

139

Ⅵ　（2016 年 6 月 5 日）　今日のこの日の歌十一首

一　転寝に妻声掛くる感動や終はりて始め仄々と知る

二　始めとはそも何あらむ御友共甦る事嬉し嬉しや

三　昨日やローン完済大光に手続き行きて二十年謝す

　　（備考：この日遂に来れり。愛妻我と悦びぬ）

四　新潟に家持つ事の幸ひやつくづくと知る今日のこの日や

五　オバマ氏や日米友情矛盾越えスピーチ深々結びたるかな

六　かく詠ひ米友人や Herman の nice の一言胸に沁みけり

七　何にせよ我米学会座長せし七年奉仕浅からずして

　　（備考：米国宗教学会（AAR）研究部会（セミナー）「プロセス思
想と西田学派仏教哲学：比較視座より」Precess Thought, the Nishida
School of Buddhist Philosophy in Comparative Perspective（1985-1991）
フランシス・クック教授と共同座長七年間我奮闘せり。敬和学園大学へ
の赴任の直前なり。米学会に友愛をもって自己投入せり。後先を考えぬ
猛進なりき。その心意気米友人ら見ぬ）

八　これからはさらに奮発八十代英文著作完成や期す

　　（備考：只今七十八歳なるも、これ我が楽しみ企画なり。楽しみ
企画なすや年齢若やぐなり）

九　かくなれば我が家図書室完備して日一日とや仕事すすめむ

　　（備考：このために生涯綴り来たりし英文四著推敲待ちおるなり。
推敲八十代のとっておきなり）

十　これぞげに著作人生満喫や東西研や燦たるやこそ

　　（備考：「東西プロセス研究企画」The East-West Process Studies
Project（since 1985）我が在米中以来の本拠本務なり。世界の友人皆そ
れ愛で給ふなり。如何に嬉しき）

十一　これら皆国人露も知らぬこと一人遊びの楽しくあるも

Ⅶ　（2016年6月6日）　対話や如何の歌九首

一　此度のぞオバマ演説まず友に呼びかくる事主旨とせるかな

二　これ如何に「獣や撃て」とぞト氏号ぶ核投下とは隔て甚大

三　原初のや原爆投下基教のぞ絶対主義と一つなりけり

四　投下にや絶対主義のイデオロギー不可欠なりきこれ憶ゆべし

五　従ひて東西対話不能こそまずや炸裂なしたるやこそ

六　核投下核問題に非ずして東西憎悪その表現ぞ

七　然らばや人運命の底にまで共に人たる対話や如何

八　束の間や人この世在り永遠に対話なすとは如何に幸なる

九　これ正に御友御栄仰ぎ見つ父ほむる日々天に在りてぞ

　　（備考：『ヨハネ』17・24、熟読参照）

Ⅷ　（2016年6月7日）平安ありての歌四首

一　ご近所の友どっさりと笹団子賜ひし故に拙著謹呈

二　これぞ我がたなつものなりその次著を励みつつあり「平安ありて」

　　（備考：『平安ありて平和なる──ホワイトヘッドの平和論とわが
短歌神学日記』本日深夜「はしがき」完成、嬉しや）

三　今日の日も夢に見しかな我が妻と御幸の里を睦み歩むや

四　これ誠平安ありて平和なる我らが姿睦み歩みて

　　（備考：なあ、ノーちゃん。そう、父さん、嬉しい嬉しい）

Ⅸ　（2016年6月8日）　友愛世紀の歌六首

一　先達の御文再読この時代日本神学共拓かむと

　　（備考：小野寺功先生より御書簡あり、5月17日付なり、感謝無
尽も「拝復　先日は五月九日付、「風の便り」詩を有り難うございました。
じっくりと拝読させていただきました。また「アカデミア」誌の力作「平

和基礎学としてのホワイトヘッド平安哲学」は、今、歴史哲学を熟考中の私に、力強い支援を与えて下さいました。今の日本では、西田哲学のいう「絶対の無に対することによって絶対の有である」という真意が深く捉えられていません。しかしこの論考では、それが二究極者の問題として、究極的実在の二面が正確に捉えられており、この点深く共鳴致します。そしてこのことは日本の神学の絶対必須条件と考えられます。そしてこの発想がホワイトヘッドの「復活形而上学」を媒介として世界思想として展開することを希求しております。

さらに「包括的ペンテコステ」の発想ならびに「今の時代を凌駕するためには、歴史観が世俗歴史を脱する必要あるなり」といった言葉に、心からなる共感を覚えた次第です。「御友神学」を契機に延原神学の主体的展開を切に希求致します。

日本は本来が大乗文化の国、世界の光となる日本の神学をめざし、共に孤立無援の道を開拓して参りましょう。とりあえずお礼まで。

　五月十七日　　小野寺　功

延原時行様」

　二　我やしも被爆の底に新生の輝き在るを平安と言ふ

　三　平安に米被爆者に添ひし人オバマ氏抱く友愛世紀

　　　（備考：オバマ広島平和スピーチに記されし言葉、これなり：「われわれは過去の過ちを繰り返すよう遺伝子によって縛られているわけではない。われわれは学ぶことができる。われわれは選択することができる。われわれは子どもたちに異なる話をすることができる。それは共通の人間性を描き出すことであり、戦争を今より起きにくくすること、残酷さを受け入れることを今よりも難しくすることである。

　われわれはこれらの話を被爆者の中に見ることができる。ある女性は、飛行機を飛ばし原爆を投下した操縦士を許した。本当に憎むべきなのは

戦争そのものであると気付いたからだ。ある男性（注。森重昭氏）は、ここで死亡した米国人の家族を探し出した。その家族の失ったものは、自分自身が失ったものと同じだと気付いたからだ。」而して森氏をオバマ大統領はスピーチ後歩み寄り抱き締めしなり。ここに友愛世紀始まるを全世界知りたり）

　四　かく思ひ新著さらにや我綴る「平安ありて平和なる」佳し

　（備考：只今「巻頭の言葉」書きしところなり。「オバマ米大統領広島平和スピーチの歌」十首ほかなり）

　五　綴りてや歴史形成只中に我が筆やあり暫し佇む

　六　歴史にや深き感情溢るるの時在りてぞや変貌ぞなる

　　　Ⅹ　（2016 年 6 月 9 日）『中野孝次・良寛に生きて死す』（聞き手・
　　　　北嶋藤郷）の新装復刻を祝ひての歌四首

一　我が友の苦心の作や復刻を手にして温み仄々と知る

二　温みとは人生長短あらうとも必ず時や環成すの事

三　恩師にぞ捧げられたる敬愛の尊き心輝きにけり

四　我が胸に響くものあり平和をば備へる心平安ぞこれ

　（備考：論考「平和基礎学としてのホワイトヘッド平安哲学」謹呈に添へて）

　　　ⅩⅠ　（2016 年 6 月 9 日）憲法前文秘すや平安我想到すの歌七首

一　日本国憲法前文もしやして平和志向ぞ平安秘すも

　（備考：日本国憲法前文の一節これなり：「日本国民は、恒久の平和を念願し、人間相互の関係を支配する崇高な理想を深く自覚するのであって、平和を愛する諸国民の公正と信義に信頼して、われらの安全と生存を保持しようと決意した。われらは、平和を維持し、専制と隷属、

圧迫と偏狭を地上から永遠に除去しようと努めてゐる国際社会におい
て、名誉ある地位を占めたいと思ふ。われらは、全世界の国民が、ひと
しく恐怖と欠乏から免れ、平和のうちに生存する権利を有することを確
認する。」）

　二　原爆や投下されたる心傷痛みて膿てオバマ氏を待つ

　三　オバマ氏の共人間性を称へたる感話一瞬友や癒せる

　　　（備考：オバマ氏スピーチの一節これなり：「われわれは過去の過
ちを繰り返すよう遺伝子によって縛られているわけではない。われわれ
は学ぶことができる。われわれは子どもたちに異なる話をすることがで
き、それは共通の人間性を描き出すことであり、戦争を今より起きにく
くすること、残酷さを受け入れることを今よりも難しくすることである。

　われわれはこれらの話を被爆者の中に見ることができる。ある女性は、
飛行機を飛ばし原爆を投下した操縦士を許した。本当に憎むべきなのは
戦争そのものであると気付いたからだ。ある男性は、ここで死亡した米
国人の家族を探し出した。その家族の失ったものは、自分自身が失った
ものと同じだと気付いたからだ。」）

　四　さらにぞやオバマ氏友を抱きてや傷を我がものなせる尊き

　　　（備考：オバマ大統領感話ののち進みゆきて森重昭氏ひしと抱き
たり）

　五　かくてぞや「対等関係」文言や被爆の底の輝きを受く

　　　（備考：日本国憲法の一節これなり：「われらは、いづれの国家も、
自国のことのみに専念して他国を無視してはならないのであって、政治
道徳の法則は、普遍的なものなのであり、この法則に従ふことは、自国
の主権を維持し、他国と対等関係に立たうとする各国の責務であると信
ずる。」ちなみに、「対等関係」の語は、オバマスピーチでは「共通の人
間性」《a common humanity》となれり）

144

六　輝きを受くるや「平和念願」や前文出でて現実と化す

　　（備考：先に引用せる「前文」一節を見よ）

七　我思ふ憲法前文オバマ氏のスピーチハグを承けて復活

XII　（2016年6月10日）　我が黒髪の命歌五首

一　七十路を遥か八年越えゆきてなほ黒髪やいのち称ふや

二　我が思ひ如何にあらむも黒髪や汝がいのちをや称へむとぞや

三　我が妻の切れ目なき笑み見し以来我が黒髪やさらに艶あり

四　地の底のその底よりぞ命歌御友と詠ふ御父称へて

五　黒髪を鏡に見ては我に言ふ汝髪ほどや恵まれしぞな

XIII　（2016年6月10日）　友愛世紀の歌三首

一　何故に我「御友神学」書きたるや友愛世紀基告げむと

二　オバマ氏の平和スピーチ激甚の霊性効果あるや我見る

三　平安ぞまず在りてこそ平和成る被爆中より友愛あればや

　　（備考：「原爆被害に国籍やなし」と言ひし森重昭氏時代のシンボルなり）

XIV　（2016年6月11日）　前文や共大悲なるべしの歌六首

一　前文や理想主義にぞ傾けど被爆の底に御友共あり

二　かく言ふはかのとき誠難しき原爆投下法源擬する

三　米国の人権主義や理想なり現実の底見ざるや如し

四　然れども底の底ぞや飛翔なす絶後笑み増す妻称ふ如

五　オバマ氏の抱きし友や被爆のぞ底促すのままに生けるや

六　此処にぞや共人間性ぞ生まれしや「対等関係」共大悲なり

　　（備考：前文にある「対等関係」共大悲言ふべし。これオバマ大

統領の森重昭氏抱きし時現成す）

XV　（2016 年 6 月 12 日）　森氏告ぐるやの歌三首

一　原爆の犠牲者にぞや国籍ぞ関係なしと森氏告ぐるや

二　さぞかしや米被爆者も御国にて今のこの時喜びたるよ

　　　（備考：森重昭「オバマは広島で私を抱きしめた」『文藝春秋』7 月号に以下の記述あり：「スピーチが終わると、大統領は私と日本原水爆被害者団体協議会の坪井直代表委員の方に歩いてきました。

　事前に日本の外務省から「オバマ大統領と握手をしてください」と言われていました。大統領と話せるのならばたくさん伝えたいことがありました。すこしですが、英語はできるので、直接語りかけようと思っていたのです。横にいた通訳に促され、オバマ大統領と対面しました。

「長期にわたって多くの米兵の調査をしてくれましたね」

と、大統領が話しかけてきました。

「被爆した十二名の米兵たちも天国できっと喜んでいると思います」

　私は言葉につまりながら小さな声で答えました。

　伝えるべきことは、他にもたくさんありました。それでもオバマ大統領が、私に直接ねぎらいの言葉をかけてくださったことで感情が高まり、言葉が続きませんでした。式典の後、メディアに、「頭が真っ白になってしまった」と言ったのは、そういう意味だったのです。

　私の目をじっと見ていたオバマ大統領と私の間にはもはや言葉は必要ありませんでした。心と心は通じ合ったのです。すべてを察し大統領はそっと手を出して、私を抱きしめてくれたのです。もう、涙を抑えることはできませんでした。」（121 頁)」）

　三　前文やこの日初めて共大悲礎と成す平和憲法

XVI　（2016 年 6 月 13 日）　リアル出づの歌十首

一　物事の見極め違ふ故こそや死なば滅して無しとの見

二　滅してや不滅ならずばこの宇宙何の幸ぞや在り得べきぞや

三　誠にや滅して不滅佳き日はや人類なべて待つや天にや

四　それなくば人齷齪と何の為この人生を競い合ふぞや

五　死の死こそ一切超えて待つやこそ人類に楽しみ有るや嬉しや

六　死の死とは御友体験なされしや甦りなり御父御許に

七　我が妻や絶後笑み増し不思議やも深き低みの底ぞ飛翔す

　　（備考：復唱）

八　飛翔はや底の底なる御友共我ら一切御父御許に

九　これ何も崇高なるの理想とや言ふべき非ずリアルのリアル

十　リアルがやリアルならばやその宴オバマスピーチ抱擁に出づ

XVII　（2016 年 6 月 13 日）　ひしと進まむの歌十二首

一　而してや出でし宴の次や何憲法前文共大悲ほか

　　（備考：憲法前文にある「対等関係」の文字「共大悲」《mutual Karuna》と読むべきこと我が提言なり。そのとき「平和憲法」の意義我の言ふ「平安ありて平和なる」逆説的解釈にて一新さるべし：地上的平和を形而上学的に超ゆる「平安」在りて、かえって「地上的平和」成るべし。此度のオバマ米大統領の広島平和スピーチと森重昭氏抱擁の事件や、憲法前文の新解釈「共大悲」を孕むこと我や悟れり）

二　これや何単に対等関係か否悲惨惨中より互ひ労はる

三　人類常に歴史理想と思ひしが平安ありて平和現成

四　我や知る歴史御神の冒険ぞ固定を超えて「ともあらはれ」ぞ

　　（備考：ホ氏言減り："In this Supreme Adventure, the Reality which the Adventure transmutes into its Unity of Appearance, requires the real occasions of the advancing world each claiming its due share of attention." [AI, 295])

　五　御神の冒険何ぞ御友のぞ貌（かたち）を採りて我らと復活

　　（備考：『ピリピ書』2・6－11、熟読参照。「共に復活」「ともあらはれ」を許し給ふ、これ御父の御冒険即御友の冒険なり。それなしに歴史無し。かかる歴史観提示せしホワイトヘッド偉大なり）

　六　核時代戦略の果て悲惨ありされどスピーチ抱擁成就

　七　かくしてや人類歴史麗しき結実や見ぬ広島和解

　八　広島や如何に核のぞ悍（おぞ）ましき悲惨あるとも神共に笑む

　九　かくてぞや核廃絶の心はや友情の中ひしと進まむ

　十　オバマ氏や「広島・長崎核ならず道義目覚めの大地」ならむと

　　（備考："That is a future we can choose, a future which Hiroshima and Nagasaki are known not as the dawn of atomic warfare, but as the start of our own moral awakening."「それは私たちたちが選ぶことのできる未来だ。その未来では、広島と長崎は核戦争の夜明けとしてではなく、道義的な目覚めの始まりとして知られるだろう。」『新潟日報』2016年5月28日付14面）

　十一　今やこそ人類目的示されぬ核体制や目当て撃たれぬ

　　（備考：核体制に身も心も入れ込む国々や、もはや大義なし、かくて人類史分岐点に達せり。これオバマ氏と森重昭氏拓きし地平なり。知るべし）

　十二　人如何に悲惨なるとも裏からぞ神共にます見れば微笑ぞ

　　（備考：復唱）

XⅧ　（2016年6月14日）　御友神学極みの教への歌七首

　一　御神の主権性のぞ御姿や御友共知る空至誠とぞ

148

（備考：昨夜 Die Souverenitaät Gottes「神の主権性」なるバルト神学の基本主張夢にて反芻せり。恩師これをば「不可逆」と言ふ。而して西田哲学には不可逆欠くると批判せる有名なり。されど我御姿を御友よりして伺ふのみや――「空至誠」とぞ）

　二　然る故「汝至誠なれ」命法ぞ謹み聴くや御友よりこそ

　　　（備考：『マタイ』5.48、熟読参照）

　三　神学び御友告ぐるや友よとぞ「汝僕にや非ざる故に」

　　　（備考：『ヨハネ』15・15、熟読参照）

　四　これ正に奴隷無き事告ぐるこそ御友神学極みの教へ

　五　較ぶれば「イエス・キリストその僕我使徒パウロ」ちと力み過ぎ

　　　（備考：『ロマ書』1・1、熟読参照。ローマ帝国奴隷制の逆転暗喩なるも、御友の簡明率直に敵はず）

　六　御友ましオバマ同盟さらにぞや「友情」喫す不思議ありけり

　　　（備考：御友神学を含む有機体宇宙なればこそ、此度のオバマスピーチ・森氏抱擁により「日米同盟」より深き「日米友情」現出したるなり。げに不思議なりけり）

　七　歴史とは不思議なるかな原爆や深く顧み友情生むや

XIX　（2016 年 6 月 15 日）　尊しや御友げにの歌六首

一　ヨハネのや御友神学深しとも深し我言ふパウロに優る

二　我もはや汝僕とは言はぬほど神学びては「友よ」告げしや

　　（備考：『ヨハネ』15・15、熟読参照）

三　パウロのや神学これぞ告白ぞ御友神学「友よ」の御声

四　我が妻や切れ目なき笑みしめしてや御友御声に応へ往きたり

五　我がぞや御友神学目覚めしや切れ目なき笑み見ずばあらずや

六　尊しや実に尊しや御友げに御声ありてぞ我ら笑み往く

XX　（2016 年 6 月 16 日）　人にはやの歌四首

一　人にはや発奮材料あるものよそれ知る者を友とぞや呼ぶ

二　汝令閨失ひて歌とめどなし何やら啄木通底と友

　　（備考：歌心知る友なれば貧しき歌の機微や押さへらる。有り難きことなり。ただし啄木云々は余りの光栄なり。敬和の同僚名誉教授畏友北嶋藤郷先生の 6 月 10 日付メール御芳書我深く謝す）

三　我が妻の絶後笑み増し輝きや如何に詠へぞ尽きざるやこそ

四　如何にすも我切れ目なき妻の笑み切れ目作し得ず御友燦然

　　（備考：切れ目なしとは、仏教で言ふ「生死一体（しょうじ）」の理（ことわり）なり。御友神学によれば、「生死一体」の一体御友なり。そのこと我が妻一生の際に笑みて我に謝し、絶後笑み増して示したるなり。その輝きを我如何にかして詠はんとせるなり。我「切れ目なし」と言ふ事理、ホ氏 "We perish *and* are immortal." [PR, 351] と言ふなり。而して AND 御友なりとは我が見解なり。すなわち、「滅し《て》不滅」との不思議《て》。御友の御現臨のことなり。これこそ我が妻の「笑み切れ目なし」＝「人生の最後に最高に幸せや、父さん、有り難うね。なんでや。皆やって呉れる」との最後の会話の後、滅するに「絶後笑み増し輝けり」＝の不思議の解なり）

XXI　（2016 年 6 月 17 日）　歌こそやの歌六首

一　歌こそや不思議極まる器なり詠ふほどにやいのち開きて

二　人いのち開くやこそや極みなり原爆投下この惨事さへ

三　オバマ氏も森氏も共に開きたり命惨禍を命の君に

　　（備考：オバマ大統領 2016 年 5 月 27 日午後 5 時半広島平和公園の大地踏みつつ平和スピーチなし、被爆者歴史研究家森重昭氏に歩み寄り、言葉を交はし、抱擁せり。森氏 12 人の被爆米兵の身元確かめ、言へり。

「原爆の犠牲者に国籍は関係ない」と。森重昭「オバマは広島で私を抱きしめた」『文藝春秋』2016年7月号、120－128頁）

四　かくてぞや平安命超え往きて命の君に抱かれし言ふ

五　抱かれし命平安そのままや顕れ来る地上平和ぞ

六　地上のぞ角逐憎悪テロや産む閉じたる心御友呼べるに

XXII　（2016年6月18日）　大命の歌十二首

一　我や知る我が大命や我が妻の切れ目なき笑み詠ふにありと

二　「本作る父さんやって」言ひし妻絶後笑み増し我や詠ふや

　　　（備考：2014年2月13日北越病院にて祖父江八紀ドクターの「何したい」との質問に応へて妻や言ひたり、「本作る」。而して我を振り返り、「父さんやって」と続けたり。その解や切れ目なき笑みにありたり。すなわち、3月11日朝、生涯の最高の仕合わせを我に謝しつつ笑みたる故我「何でや」と訊くも、「皆やって呉れる」と言ひたり。午前中に片桐医院に赴きたる後、昼餉を喉に詰まらせ絶したり。12日、自宅での前夜式終へたる後、我真夜中に棺の蓋取りてみるや柔らかなる顔にて口丸めおりたり。而して13日告別式にてさらに絶後笑み増し認めぬ）

三　内省の笑み零る妻最期の日まさか絶後の笑み増しまでも

　　　（備考：復唱）

四　切れ目なき我が妻の笑み告ぐるこそ生死一体いのち祝福

　　　（備考：復唱）

五　いのちとは切れ見なき事或る日我深く論さる我が妻笑むや

　　　（備考：復唱）

六　何があり何が無くとも我が妻の切れ目なき笑み仕合せ泉

　　　（備考：復唱）

七　汝が笑みや生涯の際溢れてや絶後いや増す御友いませば

（備考：復唱）

八　我が妻の切れ目なき笑み詠ひつつ我尊くも御友邂逅

九　『復活の省察・前巻』誠にや妻笑みありて成したるやこそ

十　此度の書『御友神学省察』や妻笑むあり成したるやこそ

十一　いのちとは妻切れ目なく笑みたるを我切れ目なく詠ふ幸こそ

十二　而してや幸や幸なり切れ目なき命の主はぞ御友なりせば

XXⅢ　（2016年6月19日）称名嬉しやの歌七首

一　恩師はやイェスに縛らる厭ひたりイマヌエルにぞ向かはむとてぞ

　　（備考：『純粋神人学序説——物と人と』（福岡・創言者、1988年）、272頁、参照）

二　されどこれ反語ならむや原事実縛らざるイェス産む恩師見し

　　（備考：『ヨハネ』15・15正しくこの反語に合致せる直言ならずや。而して滝沢的反語、積極的には、以下のごとく表現されたり：「したがって、神人学はその本来の内容として特殊的・史的な形態を内に持つことはできないし、ゆるされないし、また持とうとはしない。それは神人学が通俗の意味で「抽象的普遍的」に思弁するからなのではない。まったく逆である。神人学があの絶対的に偶然的な、ただ生ける神ご自身によって神ご自身の自由な表現点として規定された人間存在に、かたく結びついているからなのであって、この規定された人間存在を離れては、いかなる特殊的、具体的にして史的な形態も、この世界には現実として存在できないのである」（同書同頁）。ただし、我が視点よりすれば、《神人学はその本来の内容として「特殊的・史的な形態への関係性」を内に持つ》と言ふべきなり。かく書けば、この「関係性」こそ我の言ふ「御友」なり。御友は、所謂「史的イエス」には非ず。「史的イエス」への原事実からの関係性なり。この関係性を滝沢は、次に、「あの絶対的に偶然

的な、ただ生ける神ご自身によって神ご自身の自由な表現点としての人間存在」と言ひ表すなり。我が理解によるならば、この「神ご自身の表現点としての人間存在」は我の言ふ「御友」なるも、その発生源は我ならば「内三位一体的神性」と呼び、滝沢の如く「神ご自身」とは言はざるなり。なんとならば、古来ここには『ヨハネ福音書』のロゴス論の二重性が十分な論拠を提供せる故なり。すなわち、滝沢の言ふ「絶対的に偶然的な表現点としての人間存在」は「太初のロゴス」（『ヨハネ』1・1・第一項）の事なるが、その発生源は「神と共にあるロゴス」（『ヨハネ』1・1・第二項）なる書き方により、共在性が明示されたる故なり。このロゴスと父との共在性を滝沢は常に「神ご自身」と言ふ風に実体化・一元化するなり。この問題は先生と遠く 1980 年代初期往復書簡にて詳論せり。我に取りてはこの「三位一体的共在性」はエックハルトの言ふ「神性」Gottheit にして、滝沢の言ふ（宗教的究極者としての）「神ご自身」には非ず、形而上学的究極者（その意味では、ホワイトヘッドの言ふ「創造作用」Creativity と同等）なり。この考慮滝沢になきなり。恩師におきては、究極者が二ならず、一元化するなり。我におきては、御友神学が太初のロゴスを通じて「神と共なるロゴス」がその共在性を顕す故、滝沢の言ふ「根源的人間存在」の徹底して関係的なる姿において現出なすなり）

　三　げにもイェス太初栄光謝してぞや我輝かせ父よと祈る

　　　（備考：『ヨハネ』17・5、熟読参照）

　四　これこそや御友の姿現前よ栄に発しイェス至る道

　五　我ら人この道遡及イエースクリストスああイマヌエル哉

　六　誠にや御友の愛に応へてぞ称名一途唱ふ嬉しや

　七　この道や御友と共に運ばれつ御父至るやイマヌエルアーメン

　　　（備考；イマヌエル＝御友御父と共（ロゴス神と共《pros ton theon》『ヨハネ』1・1・第二項）なればなり）

XXIV　（2016年6月20日）　昨日やの歌十首

一　昨日は御友神学反語的祝ひの学や恩師に見しも

二　何十年飽きもせず読む恩師著に「縛られず」とも縛らぬイエス

　　（備考：「それにたいして、純粋な神人学は偶然的・一回的に与え
られたナザレのイエスもしくは聖書という形態に助けられ導かれはする
が、しかし束縛されはしない。むしろ、生ける道標としてのこの形態に
導かれて、もっぱら道、真理、太初のロゴスに向かうのであり、バルト
と共にいうならインマヌエルの原事実に、永遠に新たな、絶対的に不可
分・不可同・不可逆的な神と人間の関係に向かうのである」滝沢克己『純
粋神人学序説』272頁、熟読参照）

三　イエスにや縛られぬとぞ意気軒昂恩師鼻息御友にこやか

四　汝らをもう僕とは言はぬ我友よ父から聴きし聴けやと

　　（備考：『ヨハネ』15・15、熟読参照）

五　これ恩師言う御神の「自由なる表現点」の告ぐる言の葉

　　（備考：「したがって、神人学はその本来の内容として特殊的・史
的な形態を内に持つことはできないし、ゆるされないし、また持とうと
はしない。それは神人学が通俗の意味で「抽象的普遍的」に思弁するか
らなのではない。まったく逆である。神人学があの絶対的に偶発的な、
ただ生ける神ご自身によって神ご自身の自由な表現点として規定された
人間存在に、固く結びついているからなのであって、この規定された人
間存在を離れて、いかなる特殊的、具体的にして史的な形態も、この世
界には現実として存在できないのである」同書同頁、熟読参照）

六　恩師のや「表現点」を今やこそ「御友神学」とぞ我や言ふ

七　何がぞや楽しと言ふも恩師学新時代のぞ神学と化す

八　かくしてや御友神学核時代超ゆるこの時飛翔の翼

九　オバマ氏が同盟さらに友愛と言ひし時生く御友神学

（備考：″And since that fateful day we have made choices that gave us hope. The United States and Japan forged not only an alliance, but a friendship that has won far more for our people than we can ever claim through war.″「あの運命の日からわれわれは希望をもたらす選択もしてきた。米国と日本は同盟関係を築くだけでなく、戦争を通じて得られるものよりもずっと多くのものを国民にもたらす友情を築いた」『新潟日報』2016 年 5 月 28 日付 14 面）

十　振り返り恩師の薫陶謝するこそ我が御友学出立の幸

XXV　（2016 年 6 月 21 日）　漸くやの歌七首

一　漸くや恩師著二面よく読めし今日の日の幸喩へ難くも

（備考：『純粋神人学序説』272 頁、参照）

二　一面やイェス縛られず原事実向かふ鼻息記せるやこそ

三　我感ず恩師鼻息笑みつつや御友許せり僕ならずば

（備考：「わたしはもう、あなたがたを僕とは呼ばない。僕は主人のしていることを知らないからである。わたしはあなたがたを友と呼んだ。わたしの父から聞いたことを皆、あなたがたに知らせたからである」『ヨハネ』15・15、熟読参照。僕＝奴隷なり）

四　第二面御神御身表現点これなくばぞや史的点なし

（備考：表現点とは、御神ご自身と史的イエスの間の関係性にして、我の言ふ「御友」なり）

五　神人学かくて御友のお許しと媒介承けて仕合せ鏡

六　あたかもや我が妻切れ目なき笑みを浮かべて御友寿ぐが如

七　かく詠ひ我大仕事成せるかな思ひて誠意気軒昂よ

XXVI （2016 年 6 月 22 日） 核時代去らむとすの歌十首

一　原爆を法源とせる道義の世それ虚仮不実オバマ告白

　　（備考：核道義主義とは、端的に言はば、原爆投下の風圧にて「平
和憲法」施与なすの詐術なり）

二　これこそはコア矛盾なり新しき共人間性彼森氏抱く

三　森氏はや核犠牲者に国籍や関係なしと米兵悼む

四　この心オバマ氏甚く打ちしかな広島核のいたみの地言ふ

　　（備考：いたみ = moral awakening/ 道徳的悔悟なり）

五　ここにぞや核道義主義崩れけり共大悲こそ新時代心

六　核保有恰も道義もてる如地球支配の傲り悲しや

七　核全く非道義戦略よくもまあト氏や「獣撃て」言ひしにけりや

八　人類皆や今生だけに生くるとや言ひ得るならば話別やも

九　核傲り憲法前文自国のみ考えるなと米勇み足

十　核時代コア矛盾とて去らむとすその道義主義共大悲へと

XXVII （2016 年 6 月 23 日） 再読すの歌十四首

一　再読す恩師御文や神性に父 treu（至誠）とぞ同次元かな

　　（備考：これ、恩師滝沢先生御書簡 1983 年 7 月 1 日夕付：K+-
Toshi Takizawa, より Mrs. + Mr. Tokiyuki Nobuhara, School of Theol-
ogy at Claremont, Box 112 1325 N. College Ave., Claremont, CA 91711,
U.S.A. なり。感謝無尽なり！：

「拝復　五月のテキサスから、そして昨日のクレアモントからの御芳
書有り難く拝見いたしました。その間に奥様からの御便りも比佐子の本
の小包二つ、御忙しい最中の御骨折り、御親切御礼の申し上げやうもご
ざいません。比佐子もきっと喜んでゐることでせう。御案じしてゐまし
たが、おふたりで 1400 マイル！　を無事走破、すでにお住居も決まって、

やがて新しい御仕事もお始めの御様子、ほんとうに宜しうございました。これまでの良い御蓄積もあることですし、そのうちにはアメリカかヨーロッパで少し落ちついたポストも廻ってくることでせう。幸ひ御体が頑健で頼もしいことですが、何卒その上にも御自愛、おふたりともいつも御元気に御活躍をお祈りしてゐます。（当方おかげ様でふたりとも無事ですが去る六月一日、奈良の長男徹が嫁に伴はれて突然入院、ちゃうど比佐子の手術の報せのあった日で余計に驚きました。徹は帝塚山に勤めて以来二十八年無欠勤でしたが、この二年程副校長などまでやらされた上に、二三日季節外れの猛暑に炎天でソフトボールのマッチまでしたのが祟ったのでせう。腸閉塞の症状で、佐武郎は覚悟し、手術の用意をして待ってたさうですが、幸ひ、二週間入院、全身の精密検査の結果、もうどこもどうもないさうでホッとしました。五十歳にもなると丈夫に委せての無茶はだんだん利かなくなるのでせう。）

　ご多忙中、鬱陶しい拙著　御読み下さってのご親切な御言葉深謝してゐます。71～93頁までは近く藤吉慈海編の『久松真一の宗教と思想』に掲載のつもり──私の主旨は分かるやうに思ふので──とのことです。久松禅について八木さんに似た（！）辻村公一さんからの手紙のほかまだどこからも立ち入った批評を聞きません。八木さんは自分の考へを私がひどく歪めて書いてゐると大へん不満のやうですが、そのうち秋月さんと読み合はせをした上でまた書く、との事です。同氏への私の疑問はただ一つの点なのですが、いはゆる「歪め」も、皆そこから出てゐますのでせう。今もその点についての十分明らかな御答へを聞き得ずにゐますが、当分は「只管打坐」流でゆくほかないことでせう。

　今度の御手紙の中の御疑問の点──前便の御返事に書かうとしてゐた

ことも合はせて、簡単に書いてみます。

（一）　有限の存在者は、絶対無的主体（もしそう名づけるなら「神性」）において、直接に、絶対にコンティンゲントにのみ事実存在する。こういふものとして物は同時にまた「神性」の表現点である。物による神性の表現が極限にまで進む時、そこに人間が現はれる。したがって人間が正しく、本来自然に生きるとき、その人は「神性」を「父」と呼ぶ。イエスとして生起したこの事は、たんにいはゆる「偶然」でも「歴史的必然」でもなく<u>「神性」の本質に従って</u>現はれてくる出来事である限り、「父（なる神）」は「神性」に loyal（treu）だと云って云へないことはない。しかし、その場合、見逃してならないのは、その「父（なる神）」は「神性」そのものと<u>存在論的に同一</u>であって、けっして「父なる神」の奥に「神性」があるのではないといふことです。もしさう考へると、人の側・歴史の中に出て来たものを向ふ側へ移し入れて立てることになりませう。＊

　＊といふのはしかしむろん、「この世界・人間の内部の事に関しては正しく見られてゐるけれども」といふ意味ではありません。人間の行為が物の動きの極限的な一種であることが見られてゐない、といふことでもあります。

　（このことは今迄も度々申しましたが、学兄の御答へを伺っても、まだその疑ひは退きません）（これは前便への御返事です）

（二）　物も人も「神性」に対して絶対に平等、絶対に被決定、といふことはその通りです。しかし、存在者と同類の者――entities――として括られる「神」（＊西洋の神学哲学ではそこが十分明らかではなかったための、ハイデッガーの形而上学・神学排除ですけれども、そのやうな「神」）は、せいぜい、神を信じる人間、「神」といふ人間の言葉であって、

イエスが「アバ」と呼んだ神そのものではありません。

（三）　学兄が「事実的存在（者）もロゴスも絶対無に忠誠である」といはれる時の「ロゴス」は、せいぜい、存在者に（論理的にはそれの一切の表現形態に先立って＊）＝仰せの「物に存在論的と価値論的と二つの次元の忠誠がある、前者にまた二様の様態がある、といふことも、私がここに云ったことに含まれて来ることでせう＝　無条件に直属する根源的・普遍的本質規定であって、私のいふ「ロゴス」ではありません。私のいふ「太初の言」は、一々の存在者と共に在る限りの神性そのもの——つまり、神学の用語だと永遠の父と全く等しい永遠の御子、浄土真宗でいふと（キリスト教神学同様真宗にもふつうの伝統的な宗学ではどうにもならぬ微妙な問題がありますけれども）法性法身と全く同一の久遠実成阿弥陀仏——です。延原さんの「ロゴス」といふのは、物の事実存在と（相補的に）共在する根源的普遍的・本質規定（こういふものとしてそれは「忠誠を促すもの」です）のことでせう。それならばむろんそれは、「事実存在より″前″ではなく」それと「共に」神性において在るものです。／　人間をはじめこの世界の内部に現はれる「価値」の問題、「信」か「覚」かといふやうなことも——たとえば信も、それ自身同様に有限の物の法性法身＝「神性」における絶対被決定性 Kontingenz への覚醒でなくては、真正の信とは云へない——ここをしかと踏まへれば、すべて第二次的・第二義的なこととして自然に明らかになりませう」

どうも学兄が見て、そこの区別・関係・順序を明らかに云ひ表はさうとして居られること、厳密に学問的であらうとなさるその御苦心はよく分かりますが、私自身も、仰せの諸面を切り棄てて云ってゐるのではない、ただそのやうな諸面を、<u>自己存在の事実そのものに</u>堅くとどまるこ

とで、ほんのもう一歩よく見窮めやうとしてゐるだけであるやうに思はれるのです。（八木氏の場合は、その肝心要の一点がまだよく見えてゐないのではないか、さうでなけらば滝沢は初めから終はりまで区別だ、人格的に不可逆の一点に偏ってゐるなどといふ批判が出るはずがない、と思はれるのです）（又氏では、延原さんのいふ第一次の忠誠、その二重の構造も十分明らかではないやうです。純粋直観の事において思惟が絶えて、新しく生まれる、といってもその思惟の存在論的必然性が身に沁みて来ない、どこか主観的な構築に辷って行っている感じです）

今年の夏は御地もお寒いさうですが、日本も、この梅雨は時々からっと晴れてわり合い過ごし易いです。ただ東北は又冷害らしく困ったことです。医療と農業もすべてが変って来なければ、大変なことですね。

鳥飼さんのお便りでは、延原さん御母上様には、御家まで準備してお帰りをお待ちの御様子、今年もむつかしいといふこと、どんなにかがっかりなさったこととお察ししてゐます。しかし私達は「丈夫でさへゐてくれれば、何年会はなくてもいいのに」と、比佐子のこと何度も話してゐるのです。どうかお二人ともいつも御健やかにお過ごしのやうお祈りしてゐます。家内からもくれぐれ宜しく、さう申してゐます。乱筆、乱文お赦し下さい。草々

（一九八三年）七月一日夕　　滝沢克己

延原時行様

追伸　この頃創言社で出した拙著『将棋の哲学』旧稿ばかりでお目にかけるやうなものでもありませんが、副題に「太初に言ありき」とありますし、「序に代えて」は新しく書きましたので前便でお送りします。

ご笑納下されば、幸せです。なほ阿部正雄さんにお会いの折はくれぐれ宜しくお伝へ下さい。同氏の正確な宛名お序の折お報せ下さい。一度お便りをと思ひ三一に尋ねてやりますが、一向に知らせて来ませんので）

二　我にとり神性「ロゴス神と共」父「共在」の誠なる極

（備考：我神性理解する際、厳密に『ヨハネ』1・1・第二項によりたるなり。この記述によれば、ロゴスも父も「共在性」の三位一体の空間の両極なり。空間、三位一体的神性なり。神性、したがって形而上学的究極者なり。これに対して父もロゴスも、宗教的究極者と見做すは、ホワイトヘッド学派の特徴なり。周知の如く、三位一体的神性を、恩師の恩師西田幾多郎博士「絶対無の場所」との関係において理解せり。そこに小野寺功先生の長年の研究の達成、「三位一体の於いて在る場所」に結実せり（『西田哲学から聖霊神学へ』参照）。我が独自なる神学、至誠心の神学此処に胚胎せり。至誠心の神学三原理以下の如し：①神は空に至誠なり：②空は空自らを空ず：③神は宇宙に於いて我ら被造物に至誠心を喚起することを得、現に喚起なす唯一の御方なり。恩師の純粋神人学の観点は、神ご自身（神性）に御父至誠（treu）なるも、これ同じ存在論の次元上にてのものなり。第一首に詠ひし如し）

三　その限り存在論的至誠あり而して御神これ正覚す

（備考：ここに我が神の定義なりたるなり：すなわち、神も一切存在者も空に存在論的に有無を言はせず至誠なるも、この存在論的至誠を神のみ正覚なし給ふ。ここに自覚論的ないし態度論的次元現出す。その現出を見る事なしに、恩師の論及さるる「神性に神至誠なるや、存在論的次元に於いてなり」との命題に評言くだすことならず。存在論的次元の事を我評定できず。評定為す次元、これ態度論の次元においてなり。而して我が態度論、御友に学ばずして出で来らず）

四　御神の存在論的至誠をば知りてかく為せ言ふは御友ぞ

（備考：これ我が「御友神学の省察」なり。至誠心の神学これなくば、認識論立たず。我が御友神学、至誠心の神学の徹底的反省のもとに成りたるなり）

五　我らもや否応なくや至誠やも決して「共在」覚らず無明

　　（備考：ここは仏教論的に「空即縁起」の出ずる局面なり。それ存在論的生起なり。されど我ら覚らず）

六　「共在」と父次元相違すは自覚問題出でし時なり

七　何故ならば自覚問題存在論あらずしてそも態度論なり

八　御父の自覚問題知らしむる御友誠に麗しき哉

　　（備考：『マタイ』5・48、『ヨハネ』15・15、熟読参照）

九　正にぞやこの位相こそ御友言ふ「空神至誠　至誠なれ」とぞ

　　（備考：『マタイ』5・48、熟読参照）

十　御神の自覚問題自覚すは御友なりけり「栄光拝受」

　　（備考：『ヨハネ』17・5, 24、熟読参照：御友父より栄光拝受、故に御父の栄光＝神性自覚＝知る）

十一　父のぞや「僕に非ず」見し故にこの誠をば「友よ」と告ぐや

　　（備考：これ我が今日の大発見なり：御友の「栄光拝受」の時、御父御友を「僕と遇せず」と徹底認識なし給ふ。この神学びより御友神学発したるなり。かくてぞや、神性への御神至誠単に存在論的同一性にあらず、「存在論的即栄光論的発出」とでも呼ぶべき消息なり。然るが故に、次に、御父と御友の間に「自覚論的即栄光論的発出」在るに我気付きたるなり：「父の栄光」を仰ぎ見つつ御子が「子の栄光」を承けつつ自覚しつつ、「汝らの天の父が全きが如く、汝らも全かれ」と命ぜらるるなり。御子御友は、御父の「自覚」なり。神性への御父の至誠心を、恩師の如く、「存在論的同一性」とだけ解釈するならば、そこに自覚論的契機を見る事なきなり。ただし、自覚論的契機とは、御父の「自覚」

としての御友の神学なり：神から聴きて、汝らを「友よ」と呼ぶ事なり。ただし、この御友神学は、ご自身が神から「僕にあらず『共』《pros ton theon》と見られたる事」（『ヨハネ』1・1・第二項）を基底に据へて、我々人を「僕に非ず、友よ」と遇し給ふ点、十分根拠のある友人論なるなり）

　十二　かくてぞや不可逆恩寵御友はや開示「従順十字架まで」ぞ

　　（備考：『ピリピ』2・6－11、熟読参照）

　十三　いかなるや恩師薫陶その香り忝さに心震へり

　十四　御友のや恵みや深し神学びかくも深しや我感謝すや

　　　XXVIII　（2016年6月24日）　伊丹のやの歌四首

　一　伊丹のや幼稚園にて同級生拙著感ずと献金賜ふ

　　（備考：『良寛「風の歌」にちなんで──御友神学の省察』なり）

　二　「焚くほどは風ば持て来る落ち葉かな学ばせていただいています」とぞ

　　（備考：「6月20日付　坂本武拝」）

　三　老ひてはや互いに学ぶこれら日々げにも嬉しき友の便りや

　四　今日こそは好みの寿司屋赴きてちびりちびりと風や詠はむ

　　（備考：我にとり寿司屋赴く歌作り楽しまむとて）

　　　XXIX　（2016年6月24日）　この度やの歌十首

　一　この度や恩賜御文を再読し御友神学再確認す

　二　神学び己が思索に依らずして御友に依るやつくづくと知る

　三　如何に人存在論的次元をば行かむとせるもかく見るやのみ

　四　恩師には相済まぬやも我悟るかく見るの内御友祐くや

　　（備考：これホ氏言ふ「改善されたる主観主義原理」なり：宇宙の形而上学的事実必ず主観主義的原理帯同せり。それを「見る」者あり。

163

ただし、正しく見るものなかるべからず。See PR, 159)

五　御父の如何に在すか知る道やただ御友のぞ示しありてぞ

六　誠にや父の至誠を知る手立て御友御告げにありてこそなれ

　　（備考：『マタイ』5・48、『ヨハネ』15・15 の二聖句如何に重要なるや）

七　仄々と切れ目なき笑みしめしてや我が妻御友承くや我知る

八　ノーちゃんなあんたの笑みや本物や御友かくとぞ我に告げはる

　　（備考：ええ？　ほんま？　ほんまやで。そう、父さん、嬉しい嬉しい。実に佳かりし。おおきにさん）

九　宇宙にぞ笑みなるものや在りてぞや存在変貌あらはるを魅す

十　父至誠御姿見るや御友まし我らに告ぐる恵み在りてぞ

　　（備考：『マタイ』5・48、『ヨハネ』15・15、熟読参照。これら二聖句に現はる御友なくば聖書世界の導師なし）

XXX　（2016 年 6 月 25 日）御友欣求の歌六首

一　恩師はや原事実はぞイエスにや先行なすと言ひつ誤る

　　（備考：『仏教とキリスト教』（京都・法蔵館、1950 年、1964 年）書きて、神人の第一義、第二義の接触の区別論提言し、一躍論壇を牽引さる。第一義の接触ないしインマヌエルの原事実は、人の覚にせよ信にせよ、価値論的なる「観」即ち第二義の接触の成立に先んずることの道理を力説なさりたり。ここに宗教間対話の基礎据え給へり。すなわち、第二義の宗教的現象には複数の「観」在るも、唯一の第一義の神人接触ありてこれらを支える道理、宗教間対話の基礎理論なすとせしなり。問題は、滝沢理論では、「神と空」の二究極者の問題論及されざりしことなり。我が至誠心の神学では、これに反して、「神」は「空」（ただし、空は空自らを空ずる、自己無化「無自性」実在）に至誠なり、との提言なせり。簡単に「神」と「空」ないし「神性」（ただし、滝沢は詳らか

に普通せざるも、神性は「三位一体の神性」《die innertrinitarische Gottheit》としてNichtsなり（マイスター・エックハルト）とさるる点、仏教の「空・無自性」と並ぶなり）は同じく存在論的究極者なり、との予断許さぬものあり。神を宗教的＝存在論的究極者と呼ぶならば、空ないし神性は、こう言ってよければ、絶対無論的究極者（注。西田の「絶対無の場所」を想起せよ）と言ふべきなり。しかも、キリスト教プロパーにおいても、『ヨハネ』17・5をみれば、イエスご自身は、滝沢と同様の、（1）太初の栄光、（2）これを覚る自己、の両義的観点を持つことを明らかにしつつ、なほ（3）父への（4）祈りの、観点あり。滝沢の純粋神人学では、普通、（3）父への（4）祈りは興味を示されざる主題なり。要するに、イエスにおいては、父への祈りの契機が、原事実のイエスへの先行性の逆転の契機を秘めている如くなり。この逆転が「復活」なり。滝沢には、「原事実」に比して「復活」の逆転的重要性への留意なし）

　二　彼これを「絶対客観」事実とすこれ言ふ自身主観なるにも

　三　イエスはや太初の栄覚りつつこれ輝かせ父よと求む

　　　　（備考：『ヨハネ』17・5、熟読参照。原事実論に論及する際には、このテクスト必読の聖書原典なりとは我が確信なり。この点、恩師は原典フリーの観あり。聖書を離れても、原事実認識可能との自説の故ならむか。その結果、恩師の論拠はイエスと対立、ないし「イエスに縛られず」の立場なり。我が「御友神学」とはこの点立場異なれり。ちなみに、この聖句、「主の祈り」（『マタイ』6・9）の原典なりとは、我が確信なり。「主の祈り」とは「主が教へし祈り」《the prayer（s）which the Lord taught us》との意義ならず、「主の祈り給ひし祈り」《The Prayer which the Lord prayed for himself and therefore for us》の事なり。この事、キリスト教界では、いまだ公に知られずあり。嘆かはしき無識なり。かかる故にこそ、主の祈りへの応答として父彼を甦らせ給ひしなり。『ヘ

ブル』5・7、熟読参照：「キリストは、その肉の生活の時には、激しい叫びと涙とをもって、ご自分を死から救う力のある方に、祈と願いとをささげ、そして、その深い信仰のゆえに聞き入れられたのである」。所謂「主の祈り」は、それ故、祈ることによって、我ら信徒も（主イエスと同様に）甦らさるると言ふ前提のもとにあるものなり。

　従って、主の祈りの第一祷「天にまします我らの父よ、御名を崇めさせ給へ」（『マタイ』6・9）に言ふ「御名」は、「イエスが父から与へられたる御名」（『ピリピ』2・11、熟読参照）の意味でありて、単純に「父なる神の御名」には非ず。されど、父の御名でもあるなり。ただし、「父の御子への御名賦与＝命名行為」においてなり。さう考へれば、英語で言ふ "Our Father in heaven, hallowed be thy name." は、"Hallowed be thy naming." の意味なり）

　四　この時や実在冒険求めつつあらはれ統一欣求し給ふ

　　　（備考：この辺りの機微言ひ表したるものにして、ホ氏の以下の一節ほどのもの無しとは、我が持論なり："In this Supreme Adventure, the Reality which the Adventure transmutes into its Unity of Appearance, requires the real occasions of the advancing world each claiming its due share of attention." [AI, 295] それを詠ひしが、この一首なり。実在冒険とは、原事実が原事実にどどまることなく、「輝かされる」さまに至らされることを祈ることなり。あらはれ統一とは、御友の復活と我らの復活の同時現象のことなり。宇宙に御友の祈り基本的冒険をなし給ひつつあるとは、『ヨハネ』17・5、『マタイ』6・9.『ヘブル』5・7、ホ氏『観念の冒険』原書295頁、共通の形而上学的認識なり）

　五　原事実イエスに先行するなれど祈り在りてや華やぎ世界

　　　（備考：華やぎ世界＝復活宇宙なり）

　六　祈りとは宇宙の冒険原栄華やぎへとぞ我ら共にや

（備考：祈り＝冒険＝華やぎ＝御友「我ら共」なり）

XXXI （2016年6月26日）壮大や：（一）宇宙的主観原理「御友神学」発見の歌六首

一　壮大や形而上学見ゆるほど御友神学華やぐの秋（とき）

　　（備考：形而上学の核心、25日の御友神学欣求の歌に詠ひたるごとく、『ヨハネ』17・5に明らかに提示されたるなり。すなわち、（1）太初の栄、（2）イエスの覚り、（3）父への、（4）祈りの連携にあり。（1）太初の栄は、父により天地が造られる前に御子に与へられしものなり（『ヨハネ』17・24も参照）。その意味で、栄光は内三位一体的栄光（神性）の極（父におけるまた子における）なり。この事情は、「ロゴス神と共に在りき」（『ヨハネ』1・1・第二項）と言はるる場合と同様なり。「共在」が神性なり。その両極が父、子なり。「共在」が個々の存在者と共に在る場合、「太初のロゴス」（『ヨハネ』1・1・第一項）なり。滝沢哲学においては（1）神人の第一義の接触ないし「インマヌエルの原事実」、（2）イエスの覚りとしての第二義の接触、と見なさるるなり。イエスに於いて顕著なるは、（1）（2）が（3）父への（4）祈りの中で「栄光の輝き・華やぎ」＝「復活」への移行が欣求されたることなり。（3）（4）の要因は、滝沢哲学には見られず。我に取りては、形而上学の醍醐味は、「原事実のイエスへの先行性」（滝沢）がイエスによりて父に祈り求めらるる中で「逆転」せらるることにあるなり。イエスの祈り即ち「御友神学」なり。祈りの中でイエスによって「神学び」がなされ、「友よ」といふ呼びかけの下に我らに告げられるゆえなり（『ヨハネ』15・15、熟読参照）。

二　即ちやホ氏言ふ主観原理ぞや宇宙の事と見しや如何と

　　（備考：所謂「主観主義原理」《subjectivist principle》を提示することで、デカルトは、ホワイトヘッドに言はせれば、「プラトンとア

リストテレスの時代以来最大の哲学的発見をなしたる人」なるなり。なんとなれば、彼は、「この石は灰色なり」《This stone is grey.》といふ経験主義的命題を提起し、その一般化を考慮することから形而上学がスタートすることのできる思惟方法を初めて詳論したる故なり。ただし、ホワイトヘッドはこの経験主義的命題をより一層正確な経験命題「この石が灰色であることの私の知覚」《my perception of this stone as grey》へと改善することにより、「改善されたる主観主義原理」《reformed subjectivist principle》を提唱せり（PR, 159）。

　我が新しき発見は、イエスの「あなたがたの天の父が完全（至誠）であられるように、あなたがたも完全（至誠）な者となりなさい」といふ命法（『マタイ』5・48）は、神の天（神性）への至誠心を示す「御友神学」として、宇宙の「主観主義原理」を明示したるものなり、と言ふにあり。

　三　かく見れば我言ふ御友神学や神性・父の主観原理ぞ

　　　（備考：我が至誠心の神学の第一原理「神は空に至誠なり」なり。空は、キリスト教では、「内三位一体的神性」即 Nichts（マイスター・エックハルト）と理解さるる故、第一原理を「神性・父」の「主観主義原理」と詠ひしうへ、「その如くに汝らも至誠なれ」との命法を告ぐる御友神学に「神性・父」の「主観主義原理」を我見い出せしなり。御友神学が宇宙の主観主義原理を成す事なしに「神性・父」我らに見る事叶はぬなり。これ我が今日の大発見なり）

　四　かく見れば主観主義原理を捨象せる神性学や真（まこと）にあらず

　　　（備考：「原事実を絶対客観真実と主張する」可笑しさを脱却なすためには、「主観原理」の学問的位置の確認必要なり。形而上学の究極的華やぎのためには、御友神学の必須の「主観原理」として認識・提言すること肝要なりとは、ここに我が哲学的神学的提唱なり）

　五　神性を冒険改変なすやこそ御友祈りの麗しき業

168

（備考：再度以下の一節参照すべし：”In this Supreme Adventure, the Reality which the Adventure transmutes into its Unity of Appearance, requires the real occasions of the advancing world）each claiming its due share of attention." [AI, 295] 宇宙におきて「御友祈り」は「冒険」なり。形而上学に取りて「神性・父」を原事実として固定視すること、ホ氏は悪しき形而上学の道とせるなり。イエス父への「我を輝かせ給へ」との祈り（『ヨハネ』17・5）を捧げたる故にこそ、父彼と我らの復活をもって応へ給ひし。原事実のイエスに先行せしこと、今や御友の祈りによりて逆転され華やぎ（復活）あること、これキリスト教の福音なり。それなくば、宇宙人生に未来も救済も幸せもなし。御友神学の欣求ここにあり）

六　而してや祈りに我ら容れられし「ともあらはれ」や誠恵みぞ

（備考：ともあらはれ＝ its Unity of Appearance こそ御友神学の終末論なり。何たる悦びぞ！）

XXXII　（2016年6月27日）　（二）オバマスピーチ軍略反省の歌八首

一　かくてこそ平安ありて平和なる宇宙的なる主観原理ぞ

（備考：「宇宙的なる主観原理」なる御友神学こそ、ホワイトヘッドの平和論の根幹をなす「平安ありて平和なる」ダイナミックス（詳しくは、本書第一章　平和基礎学としてのホワイトヘッド平安哲学、参照）の母体なり。この母体在りて、ホ氏の言ふ「死の直接的経験に臨んでの、青春と悲劇の統一の感覚なる〈平安〉」[AI, 296] が生み出され、平安ありて具体的地上的平和への結実へと至るなり）

二　考へよオバマスピーチ森氏ハグ核文明の反省極み

三　げに主観原理機能のありてこそ核体制や牙抜かるるよ

四　宇宙はやただ客観の体あらず必ず主観反省やあり

五　反省やありて軍略最後のや被爆追悼平安の内

六　軍略をただ軍略のプロセスと思ふ無恥ほど恐ろしきなし

　（備考：恐らく「沖縄問題」ことに軍属の女性殺害・遺棄は、すべてが「軍略のプロセス」としか見えぬ人間類型にとっての現象ならむ。彼には、軍略の後に来るべき「人の生死（しょうじ）への礼儀」の感覚が育成されておらざりき。而してこれ、核時代の一般的病理なる、我ら知るべきなり）

七　被爆のや追悼ありて軍略の人なる反省主観原理ぞ

　（備考：全てが軍略の客観過程として進行せるグローバル軍事文明、これ異様なり。ここに「主観原理」への留意途絶せり。而してこれ「グローバル略奪文明＝新自由主義」の死角なり。英国人、EU より離脱の国民投票（6 月 23 日）のあと、気付きしは、あるいは「主観原理」への留意の欠落ならむか。難民移民を低賃金で働かせ、EU の経済体制を機能させおりしが、自国の労働者の職場奪いおりし間に、その心情に思ひをつなげることなかりしにあらずやと）

八　かくて出づオバマスピーチ結語なる広島悔悟新文明ぞ

　（備考：「それは私たちが選ぶことのできる未来だ。その未来では、広島と長崎は核戦争の夜明けとしてではなく、道徳的な目覚めの始まりとして知られるであろう」『新潟日報』2016 年 5 月 28 日付 14 面。「米国は世界の警察官にあらず」と言ひ、不決断の大統領と詰られたるオバマ氏、レイムダックの最後に人類のための英知示せるにや非ずや。それ「文明の主観原理」の輝きに満つ）

XXXIII　（2016 年 6 月 28 日）　（三）結語の歌——①惑星規模の軍略反省の歌八首

一　かくて我形而上学なるものの主観原理御友学知る

（備考：それ前著『良寛「風の歌」にちなんで──御友神学の省察』に始む）

二　汝らの父神性に誠如誠なれやと御友告ぐなり

　　（備考：『マタイ』5・48、熟読参照）

三　父にぞや聴きしを友よなべて告ぐ御友神学かく始むそも

　　（備考：『ヨハネ』15・15、熟読参照）

四　このことや道義超えたる福音よ平安よげに平和の基

　　（備考：道義一般に人に諭すものなり。福音己が平安として心に受くる喜びなり。前者一般的なる主観原理なるも、なほ厳密を欠く。これ例へば「徳義としての清貧」「絶対客観としてのインマヌエルの原事実の主張」なり。これに反して、改善されたる主観原理我が実存の底の底にあり。即ち、「実存の底」我滅する時滅するも、猶その底在りて我を抱きて天父の御許に運び給ふ。これ救済、御友にある平安なり。御友我を抱きて、父へと運び給ふ故に、我この消息を「大乗キリスト教」と呼称なすなり。ホ氏言へり：“God is the great companion, the fellow-sufferer who understands.” [PR, 351] 思ふに、御友慈悲の御方なり。されど、この御方、「理解為す」御方なり。理解為すとは何か。神性・父の御心「理解為す」との意なり。我らに慈悲ある御方のみならば、我ら実は満足無し。この御方「神性・父の御心」理解為す故に、其処から我に慈しみ給へる時、我ら真に救はるるなり。この事知る人ぞ知るなり）

五　我が妻や絶後笑み増し不思議やも深き低みの底ぞ飛翔す

　　（復唱：これ不肖我時行の最愛の一首なり。ここに妻信子生けるなり）

六　げにもぞや核軍縮の反省に至りてオバマ平安まみゆ

七　今の時惑星規模の核軍略突如オバマや悔悟スピーチ

八　平安やありてこそなり平和ぞや成る理ぞ本書表題

XXXIV （2016 年 6 月 29 日） ②「平和憲法」問題の歌六首

一　思ふにや「平和憲法」問題や軍略反省銘記にありと

　　（備考：我が国の場合、軍略反省は 1931 年（昭和 6 年）の柳条湖
事件から 45 年の降伏までの十五年戦争（満州事変・日中戦争・太平洋
戦争の総称）を含めての近代全歴史に在りと考へらるるなり。戦後は、
その意味にて、「反省期」なり。されど今、オバマスピーチ森重昭氏抱
擁を承けて反省さらに鋭く深くすべし。それ憲法再考の課題なり）

二　反省やオバマスピーチ抱擁に日米合作成りたるやこそ

　　（備考：人類の核体制の「広島道義的悔悟」《Hiroshima Moral
Awakening》なるオバマスピーチ結語、森重昭氏抱擁なくば、意義無か
りけり。この合作の意義無限なり。忘るべからず）

三　その深み活悲劇のぞ合してや平安なるよ今ぞ平和へ

　　（備考：ここにホ氏の平安哲学極めて重要なり："At the heart
of the nature of things, there are always the dream of youth and the
harvest of tragedy.　The Adventure of the Universe starts with the
dream and reaps tragic Beauty.　This is the secret of the union of Zest
with Peace: — That the suffering attains the end in a Harmony of Har-
monies.　The immediate experience of this Final Fact, with its union
of Youth and Tragedy, is the sense of Peace.　In this way the World
receives its persuasion towards such perfections as are possible for its
diverse individual occasions." [AI, 296]「諸事物の本性の核心には、常に、
青春の夢と悲劇の報いがある。〈宇宙の冒険〉は、この夢で出発し、悲
劇的な〈美〉を刈り入れる。これは、〈興趣〉と〈平安〉との統合の秘
密である。つまり、苦しみは、〈もろもろの調和の調和〉において、そ
の終局に達するということである。〈青春〉と〈悲劇〉との総合を伴う
この〈最終的事実〉の直接経験が、〈平安〉の感覚である。このように

172

して〈世界〉は、そのさまざまな個体的契機に可能であるような完全性へと説得されることを、受け容れるのである」ホワイトヘッド著作集第12巻『観念の冒険』山本誠作・菱木政晴訳、京都・松籟社、1982年、409頁、参照。この一節の哲学的解釈は、本書第一章に展開せるも、現実的符合は、2016年5月27日、広島平和公園慰霊碑前にて、オバマ米大統領広島平和スピーチとそれに続く森重明氏抱擁にて生起したるなりと、我証言す）

　四　心せよ九条よりも前文の「対等関係」「共大悲」《mutual Karune》とぞ

　　　（備考：原爆を風圧として、占領者が施与なせし「平和憲法」の「平和」とは「絶体不平等・絶対支配」の論理なりき。さりながら、死すべき人類に斯様な意味での「平和」あり得べきことなし。斯様な「平和」概念は、オバマ米大統領遂に広島にて去る5月27日に「人類文明の核文明的コア矛盾」《core contradiction》として告白せり。而して、「人類核文明の広島悔悟宣言」を結語となせり。ここに初めて、日本国憲法前文の重要概念「対等関係」憲法施与者によりて日本の主権者日本国民（代表：森重昭氏）と共に定義されたり：「共大悲」として——「原爆被害者に国籍関係なし」と）

　五　今はぞや英国EU揺れにけり中露回北軍略途上

　　　（備考：英国2016年6月23日国民投票にて《Brexit》「離脱」せるなか、軍略途上の国々ばかりなり。げに「対等関係」共大悲なるも！）

　六　新文明オバマ氏スピーチなしたるや共大悲なる人姿げに

XXXV　（2016年6月30日）　御友神学再説八首

　一　核時代オバマ氏森氏ひしと抱き共大悲にぞ破られけるや

　　　（備考：核時代超ゆるもの新しき人間性なり。これ「共大悲」

《mutual Karuna》と言ふなり。そこにグローバリズム・新自由主義の特権意識あるなし）

　二　被爆者に国籍関係あるやなしこれ誠にや天に在る故

　　　（備考：「我らの国籍天に在り」こそ、御友「汝らの天の父至誠なる如く汝らも至誠なれ」との命法の元なる確固たる実在観なり）

　三　ピカドンに幾十万の人や死すたちまち御友天父運べり

　　　（備考：御友神学ありてピカドンの虚無主義あることなし）

　四　我が妻や絶後笑み増し不思議やも深き低みの底ぞ飛翔す

　　　（備考：復唱。我も我が妻から学びて底の底飛翔なすに希望の神学溢るや。底実存の底なり。実存滅する時、実存の底なる「太初のロゴス」（『ヨハネ』1・1・第一項）の底なる「神と共なるロゴス」（『ヨハネ』1・1・第二項）我らを抱きて天父御許へと飛翔なすなり。ここに大乗キリスト教あり。飛翔のインマヌエルあり。恩師言ふ「インマヌエル」未だ実存の底の「インマヌエル」なりしも、実存滅する時、我ら「飛翔のインマヌエル」に在り。嬉しや！）

　五　汝が笑みや生涯の際溢れてや絶後いや増す御友いませば

　　　（備考：復唱。我が妻絶後笑み増して御友示せり。御友の証し人なり）

　六　人如何に不遇に死すも御友あり抱きて天父至るや平安

　　　（備考：平安の至福ありて、核時代の閉塞感超ゆるなり。ホ氏もまた証言せり："The immediate experience of this Final Fact, with its union of Youth and Tragedy, is the sense of Peace." ここに平和（地上の具体的平和）歩みを始むなり。すなわち："In this way the World receives its persuasion towards such perfections as are possible for its diverse individual occasions." [AI, 296] 地上の具体的平和への指示御友以下の章句にて示せりとは、我が深き確信なり：「我が羊を飼へ」『ヨハネ』

21・15 – 17、熟読参照）

　七　平安のありてこそなり平和なる御友祈るや華やぎ世界

　　　（備考：華やぎ世界、復活世界なり。『ヨハネ』17・5、熟読参照）

　八　誠にや御友神学固定せず祈りて冒険華やがせ父

　　　（備考：『ヨハネ』17・5の華やぎ世界、復活世界、御友の祈り、冒険世界なり。それ、驚くべきことに、滝沢の原事実世界を祈りにより逆転、復活世界に至らせるなり。そこにてや「ともあらはれ」《its Unity of Appearance》「共同復活」あり。御友との共同復活こそ我が終末論なり。ホ氏の至純の一節最後にまた引かむ："In this Supreme Adventure, the Reality which the Adventure transmutes into its Unity of Appearance, requires the real occasions of the advancing world each claiming its due share of attention." [AI, 295]）

第四節　2016年7月の巻：妻笑み―御友発見―原爆告白（必然性と現実性）三段階の思索、ホワイトヘッド、西田と共に神エコゾイックス世界観の確立に向けて

　　　　Ⅰ　（2016年7月1日）　共大悲こもごもの歌八首

一　日米の間にぞ見ゆ核和解オバマスピーチ抱擁嬉し

二　地球上最深思想共大悲今生や超ゆ平安溢る

三　御友のや御運びあれば我が妻の絶後笑み増し万人や魅す

四　今もしも共大悲にぞ汝が心満たされおらば如何でBrexit

　　（備考：英国への語りかけなり）

五　真夜中にウインブルドン観るうちに御友感動忽然と湧く

　　（備考：錦織圭の応援の積りなりしが、御友感動抑へ難しや）

六　御友のぞ「我が羊飼へ」御声にぞ誘はれちと笹団子送

七 英国よホ氏の伝統連綿と続きおらばや「冒険」もしや

八 この歳になりて楽しき共学び御友神学命の糧や

（備考：友の拙著への御献金謝しての一首なり）

Ⅱ （2016年7月2日） 今の我詠ふ歌五首

一 今の我予想もつかぬ摂理あり事運びてや今の我なり

二 歌ひとつ作らばその日新しき心呼吸すげに面白し

三 日ノ本の歌なるものや而してぞそれに盛りたる御友信佳し

四 御友をば称へて過ごす我が時や何と言はむかいと楽しほか

五 而してや神性・父を称ふこそ御友神学至誠の道ぞ

（備考：「天にまします我らの父」を「神性・父」と書くなり。即ち、「天」＝神性、「まします」＝「・」＝至誠、なり。「にまします」即ち西田哲学の言ふ「於いて在る」なり。「天に於いて在る」とは「天即神性」に至誠なり、との義なり。かくなれば、「御名を崇めさせ給へ」とは、「神性・父」の自己表現（恩師の言はる「表現点」）を崇めさせ給へ、とのことなり。これ即ち御友賛美の事、御友神学なり。御友神学：①「神性・父」を尊び、②それ我らに告ぐる事なり（『ヨハネ』15・15）――「汝らも至誠なれや」（『マタイ』5・48）と。かくて、超越次元を内在次元につなぐ関係次元全うさるるなり、尊し！）

Ⅲ （2016年7月3日） 妻笑み――御友発見――原爆告白（必然性と現実性）――解題：四段階の歌十四首

（一） 妻笑みの歌二首

一 父さんな今最高に幸せや何でやノーちゃん皆やって呉れる

二 この会話続けおるうち知らざりきやがて絶して笑み増すを

（二） 御友発見の歌三首

三　さらにぞや驚きたるや切れ目なき笑み弾けしや御友いませば

四　世の中の幸不幸をぞ超えし事笑み増し妻や教示無尽も

五　かくてぞや我平安の境涯にまみえしもそも摂理なりけり

　（三）　原爆告白（必然性と現実性）の歌五首

六　我が妻の切れ目なき笑みなかりせば如何で原爆超ゆる境見む

七　この境や御友世界と我や知る今生滅しなほ不滅なり

　　（備考：ホ氏も言へり："We perish *and* are immortal." [PR, 351, 82]）

八　それ知りて常の言の葉ならずして日ノ本の歌心にぞ湧く

九　詠はばや切れ見なき笑み誘ひて御友共にて岸辺に遊ぶ

十　核時代そのコア矛盾告白の秋来るべしとの想到（必然性）や成る（現実性）

　（四）　解題四首

十一　想到や「風の歌」本仕事なりそれ成るやこれオバマ奇蹟ぞ

　　（備考：米の原爆告白なかるべからずとは我が想到（地球核文明脱却の必然性の自覚）なるも、オバマ告白抱擁奇蹟とぞ知る。こんな事そも軍略にあるなし。すべての地球人しかと知るべし。然れども、我が想到独自なり：御友神学なくば地球救済の必然性解明やなし。即ち、核文明米国始めし以上、これの軍略超ゆる「告白」なくば、地球文明無明に滅す――この事我が御友神学の「想到」するところなり。『良寛「風の歌」にちなんで――御友神学の省察』195－196頁、熟読参照：人類や核病理学渦中にやありてのたうつ罪人の群）

十二　オバマ氏の告白抱擁我詠ふこれ新著のぞ務めなりけり

　　（備考：『平安ありて平和なる――ホワイトヘッドの平和論、西田

哲学、わが短歌神学日記』前著の補遺なるも、新任務歴然たり）

十三　軍略も政略も超ゆ御友学「空神至誠至誠なれ」とぞ

　　　（備考：これ御友神学の告ぐる法源と命法なり。『マタイ』5・48、熟読参照）

十四　而してや御友神学御友のや学びて告ぐる福音げにも

　　　（備考：これ一切の専門的神学の思案にあらず。『ヨハネ』15・15、熟読参照）

　　　Ⅳ　（2016 年 7 月 4 日）　佳き日の歌八首

一　父さんや夜狛犬や共に住み我が涙拭くこれ信じてね

　　　（備考：新潟県立リウマチセンター入院の頃（2011 年 2 月〜 6 月）の事なり）

二　かく聴きて御友の使ひありてこそ妻慰むる我信じたり

三　看病にありとあらゆる気遣ひやなせるも我や狛犬信ず

四　病とは独り苦しむ時御友狛犬遣りて妻慰めし

五　そのうちに妻「カンファレンス」望みたり夜間箴言共作り佳し

六　God blessed the good day

　　　Of self-reflection

　　　And self-dedication

　　　（備考：延原信子・英文箴言第一条：『復活の省察［上巻］——妻と歌う：生くるとは深き淵より共々に甦ること喜びてこそ』（新潟・考古堂書店、2014 年 10 月刊）、63 − 67 頁、参照）

七　朗々と妻我と共吟じたり御友ありてぞ佳き日なれとぞ

八　最後の日妻最高に仕合わせと謝せる間もなく絶後笑み増し

　　　（備考：我が思索の四段階「妻笑み——御友発見——原爆告白（必然性と現実性）——解題」初めに「妻笑み」あるや、我に取りては命なり。

これなしには一切始まらず）

V　（2016 年 7 月 5 日）　今朝もぞやの歌六首
一　今朝もぞや歌作りてや我や知る生きの身挙げて仕事なせるや
二　仕事とは片付けあらず命のぞ再創造ぞ甦りなり
三　ある日我ローン完済報せ受く何やら仄と軽みでき
四　仕事あり軽みありとてこの命いよよ益々授かりものや
五　このうえは本作りにぞ邁進す益々仕事仄々軽し
六　熱誠の友や拙き我が歌を UP なさるや頭下がるや

VI　（2016 年 7 月 5 日）　御友なくばの歌十五首
一　バングラの惨劇げにや何の為奉仕事業の人材や逝く
　　（備考：バングラデシュの首都ダッカの外交商業地区にて 7 月 1 日夜、現地の武装グループが飲食店に侵入、人質を取り立てこもるテロが発生。同国警察が 2 日、店に突入し、制圧。国際協力機構（JAICA）のプロジェクトで滞在中の日本人 8 人のうち 7 人の死亡を菅義偉官房長官発表する。日本人 1 人救出。人質 20 人死亡。20 人以上負傷。実行犯 6 人射殺、1 人拘束の由。『新潟日報』2016 年 7 月 4 日付）
二　自らも撃たれ果つるや物とせず何故殺めるや死の国戦士
三　はたと我気付きたるなり御友命「わが羊飼へ」如何に尊き
四　平安ぞ平和生むとはこの事ぞペンテコステや御霊下りぞ
五　御霊ぞや下りてこそや何とせる御友復活解き明かしげに
六　誠にや「神性・父」を仰ぎてや御友我らに「汝も」と勧む
　　（備考：仰ぐこと、復活なり。『マタイ』5・48、熟読参照）
七　我悟る「神性・父」を至誠とぞ仰ぐ御友のなくば峻厳
八　神性や不動にしてや神峻厳御友祈りのなくて笑みなし

九　かくてこそ「神偉大なり汝死せよ」厳命のみの世界現出

十　誠にや御友神学なき世界回基対立峻厳極む

（備考：ホ氏も書けり："The notion of God as the 'unmoved mover' is derived from Aristotle, at least so far as Western thought is concerned.　The notion of God as 'eminently real' is a favorite doctrine of Christian theology.　The combination of the two into the doctrine of an aboriginal, eminently real, transcendent creator, at whose fiat the world came into being, and whose imposed will it obeys, is the fallacy which has infused tragedy into the histories of Christianity and of Mahometanism." [PR, 342]）

十一　イスラムの哲学中に必然者偶発者在り関係者無し

（備考：The Necessary Being = 神、the contingent beings = 存在者群、のみありてぞや、両者の間に関係者、ホ氏の言ふ「交互関係」《Reciprocal Relation》［PR, 351］なくば、その宇宙観「峻厳」なり）

十二　今次のやバングラ・テロの背後にや止むに止まれぬ哲学やあり

（備考：See L. E. Goodman, *Avicenna: Arabic Thought and Culture* [London and New York: Routledge, 1992], p. 65: "Ibn Sina's dichotomy between necessary and contingent existence, his assumption that the contingent requires a cause since there is no logical contradiction in its non-existence, and his reliance on *kalam* (i.e., Islamic dialectic theology) idea of a determinant of existence over non-existence, all bespeak his rationalism as clearly as his reliance on the assumption 'This exists' bespeaks his realism." 然れどもこの実存論「これ在り」や "This exists loyally and reciprocally." を明らかなさずや）

十三　御神や空至誠ます故にこそ御友仰ぎて至誠なれとや

（備考：『マタイ』5・48、熟読参照）

十四　しからずば至誠目的なき存在堪え得ずしてや自他や殺戮

十五　空爆もテロもあるなし至誠心目的なくば自他殺生ぞ

　　　（備考：天地に至誠心なくば、生くる「目的」なし。これ地球に
蔓延せる「空爆・テロの悪循環」の根本原因なり。今次これ日ノ本に向
かひたり。今や広島に現出せる「オバマスピーチ森氏抱擁」即共大悲発
揮すべし。人類須らく無明に在り。我ら無明大悲しつつ共々に往くべし）

Ⅶ　（2016年7月6日）　二元哲学から御友神学への歌六首

一　結局やバングラテロにも問題は「二元哲学禍の元」

　　　（備考：テロの根源──二元哲学）

二　如何に人従はせんと努（つとむ）るも神に至誠やなくば詮なし

　　　（備考：二元哲学の神学的欠陥）

三　不可逆の絶対者なる神やこそそれなる故に人従はず

　　　（備考：二元哲学の強制力傾斜──従はせるにや武力テロほかな
し）

四　御神や空に至誠におはしますこの御心を御友ほむるや

　　　（備考：御友神学の第一原理）

五　ほむる故汝も至誠にあれやとぞ御友懇望誠麗し

　　　（備考：御友神学の第二原理。『マタイ』5・48、熟読参照）

六　始原にや空自らを空じてや無自性なるやこれ神性ぞ

　　　（備考：御友神学の第0原理。これ内三位一体的神性「空自らを
空ずる空」なればなり）

Ⅷ　（2016年7月7日）　信頼一途の歌八首

一　我が妻や絶対的なる信頼を我に託してげに生きたりき

二　手術台「父さんとこに帰らばや何とかなる」と思ひたる由

三　「ノーちゃんやそれで何とかなりしかや」「大成りですよ有り難うね」と

　　（備考：この会話常に為したり）

四　誠にや驚くべきやこの信頼遂には妻や切れ目なき笑み

五　この人や一度たりとも死ぬ事や恐ろしと言ひし事ぞなきなり

六　十四年五月二十日に天父より我甦らせし信子と聴きし

　　（備考：朝夢になり。『復活の省察［上巻］——妻と歌う：生くるとは深き淵より共々に甦ること喜びてこそ』（新潟・考古堂書店、２０１４年１０月刊）、１８０頁、参照。以来我信子御神のメッセンジャーなりと信じて疑はず）

七　全くやなべて大きな信頼の内の出来事なあノーちゃんよ

　　（備考：そう、父さん、嬉しい嬉しい）

八　誠にやこれぞ我らの底抜けの人生なるよ信頼一途

Ⅸ　（2016 年 7 月 7 日）　春見るの歌五首

一　我が妻と春見るべしと思ひきや命輝く新発田病院

　　（備考：復唱。県立新発田病院にて２０１１年１月の事なり。『あなたにいちばん近い御方は誰ですか——妻と学ぶ「ラザロとイエスの物語」』（東京・日本キリスト教団出版局、２０１１年８月刊）、１３頁、参照）

二　この歌を再度しめさばとめどなく妻泣きとわにめうとと咽ぶ

　　（備考：豊浦病院（２０１１年６月１３日－１０月５日）にてなり。ちなみに、豊浦病院以前の入院歴：県立新発田病院（２０１０年１２月１日－２０１１年２月４日）；新潟県立リウマチセンター（２０１１年２月４日－６月１３日）なり）

三　いのちとはひとつなりけりまことにやこの世あの世の切れ目なくして

四　切れ目にや御友いまして天と地を結びて曰く「我が羊飼へ」

（備考：『ヨハネ』２１・１５‐１７、熟読参照）

五　「本作る父さんやって」求めしや妻の声にぞ御友おはすや

（備考：２０１４年２月１３日北越病院にて祖父江八紀ドクターの「何したい」とのご質問に妻「本作る」と応へ、ふと横向きて我に「父さんやって」と言ひし裏に御友いますを我直覚す。実に面白し。以来本作り我が神聖事業なり。かかる事もあるものなり）

X　（2016年7月8日）　この伝統の歌十首

一　世にもぞや輝かしきやこの伝統被爆日ノ本そもテロやなし

（備考：空爆受けし諸国決死隊テロに派遣せる現今の地球悲劇なるも、原爆投下さるるこの国テロ試みざりき。妙なる伝統かな）

二　謝罪げに求むることもせずしてや米核投下大悲せしのみ

（備考：大悲＝大いにその罪を悲しみ被害者を国籍を問はず哀悼せしなり）

三　この大悲森重昭氏示す如「原爆被害国籍やなし」

四　原爆のおぞましきその故や人類罪を始めしにあり

（備考：人類罪＝核時代の開始なり：第三の核投下為すものも為さるるものも核恐怖犯罪に苛まれのたうつ地球地獄に我らあり）

五　この罪や国対国の謝罪超ゆ天への謀反「コア矛盾」なり

（備考：人ありて "It's interesting to see that the Japanese don't ask for apology." とぞ言ふも、人類罪や余りに巨大。オバマ氏それ知りて的確にスピーチにて言ひけり："Yet in the image of a mushroom cloud that arose into these skies, we are most starkly reminded of humanity's core contradiction – how the very spark that makes us as a species, our thoughts, our imagination, our language, our tool making,

our ability to set ourselves apart from nature and bend it to our will
– those very things also give us the capacity for unmatched destruc-
tion." 「しかし、この空に上がったきのこ雲のイメージが、われわれに人
類のコア矛盾を想起させた。われわれを人類たらしめる能力、思想、想
像、言語、道具づくりや、自然界と人類を区別する能力、自然を意思に
屈させる能力、これらのものが比類ない破壊の能力をわれわれにもたら
した。」『新潟日報』2016 年 5 月 28 日付 14 面、参照)

　六　コア矛盾オバマ森がや二人して共大悲にて包みにけりや

　七　オバマ氏や広島スピーチ発してや森氏抱きて共大悲

　八　広島の大地に献ぐ共大悲「脱核時代」静かに始む

　九　憲法に「戦争放棄」言ひたるも共大悲こそ誠それなり

　十　平安やありて平和な今なるぞ共大悲なく非戦あるなし

　　　　XI　（2016 年 7 月 9 日）　歌深みにての歌四首

　一　時代のや深みに住むや歌のすべ我が妻絶後笑み増すが如

　二　　先達に御文いただき深みにて言の葉交はす命歓び

　　　（備考：小野寺功先生への我が返書 2016 年 6 月 20 日付なり：「拝
復　五月十七日付ご芳書誠に有り難う存じました。心より厚くお礼申し
上げます。いたらぬ論考に対しまして西田哲学のいう「絶対無に対する
ことによって絶対の有である」という真意の重要性を見る御立場から御
評言をいただきまして誠に有り難う存じました。

　その後右の拙稿とわが短歌神学日記を併せまして、はしがきを附し、
前著『良寛「風の歌」にちなんで──御友神学の省察』の補遺といたし
まして『平安ありて平和なる──ホワイトヘッドの平和論とわが短歌神
学日記』と言うような小著に筆を進めておりました。

　目次、はしがき蕪雑なものでありますが、ここに同封させていただき

ました。六月の歌と共に御高覧いただけましたならば誠に光栄に存じます。歌では恩師滝沢克己先生の「イエスに縛られない」「御神ご自身の表現点」の御思想に御友神学の香りを感ずるに至り、詠いました。誠に幸いな事に存じます。

　絶対無に対して絶対有に至るを、ホワイトヘッドの平安から平和へという立場に見つつ、漸く核体制を超出する時節到来とつよく感じて居ります。オバマ・スピーチを考察いたしました。今週いっぱいで完成いたしたく愚考いたして居ります。さて、どう相成りますやら。

　いよいよ猛暑の時、御自愛を心より御祈り申し上げます。

　右、御教導に心より謝しつつ

　草々不一

　2016 年 6 月 20 日　延原時行拝

小野寺　功　先生」

　小野寺　功先生御書簡 2016 年 6 月 30 日付、感謝無尽も！:「お便り有り難うございました。今度のご著書が、「平和基礎学としてのホワイトヘッド平安哲学」と「短歌神学日記」から構成されるとのこと、哲学と詩が結びつくという点でも、大いに期待されます。

　それにしても、いち早く「ポスト核時代」の問題を取り上げられたのは、実に先駆的でした。先日の朝日新聞に、珍しく柄谷行人さんが「押し付けられた日本ができる平和の世界革命」と題して、——憲法九条はカントの「永遠平和のために」、またアウグスティヌスの「神の国」にさかのぼる理念にもとづくということが論じられていました。

　カントの著書はよく話題になりますが、私の大学院時代の卒業論文は、アウグスティヌスの「神の国」についてでしたので、いい着眼だと思いました。私は京都学派の歴史哲学をさらに批判的に展開して、こうした問題にも切り込んでいきたいと思っています。

延原先生の哲学的神学は、「至誠心の神学」もそうですが、時代精神の核心をついていて、大変参考になります。「西田哲学から聖霊神学へ」は、小乗キリスト教から大乗キリスト教への転換を図ったものですが、キリスト教の核心はさらに深まったと考えます。聖霊は、すべての人（世界）に働くものですから。

　最晩年の良寛と貞心尼の最後のやりとりには、心底からゆさぶられるものがあります。これは延原先生と奥様との関係にも深くつながるものですね。

　延原先生のライフワークは、これからが本番と考えられます。私もこの歳でやっとキリストの御言葉の真実性と絶対性が自覚されるようになって参りました。

　御健康をお祈りしつつ、お礼まで。

　六月三十日　　　　　小野寺　功

延原時行様」）

三　歌とはや言の葉社会現象をただ追ふあらず心詠ふも

四　時代のや我歌人（うたびと）とならむ哉二元哲学超ゆる御友と

　　　（備考：二元哲学とは、超越次元（the Necessary Being）内在次元（contingent beings）の間に峻厳な対立を見て、両者の間に関係次元（ホワイトヘッドの言ふ《Reciprocal Relation》[PR, 351] を見ぬ種類の哲学なり。例えば、アヴィセナの哲学なり。その結語たるや、"This exists." なり。これ「アラー、アクバル（神は偉大なり）」との祝詞の哲学的表現ならん。イエスの神に対する祝詞は、周知の如く、「汝らの天の父が全きが如くな汝らも全かれ」（我が解釈では、「神性に父」至誠なるごとく汝らも至誠なれ）なり。ここに「神性に父」至誠なるを見る御方御友ありて、「汝らも至誠なれ」との命法を与へ給ふ。『マタイ』5・48、熟読参照。この事情を英語で哲学的に表現為すならば、This exists loyally and reciprocally. とならん。この表現を為すもの宇宙の関係次元なる御友なり。御友「友よ」と我らを呼び、活かすなり。これに反して、This exists. の場合、この断定を成すものは、一切の偶有者の死を宣しつつあり――モスレムも他者も。この宣言は、宗教的にして虐殺的瞬間を産むものなり。恐るべし。恐らく、This exists. の断定が、This exists loyally and reciprocally. へと変転なす時、イスラム的テロリズム静かに至誠心の愛の宗教へと成長せんと我思ふ。空爆の必要なし。問題は形而上学の変転なり）

XII　（2016 年 7 月 10 日）　今日も我の歌九首

一　今日も我御友神学至誠神称への歌を詠ふ嬉しも

二　至高のや御神空に至誠とぞ称ふ御友や告ぐ「至誠なれ」

三　もしもぞや神性無自性ならずばや Esse Ipsum（存在自体）権力の元

　　　　（備考：トマスはアヴィセナから Esse Ipsum（存在自体）を学び Esse Ipsum Subsistens（存続する存在自体）＝神とせるは、哲学的神学史上の有名なる事実なり。我ここにおいて両大家と異なれる見解なり。Esse Ipsum に代へて我、ホワイトヘッドの Creativity を形而上学的究極者として頂くなり。Creativity は、actuality/character を欠如なすなりとホ氏言ふ故なり（PR, 31）。この点、仏教の空＝無自性につながるなり。

　“The primordial nature of God is the acquirement by creativity of a primordial character.”（PR, 344）ここにあるごとく、Creativity（創造作用ないし創造活動）はその性格付けを具現するものなくしては、現実者にはならざるなり。原初の性格付けを「神の原初的本性」と言ふなり。神は、創造作用の性格付けを原初的に具現するものなる限り、創

造作用に「至誠」なるものなり。この場合「至誠」《loyal》とは、個別者が一般者に対する関係を指すなり（Josiah Royce, *The Philosophy of Loyalty*, 参照）。創造作用が「普遍の普遍」《universal of universals》（PR, 21）なる限り、具体者なる「神の原初的本性」はこれに至誠なる関係においてのみ初めて具現成すなり。即ち、簡潔に言はば、「神の原初的本性は創造作用に至誠なり」。この言明は、アヴィセナやトマスにおける「Esse Ipsum と神の同一視」の危険性を免るるものなり。危険性とは、Esse Ipsum を神の権力の源となせる故なり。これに反して我「神 Creativity に至誠なり」となすなり。かくして「神性に父至誠なり」（『マタイ』6・9」との真理、ホワイトヘッド形而上学からの論証なしたり）

　四　それ承けてそも絶対神ホ氏言ふや「不動の動者」歴史紊乱_{びんらん}

　　　（備考：See PR, 342.「不動の動者」とは、アリストテレスの概念にして、宇宙の外の「固定的実在」なる神が宇宙内の一切の者を「動かすもの」と見做すなり。これに反して、ホワイトヘッドは「神は世界の中にあるなり」とし、創造作用に至誠なる御方と見做すなり）

　五　この地球ヘイトクライム言ふ名のや病蔓延尊敬や死す

　六　悲しきや至る所に銃撃戦この上に核用ふなかれや

　七　されどもや御友静かに呼び給ふ「友よ」御神の声聴けやとぞ

　　　（備考：これ万人に尊敬すべき価値ありとのメッセージなり：『ヨハネ』15・15、熟読参照）

　八　かくてぞや御神至誠にましますと御友告ぐるや嬉し嬉しや

　九　人類_{ひと}今や This exists. にや加へてぞ loyally and reciprocally 言はんかなげに

XIII　（2016 年 7 月 11 日）　畢竟やの歌六首
　一　畢竟や宇宙終局何望まむ平定かそも至誠心かや

二　至高のや御神空に至誠とぞ称ふ御友や告ぐ「至誠なれ」

　　（備考：『マタイ』5・48、熟読参照）

三　麗しき御友の称へなくばぞや「空神至誠」如何で知らむや

四　御友のや御告げありてや我ら知る僕にあらず我神の友

　　（備考：『ヨハネ』15・15、熟読参照）

五　永久（とわ）に我御神の友と御友言ふこれぞ誠の平安なるや

　　（備考：ホ氏も言へり："God is the great companion, the fel-low-sufferer who understands." [PR, 351] あくまで下へ慈悲在りて、なほ天の心を理解為す、これぞ「ロゴス " 神 "（冠詞 ho 付かぬ theos）なり」（『ヨハネ』1・1・第三項）と言はるる御友のや、交互的なる存在様態なり。かくて我が命題 "This exists loyally and reciprocally." 明らめられたり。This とは、イスラム哲学において（至高者＝神）のことなり。トマス・アクィナス以来、アヴィセナより存在論（Esse Ipsum）学びたるうえ、神を "Esse Ipsum Subsistens" とせしことにより、イスラム哲学に対峙せしカトリック神学生まれたり。これ神学的「封じ込め」（containment）と言はれたり。この辺りの事、拙著『ホワイトヘッドと西田哲学の＜あいだ＞──仏教的キリスト教哲学の構想』（京都・法蔵館、2001 年）プロローグ：仏教的キリスト教哲学の形成要素、参照のこと。ただし、我が思索は、いずれとも相違して、（1）まず、「神性・父」に関して This exists loyally. と述ぶるなり；（2）次に、この命題を称へる御友神学の命題として、and reciprocally と付加することにより、全体として、This exists loyally and reciprocally. といふ新命題を提示するなり）

　　六　かくあらば平安ありて平和なる御声刻々「わが羊飼へ」

　　（備考：『ヨハネ』21・15 − 17、熟読参照。ご笑覧の通り、我が述作は、聖書典拠を挙げたうえ、形而上学的考察を徹底的に巡らすごと

き、短歌神学日記なるべし。そこに至るためには、日々の歌胸奥をついて出づるべし。これ、ホワイトヘッド的に言はば、（１）「ロマンス」の段階としての歌詠み：（２）「精密化」の段階としての聖書読み：（３）「普遍化」の段階としての形而上学的思索、の三段階あるなり。（３）では、ホワイトヘッドの著作の吟味、恩師滝沢克己の純粋神人学の再吟味等、思索や楽し。（１）では、我が妻絶後笑み増しの歌無くば我にロマンスなき如し。（２）では、聖書の徹底的身読我が楽しみなり。これら三要素、わが短歌神学を構成なせる如しなり）

XIV　（2016 年 7 月 12 日）　在天の父の歌八首

一　アヴィセナもトマスも Esse 思索すも御友告ぐるや「在天の父」

二　御友告ぐ「在天の父」空にぞや至誠なる方「汝至誠なれ」

　　（備考：『マタイ』5・48、熟読参照）

三　Esse をぞ至高の神と同定す其処に至誠のそも在るやなし

四　かくてぞや至高存在厳命（fiat）と化して歴史の悲劇幾重も

　　（備考：ホ氏も言ふなり："The notion of God as the 'unmoved mover' is derived from Aristotle, at least so far as Western thought is concerned. The notion of God as 'eminently real' is a favorite doctrine of Christian theology. The combination of the two into the doctrine of an aboriginal, eminently real, transcendent creator, at whose fiat the world came into being, and whose imposed will it obeys, is the fallacy which has infused tragedy into the hitotories of Christianity and Mahometanism."[PR, 342] 現今の回基対立もともとや、Esse＝絶対的なる誤れる「存在」の形而上学の反映ならむや。ホ氏の言葉聴くべし）

五　至誠心欠片も見へぬ Esse 界不可逆神や恐るべきなり

六　御友はや御父空に至誠故宇宙至誠に満てよ告げます

（備考：『マタイ』5・48、熟読参照）

　　七　聖書言ふ「天にまします」げにもぞや天に至誠の御父御事
（備考：「まします」＝「於いて在る」（西田）＝「至誠なり」（延原）
なり）

　　八　天とはぞげにも「ロゴスの神共に」まします場所ぞ栄光無尽
（備考：『ヨハネ』17・24、『ヨハネ』1・1・第二項「ロゴス神共に（pros
ton theon）」、熟読参照）

　　　　XV　（2016年7月13日）　幾たびぞの歌十首
　　一　幾たびぞ我が妻絶後笑み増しを詠ひしや我思ひ出ぞ増す
　　二　歌こそは天父御許に新たにぞ笑み増し妻の思ひ出積まむ
（備考：なあ、ノーちゃん。そう、父さん、嬉しい嬉しい、有り
難うね）

　　三　生くるとは歌作りてや称ふ事己が事のみ求むぞや貧
（備考：己が事＝地上の事なり）

　　四　在天の御父に向け御名御友崇めまつるやげに我が歓喜
（備考：天にまします我らの父よ、願はくは御名（＝御友、御父
を称ふ御子）を崇めさせ給へ。『マタイ』6・9、熟読参照。「在天
の父」「御父を称ふ御友」「御友を崇む我ら」――此処に至誠の三連携あり。目あ
る者見るべし）

　　五　のみならず笑み増し妻の歌詠むや御国の歓喜賑はひてあれ
（備考：天の賑はひ喜ぶや歌なり）

　　六　何時の日か我も御国に至りてや御父御許に我が歌や見む
（備考：我が歌天にて思ひ出として献納さるる故なり。これ「天
に宝積む」ことなり）

　　七　楽しみや歌のみならず笹団子ひそと送れば友方や笑む

八　御友のや「わが羊飼へ」御声あり応え行きてや歓見る嬉し

（備考：天の賑はひ地に繋ぐ事平和なり。平和御友命法「我が羊飼へ」に従ふにあり）

九　人生や楽し楽しの絵巻物ただ御友のや御声きかむと

（備考：きく＝聴従なり）

十　何時の日か御父御許に至りてや天にて絵巻観る楽しからむ

（備考：天にて観る＝永生の歓びこれなり）

XVI　（2016 年 7 月 14 日）　笑み語るの歌七首

一　御国往くその喜びの大いなる我が妻切れ目なき笑み語る

二　この世のぞ如何なる幸も超ゆるこそ絶後笑み増し笑みや増すなり

三　笑みや増すその勢や絶ち難く笑む妻や笑む溢る如くに

四　死ぬことを露怖れざる我が妻や汝が笑みこそや御国の笑みや

五　御国笑み我が友絶後面にあり日々の祈りに感ず嬉しも

（備考：木原和彦兄 3 月 21 日枚岡教会告別式にての御顔輝きてあり、嬉しや。なほ、日々の祈りに御父御祝福を祈りつつあり、我が胸に暖雪降るや、嬉しも）

六　我が妻も友も往きしも絶後笑みただ笑み増すや嬉し嬉しも

七　天父のやいます御国に友飛翔嬉しさに泣く御令室そも

XVII　（2016 年 7 月 15 日）　注文せんかの歌八首

一　英文著友らと出すも高価本どれアマゾンに注文せんか

（備考：*Living Traditions and Universal Conviviality: Prospects and Challenges for Peace in Multireligious Communities*. Edited by Roland Faber and Santiago Slabodsky.　Contributions by Bradley Shavit Arison; Dan Dombrowsky; Drianne Donaldson; Jacob Erickson; Roland

Faber; Meijun Fan; Catherine Keller; Ian Kluge; Jay McDaniel; R. Robert Mesle; Tokiyuki Nobuhara; Steve Odin; Santiago Slabodsky; Helene S. Jamir and Constance Wise（Lanham/Boulder/New York/London: Lexington Books, 2016）なり。一部 $ 95.00 とは驚きぬ。アマゾンにて注文せり）

　二　我が章や「二究極者の問題と神エコゾイックス」提題とすや

　　　（備考：Chapter 12: "The Problem of the Two Ultimates and the Proposal of an Ecozoics of the Deity" なり）

　三　これ承けて「神エコゾイックス：ホ氏冒険、復活形而上学」書きぬ

　　　（ 備 考：See Tokiyuki Nobuhara, "Divine Ecozoics and Whitehead's Adventure or Resurrection Metaphysics,"*Open Theology 2015*; 1: 494 − 511）

　四　何にせよ声を出だせよさもなくば汝が思想をば誰が聴かんぞ

　五　天来の御声激励あればこそ心底よりぞ謝意や幾筋

　六　ほんのぞや幾筋かのや我が思想御友に応へ我綴りたり

　七　我が微意を国人にもと表せる「風の歌」本誠嬉しや

　　　（備考：『良寛「風の歌」にちなんで──御友神学の省察』（新潟・考古堂書店、2016 年 3 月刊）

　八　嬉しとや今日も綴るは「補遺」なるよ御友神学その細目ぞ

　　　（備考：本書なり）

XⅧ　（2016 年 7 月 16 日）　偶にはやの歌七首

　一　偶にはや書きし歌持てながしまに休憩ゆくや心持佳し

　　　（備考：ながしま＝ JR 新発田駅前の老舗寿司処なり）

　二　我が歌を心込めてぞ読むうちに心の温みいよよ増すなり

三　どの歌も御友に献ぐものなれば心温みや御友に在りて

四　ただ信ず言ふのみにてや非ざるや歌に刻みて献ぐ嬉しや

五　朝夢に「在る」と言ふこと悟りけりこの世に在るや神に在りてぞ

六　御神在りこの世に在りと言ふまでや御友に在りて拡がりにけり

　　（備考：『ヨハネ』15・15. 熟読参照。在りの三態なり）

七　かくあれば御友在りてぞこの世から御神深みに御運びや在り

　　（備考：在りの三態遡及あり。これ御運びなり。御運び在りて大
乗キリスト教成るなり）

　　　XIX　（2016 年 7 月 17 日）　笑み増しやそもの歌五首

一　永久命その有り難さ思ひてや我が妻絶後笑み増しやそも

　　（備考：なあ、ノーちゃん。そう、父さん、嬉しい嬉しい）

二　我が妻や切れ目なき笑みげにもぞや岸辺の御友称へまつりて

三　何があり何がなくとも御友こそ命御神と世の絆げに

四　滅するも不滅なるなり汝が命如何で笑みこそ零れざらむや

　　（備考：ホ氏も言へり："We perish *and* are immortal."[PR, 351,
82]）

五　汝が笑みや命の在り処御友とぞ示しけるかないと尊しや

　　　XX　（2016 年 7 月 17 日）　またまたぞの歌三首

一　またまたぞ仏ニースにてテロありき暴走車のや犯人チュニジア

　　（備考：14 日夜、日本時間 15 日朝、仏でテロ 84 人死亡。花火客
にトラック。ニース 50 人重体、運転手射殺。『新潟日報』7 月 16 日付）

二　チュニジアと言へば基教の聖者なるアウグスティヌス生国と知る

三　幾重もの変転ありてチュニジアよ汝聖者のぞ誉れこぼちぬ

XXI （2016 年 7 月 18 日） 歌人の歌十五首

一　天地のや音信録さむ今日の日もこれ歌人の仕事なりけり

二　ホ氏哲理経験一切説明す我在るなべて示すや歌ぞ

　　（備考：経験の一切を説明せむとするホワイトヘッド哲学、経験の一切を詠はむとせる和歌といと酷似せるとは、我が確信なり）

三　御友歌詠ひてこそや日ノ本に基教和讃を我や伝へむ

四　親鸞が弥陀を称へし和讃こそ御友の歌と通う道なり

五　今日の日も歌打ち込みて献ぐこそ御友和讃の道尊けれ

六　我が仕事御友和讃の歌にあり意気阻喪する暇やなきなり

七　御友歌地球を覆ふ妄想の猛々しきを「友よ」と宥む

八　それはしも超越次元発すとも地の果てまでも「友よ」と御声

九　如何なるの不可逆神も恐るべし空爆テロと審判過酷

十　何故に「神性・父」の至誠心汝見ざるやと御友のたまふ

　　（備考：『マタイ』5・48、熟読参照）

十一　宗教や絶対言ふも否定せよ冒険なしに何の救ひぞ

　　（備考：常に引くホ氏の言葉次の如くなり："In this Supreme Adventure, the Reality which the Adventure tansmutes into its Unity of Appearance, requires the real occasions of the advancing world each claiming its due share of attention."[AI, 295] 冒険とは、固定的絶対神の自己否定にして、それありてこそ世界の無視されたる一々の物の注目要請受け容るるの冒険、即ち、神の御友における復活と被造物の復活の「同時あらはれ」《its Unity of Appearance》あるなり。神の子イエスの復活だけを言ひ募る神学、片手落ちなり。かかる見方採用しながら、御友の「我が羊飼へ」との御言葉の真意覚る事不可能なり。なんとなれば、これ主と我らとの「復活共同体」の中にてこそ意味発揮すべき御声なればなり。人に「あれやるな」「これやれ」と禁止命令を突きつけるだけ

の「神性・神」には御自らの内に「形而上学的究極者」《空・三位一体的神性・Esse》への「宗教的究極者」《神・父・阿弥陀仏・アッラー》の至誠心を認むる誠意なし。我この誠意御友に発見せり。故に、御友「汝らも至誠なれ」との招喚なさるなり。ここに、天にまします我らの父［神性・父］よ、願はくは、御名［父の命名・子の受名］を崇めさせみ給へ［我らも至誠ならせ給へ］との三段階の至誠心の連携あるなり。それでなくて、如何にして信仰の真の発現あるや。不可逆神の恐るべき厳命（fiat）のみの宗教性には、神の自己否定の冒険なし。従って、人の喜びと感謝の応答としての信仰の発露なし。実はこれこそ、現在の地球規模での「回基対立」の形而上学的根源なり。この問題、従って、軍事的戦略論にて解明なすこと不可能なり。最近、論じられる「中国の国内海洋両面における覇権主義」についても、問題は同様なり。ことにチベット仏教との誠意ある対話は、世界の良識ある人々の深く欣求するところなり。軍事戦略的覇権主義を超えて、原爆投下の悲劇とその犠牲者に（それが何国籍の人であらうと）哀悼の誠を捧ぐこと、これオバマ米大統領と日本人被爆者歴史研究家森重昭氏によって友情の内に為されし「広島共大悲」なり。核体制よりの脱却ここに始まれり。我これを「平安ありて平和なる」と把握するなり。第一章、参照。ここに、日本国憲法前文における「対等関係」の再定義為されたること、改憲論者も護憲論者も、新たに見極める謙虚なる度量必要なり。即ち、「対等関係」まず「共大悲」に於いて認むべきなり。それ「平安」なり。ホ氏の言ふ「青春と悲劇の統一」なり、かくしてこそ具体的なる「平和」成就するなり）

　十二　冒険や在りてこそなり神と人ともあらはれの復活歓喜
　　　（備考：「ともあらはれ」＝《its Unity of Appearance》なり）
　十三　我が妻や絶後笑み増し不思議やも深き低みの底ぞ飛翔す
　　　（備考：復唱）

十四　汝が笑みや生涯の際溢れてや絶後いや増す御友いませば

　　　（備考：復唱）

十五　切れ目なき我が妻の笑み告ぐるこそ生死一体いのち祝福

XXII　（2016年7月19日）　歌詠みての歌八首

一　歌詠みて時代の深み知るやこそ我が人生の楽しみなれや

二　誠にやオバマ広島スピーチや歌詠みてこそ心沁みるや

三　これ誠げに切れ目なき妻笑みを詠ひてやこそ知る境地なり

四　我が妻や絶後笑み増す平安の迫りてこそや我オバマ知る

　　　（備考：これ我が時代認識の歌人的機微なり。知る人ぞ知らむ）

五　人如何に近くゐるとも歌心なくば千里も離れおらむや

六　日常の平坦ふとや踏み越えて歌詠む時ぞ我時代知る

七　我が妻の切れ目なき笑みなくしてや如何で時代を我知らむかな

八　朝夢に「在る」と覚ゆる文字こそは深きも深き消息の声

　　　（備考：これが「在る」や、なあ、ノーちゃん。そう、誠に、父さん、
そう）

XXIII　（2016年7月20日）　言ふことやなしの歌十一首

一　生涯の時々を我詠ひてや天地の前に出だす嬉しも

二　我が母も妻も往かむとせる時や御国の光亨けて笑みたり

三　今生を共に歩みし我ならば言ふことやなしこれ程の幸

四　歌詠ふことほどのぞや礼節やあることなしと思ひ謝するや

五　いままでに詠ひし作を収めたる一々の書や光沢や増す

六　何故か重ねし月日磨きてや一々の書や凛とせるかな

七　直ぐにぞや売れむ哉とや思はずも天地の前に磨く我なれ

八　かく思ひおりし折なり西田論心にしかと甦りけり

（備考：拙稿「西田における哲学と宗教——ハーツホーン、滝沢、トマスとの対話のなかで」『西田哲学年報』第5号、平成20年7月、45‐62頁、参照）

　九　純粋の経験よりぞ翻り創造作用説きしや流石

　（備考：これ我が西田論の粋を言ひ表せるや。結語以下の如し：「結語：西田哲学の全体観——創造作用の形而上学

　今、全体を振り返って見れば、西田哲学の全体性「純粋経験——自覚——場所」（A－B－C連関）の中で、（A）純粋経験の背後に「絶対自由の意思」——翻って己自身を見る——無限なる世界の創造的発展」（a－b－c）が窺われ、（B）自覚の絶対の背後に「自己成立の根源——神又は佛の呼声——宗教的自覚」（d－e－f）が悟られ、（C）絶対者の再構想の焦点に「絶対無——絶対——絶対有」（g－h－i）が浮かび上がってくる。（B）自覚と（C）絶対者とは、ここまでの考察において詳しく見たように、等根源的組成をなすのであるから、「逆対応」の神哲学的ヴィジョンが両者を統一する。それを足掛かりにして、西田は、仏教的弁証論を彼独自の万有在神論 Panentheism として構築したのであった。

　では、こうした西田哲学の最終的全体観を統一的にどのように把握すればよいのであろうか。私はまず、彼の根源把握が、「自己成立の根源かつ絶対無」からなる「絶対矛盾的自己同一の世界意」（ここで世界と言うのは、通常の意味ではなく、究極的実在の意味であろう）の言表に至っていることに注目したい。次に、自覚の絶対契機と言うか、「神又は佛の呼声」ないし（絶対者の場合だと）「絶対無にに対する姿」（至誠心）が焦点を成していることに注目せざるを得ない。「自己自身の中に形而上学的世界（自己矛盾的同一の世界）が自己を表現する」ことが焦点の

活動である。第三に、我々の宗教的自覚にしても、神の絶対有への翻り（神は世界に於いてある）にしても、新しいものの形成に向かうものだ。

　これらの三段階をすべて網羅して動かしてゆくものが、遂に、創造作用として明らかにされている。曰く、「創造作用ということは、（Ａ）多と一との矛盾的自己同一世界が、（Ｂ）自己自身の中に自己を表現し、（Ｃ）何処までも無基底的に、作られたものから作るものへと、無限に自己自身を形成して行くと云うことに他ならない」（ⅩⅠ：400）。ここに、西田哲学の初心「私は（Ａ）純粋経験を（Ｂ）唯一の実在として（Ｃ）すべてを説明して見たい」が創造作用の形而上学の立場から、完成されているのを見る。日本の敗戦も間近な昭和二十年の初夏、西田幾多郎は、これだけの事を完成して逝った。何と言う大きな達成であろうか。その巨大さ、その未来性、その強靭さに、私はただただ驚くのである。純粋経験の哲学は、創造作用の形而上学として完成したのである。」（59頁）

　この一文を草したる時の感動を我忘れず。純粋経験の哲学が、死の自覚を潜って、涅槃即ち「平安」に達し、其処から翻って創造作用として「平和の形成」に至る、これ西田の哲学の全体像なり。敗戦の真っただ中にて彼このヴィジョン持ちて逝きぬ。今、オバマ米大統領の広島平和スピーチと森重昭氏抱擁の絵解きなすもの、長く論じまた詠ひ来たりし「平和基礎学としてのホワイトヘッド平安哲学」と共に「西田の、純粋経験の哲学、死の自覚を契機に翻りし、創造作用の平和哲学」なること、我が主張なり）

　十　敗戦の只中にてや表せる博士大業ホ氏に酷似す
　　（備考：疑ふ人あらば、以下のホ氏『観念の冒険』最終の言葉心して参照すべし："At the heart of the nature of things, there are al-

ways the dream of youth and the harvest of tragedy. The Adventure of the Universe starts with the dream and reaps tragic Beauty. This is the secret of the union of Zest with Peace: --That the suffering attains its end in a Harmony of Harmonies. The immediate experience（純粋経験と読め）of this Final Fact, with its union of Youth and Tragedy, is the sense of Peace. In this way the World receives its persuasion towards perfections（創造作用即平和と読め）as are possible for its diverse individual occasions."[AI, 296] 両巨人の酷似、オバマスピーチ抱擁を抱擁なすなり。如何に尊き！）

　十一　新著にやホ氏と西田を盛りてぞや平安哲学東西交流

　　　（備考：かくてここに至りて、最終的に、本書表題：『平安ありて平和なる──ホワイトヘッドの平和論、西田哲学、わが短歌神学日記』となしたり）

XXIV　（2016 年 7 月 21 日）御友いませばの歌八首

　一　汝が笑みや生涯の際溢れてや絶後笑み増す御友いませば

　　　（備考：復唱）

　二　我が妻の切れ目なき笑み映してや切れ目なき歌御友献げむ

　三　今生を歌詠むうちに永久命包みにけりや御友遍満

　四　西田言ふ創造作用成るはぞや御友降霊ありてこそなれ

　五　降霊や「わが羊飼へ」御声ありこの世の機縁聴従なすや

　六　事はげに地球覇権に非ずして御友説得納得やそも

　　　（備考：海洋の掟正にそれなり）

　七　況やぞ核脅威にぞよらずして天の声聴く理性に依るや

　　　（備考:現今益々地球の基準「核脅威」あらずして「天の声聴く理性」にありや。それなくば、「失格」と判定あり。これ地球民主主義と言はれん。

次の被爆地訪問長崎ならむ。行く人カナダ外相やも。オバマ広島宣言いよよ進まむ）

　八　平安やありてこそなれ平和なる笑みの色調時代の心

　　　（備考：時代の心に関して我ホ氏の以下の一行甚だ好むものなり："In this way the World receives its persuasiopn towards such perfections as are possible for its diverse individual occasions." [AI, 296] 説得（persuasion）や何なるか。我答へむ：御友の求め「我が（復活者の）羊飼へ」なり。当然のこと、「羊」膨大なる「死して甦らされし者たち」「地球上のわずか１％の富者ならず、99％の貧者」含むなり）

XXV　（2016 年 7 月 22 日）　御友御声聴けの歌五首

　一　地球のや倫理原則ありとせば御友御声ぞ「我が羊飼へ」

　　　（備考：『ヨハネ』21・15 － 17、熟読参照）

　二　これ誠宇宙復活御友のぞ命法なるや汝心せよ

　　　（備考：御声「わが羊飼へ」の前提や、『汝これらの物（注。ペテロの旧来の生業なりし漁業の必要物：舟、網等々——即ち、宇宙を具象的に表すもの』の問なり。この点、ちなみに、「これらの人々が愛するより我を愛するか。」（聖書協会訳、新共同訳の「世紀の誤訳」）は全く的外れなり。そこに地球の倫理原則のアイデア欠片も見られず。山本良一東大名誉教授、国際基督教大学教授 8.29 レジュメ「エシカルランチ講演」の地球貴重論、参照せよ。山本先生の今朝 7 月 22 日のメール御芳書拳拳服膺なすべきなり：「延原先生　猛暑の中お元気にご活躍のご様子何よりと存じます。風のたよりは小生には難解の所もありますが楽しみに読ませて頂いております。添付は猛暑の中最近まとめた小文です。ご笑覧頂ければ幸いです。長年なぜ宇宙が不必要にかくも巨大なのか疑問に思っておりました。知的生命の出現確率がきわめて小さい事を考え

ると宇宙がかくも巨大であればこそ我々人類が誕生できたと思えて少し
得心した気になっております。

健康にはくれぐれもご留意下さい。

山本良一

国際基督教大学、山本エコプロダクツ研究所、日本環境ビジネス推進
機構［JAEB］）

三　核体制この命法に抗するや甚だしきやオバマ懺悔す

四　宇宙にや倫理原則貫徹すしからざればやこの地球なし

五　核体制倫理原則いずれがや地球命か御友声聴け

XXVI　（2016 年 7 月 23 日）　今朝の心地の歌七首

一　今朝もぞや輝くばかり復活の歓び享けて目覚める哉

二　我が妻の絶後笑み増しもろともに味合ひゆくや今朝の心地よ

三　この大地宇宙的にぞ貴重なる惑星なるや奇しき恩寵

　　（備考：山本良一教授「地球のような惑星は宇宙的に見て稀であ
るという仮説とエシカル消費」より学ぶ（1）：「私たちの太陽系が属す
る天の川は宇宙誕生後、わずか 10 億年程で誕生し、2 千億個の星からな
る。宇宙には 1 千個以上の銀河があると言われている。この宇宙自体は
138 億年前にビッグバンによって誕生し、70 億年前より加速膨張してい
る。天体が我々から遠ざかる速さ（後退速度あるいは膨張速度）はその
天体までの距離に比例し、その比例定数はハッブル定数と呼ばれ、326
万光年当たり 67 ｋｍ／s である。宇宙の 96％は謎の物質やエネルギーか
らなっており、私たちが解明できたのはその 4％に過ぎない。しかしこ
の 1 世紀の科学の進歩によって人類の宇宙、地球、生命の進化について
の知見は飛躍的に高まった。その重要な結論の 1 つは、私たちが生命の
誕生と進化を許容する幸運な宇宙、奇蹟の惑星に生きているという事実

である。重力、電磁気力、強い力、弱い力の相互作用定数が現在の値より大き過ぎても，小さ過ぎても現在のような宇宙を形成することができない。相互作用定数が極めて限られた範囲の値にない限り、宇宙は生命を誕生、進化させることができないのである。あたかも自然法則の基本定数は、生命の誕生と進化を許容するように微調整されているように見える。まことに不思議である。

　その説明は無数にあり（多重宇宙）、知的生命が誕生・進化できる宇宙のみが実際に観測されるというものである。1000という数にはゼロが３つあるが、この無数の宇宙の数はひも理論によれば、何とゼロが500個もつくような巨大な数であるという。確たる実験的証拠はまだ無いが、私たちが幸運な宇宙に住んでいることは紛れもない事実である。」（2頁）

　哲学的に言ふならば、宇宙は客観的に進化しつつあると同時に、「幸運なる宇宙なり」と言ふ主観原理を必ず伴ふなり。それが宇宙なり。客観的なだけの宇宙あることなし。これ宇宙の特性なり、と我言ひたし）

　四　数知れぬ危機ありてもぞ見よ此処に神エコゾイクスげに働けり

　　　（備考：「神エコゾイックス（エコ生命学）」《Divine Ecozoics》とは、トマス・ベリーが The Ecozoic Era（エコ生代）と言ふ「時代論」を、近代石油産業文明が6500万年前からの The Cenozoic Era（新生代）を石油の掘削蕩尽により破産させた故、これに代わる新時代を「エコ」を中心に人類が「地球と照らし合ふ文明」の創造によって開拓するべく、提唱なしたる事を受けて、我延原がその根拠として提唱せる「形而上学的神学」なり。奇しくも本日午前、拙稿 "The Problem of the Two Ultimates and the Proposal of an Ecozoics of the Deity"（「二究極者の問題と神のエコゾイックスの提唱」）を第十二章に含む、十五名の著者による共著：Living Traditions and Universal Conviviality：Prospects and Challenges for Peace in Multireligious Communities, edited by Roland

Faber and Santiago Slabodsky（Langham/Boulder/New York/London: Lexington Books, 2016）アマゾンによって到着せり。

山本教授論考に学ぶ（２）：「さて、地球は３０km/sの速さで太陽の周りを１年かけて回転している。地球と太陽の距離は１億５千キロメートルで、近すぎず、遠過ぎず（生命居住可能領域）、地球表面には水が存在し生命の誕生と進化に有利であった。

太陽系は天の川銀河の中心から2.6万光年の距離を240km/sの速さで２億年の周期で回転している。太陽系が誕生して46億年が経過したが、その間23周したことになる。天の川銀河自体はウミヘビ座の方向へ、600km/sの速度で疾走している。これはなんと１日に5,184万kmの距離を進む速度である。

天の川銀河の中心部にはブラックホールや活発な活動をする星々があり、一方、周辺部には生命を構成する多様な元素が存在しない。太陽系は銀河の中心から近すぎず、遠すぎずの生命の誕生と進化に有利な領域（銀河生命居住可能領域）で形成された。

実は太陽系の構造もシンプルで地球で原始的生命が誕生し長い時間をかけて進化するのに有利であった。太陽の周囲を惑星が同心円状に、ほぼ同じ平面を同じ方向を回転していて、この軌道は数十億年安定していたと考えられている。巨大惑星の木星が地球に代わって多くの隕石を吸収してくれた。地球に大きな月があるために地球の軌道傾斜角が長時間安定に保たれた。

地球の軌道の離心率は0.017でほとんど円軌道であり、太陽からの距離の変化が少なく生命存在に有利であった。太陽の質量についても、最も重い星は太陽質量の100倍も質量をもち、最も軽い星は100分の１程度であり、星が放出するエネルギーが生命存在に適度であった。さらに地球に似た惑星は既に２千個程度発見されており、広大な宇宙には太陽

系に本当に似た恒星系が存在する可能性はあるかもしれない。しかし以上の議論から地球が生命の誕生、進化に有利な奇跡の惑星であることが了解されるのである。

地球は誕生以来、火の玉地球、水惑星、陸と水の惑星、生命の惑星へと進化し、その後は生命と地球が相互に影響を及ぼしながら共進化してきた。原始的生命は地球誕生間もない40億年前に誕生した。しかし原始的生命から多細胞生物の誕生までに何と宇宙の歴史の1/4にあたる34億年もの歳月を要した。6億年前のカンブリア大爆発によって今日の動物のほとんどすべての祖先が誕生した。その後、少なくとも5回の動物種大量絶滅を経て700万年前に人類の祖先が誕生した。人類も判明しているだけで、19種が絶滅し、私たちの直接の祖先ホモサピエンスが出現したのはやっと20万年前のことである。ホモ・サピエンスも7万年前のインドネシア・スマトラ島のトバ火山の大噴火による寒冷化の影響で人口は1万人程度に減少したと推定されている。このはるかなる生命進化の旅程を経て私たち、一人一人があるのである。これを要するに、私たち一人一人の存在に全宇宙が関与していると言っても過言ではないであろう。」)

五　究極の神意あるやは御友のぞ「我が羊飼へ」命法に在り

　　　（備考：この命法は、138億年の宇宙歴史にわたって投げかけらるるものなり。もしも今日の科学的観点（注。山本教授論考、参照）を受容し、御友神学よりするならば、キリスト教は宇宙教ならざるべからず）

六　この命法宇宙歴史の全域を眺む復活視点からぞや

　　　（備考：山本教授論考から学ぶ（3）：「地球のような惑星は宇宙的に見て稀であるというレア・アース仮説：

私たちの体は60兆個の細胞と100兆個の細菌などからなることを考えるだけでも、細胞が1つだけの原始的生命からの人類への進化に40

億年という途方もない時間がかかったことが了解されるのである。原始的生命の誕生、生命の暗号ＤＮＡの形成、光合成の開始、複雑な細胞の誕生、有性生殖の開始など生命進化の跳躍が続かなければ今日の人類の誕生は無いのである。また原始的生命から知的生命までの進化は一直線ではなく、様々な偶然が介在したことは、知的生命の出現が極めて稀であるという仮説はレア・アース仮説と呼ばれていてピーター・ウォードとドナルド・ブラウンリーによって提唱された。これまでの議論から地球に類似した惑星は宇宙に大量に存在するかもしれないが、複雑な生物、知的生命の存在はきわめて稀であると考えられるのである。銀河は密集して分布しているが、星の平均間隔は５光年程度と散らばっており、例え近傍に知的生命、地球外文明が存在したとしても交流するのは物理的に困難である。少なくともこの半世紀にわたる電波観測によって地球外知的生命の発する電波は観測されていない。

　人類の存在にとって地球生態系（自然）は不可欠であるが、一方知的生命である人類を失えば自然は盲目となるのである。人類と自然は共に宇宙的に貴重であると言っても過言ではないであろう。」（3－4頁）

　そもそも、宇宙の鏡としての知的生命なる人類を必要視するものは誰か。宇宙を超えて宇宙を包む者でなくてはならぬ。復活者御友なり。而して復活者「アブラハムの出でぬ先より在る《我》」（『ヨハネ』8・58）なることにより、全宇宙史と共に在るなり。かく見れば、御友神学宇宙的神学ならざるべからず）

　七　御友がや宇宙史共にあればこそ復活こそぞ進化の鍵ぞ

XXVII　（2016年7月24日）　御旨まにまにの歌八首

　一　今日こそや七十九回誕生日「我が羊飼へ」御旨まにまに

　（備考：我1937年7月23日この地球に誕生せり）

二　この命法友や「エシカル消費」とぞ名付けしやそれ聖域保存

　　（備考：山本良一教授論考より学ぶ（４）：「地球生態系に深刻な影響が出始めている一方で、南北格差や様々な社会的問題が山積している。ホモ・サピエンスは奇跡の惑星の持続可能性のために今こそ渾身の力を発揮しなければならない。〝行きては到る水窮まる処、座しては看る雲起るの秋〟　この夏季休暇にには読者は様々なパワースポットに旅行されるかもしれない。和歌山の那智の滝、出羽三山、須崎の鳴無神社などが有名である。しかしそれらのパワースポットの向こう側には奇跡の惑星地球があることを忘れないでいただきたい。この膨張する宇宙の中で、ブラックホールに呑み込まれず、超新星爆発やガンマ一線バーストの影響も受けず生命と文明を育んできた奇跡の惑星、地球こそが宇宙のパワースポットであり、ご神体なのである。地球は私たちにとって聖なる場所であり、寺院であり、モスクであり、大聖堂であり、すべての生命の家なのである。これこそがエシカル消費を実践するための倫理的基礎であると筆者は心から固く信じているがいかがであろうか。」（5 頁）

　我々の消費の在り方が「エシカル」になる時にのみ、地球の「持続可能性」が高まると言ふ著者山本良一教授の信念は、「地球パワースポット論」に根差したる如くなり）

三　我はしも神エコゾイクス提唱を地球の友になせし嬉しや

　　（備考：英共著 *Living Traditions and Universal Conviviality : Prospects and Challenges for Peace in Multireligious Communities*, edited by Roland Faber and Santiago Slabodsky（Lanham/Bloulder/New York/London: Lexington Books, 2016），Chapter 12: "The Problem of the Two Ultimates and the Proposal of an Ecozoics of the Deity"（pp. 197 － 218））

四　御神が空に至誠にますやこそ汝もかくあれ御友御声ぞ

（備考：『マタイ』5・48、熟読参照）

五　さらにぞや英文稿を綴りてや御友神学練磨したるや

（備考： See Tokiyuki Nobuhara, "Divine Ecozoics and White-head's Adventure or Resurrection Metaphysics," *Open Theology 2015*; 1: 494-511.)

六　我が妻の切れ目なき笑み見てやこそ御友実在拝し往く我

七　その道や形而上学刷新の仕事や招く孜々と励まん

八　まさかぞや地球友方交々に英文著なす誉れ得んとは

XXⅧ　（2016年7月25日）　神エコゾイックス世界観の歌十首

一　我が主題神エコゾイックス世界観最深消息窺ひにけり

二　そは御神空に至誠ましまして命法御友「至誠なれ」告ぐ

三　命法や御友や在りて告ぐやこそ核ヘゲモニー遥か超えゆく

（備考：オバマ広島平和スピーチ抱擁やその徴なり）

四　核体制相手撃つぞと脅しつつ撃てぬ事とて廃れゆくなり

（備考：所謂核抑止力深き世界観の裏打ち無くば、なり）

五　核体制威嚇装置に他ならず世界観のぞ内容や欠く

（備考：これ「世界観欠如体制」あるいは「世界観ニヒリズム」なり。米国の超大国としての衰退もここにあり）

六　世界観もし真なるや命のぞ約束や在り経文福持

（備考：我これ「世界観1」と呼ばん。世界内的世界観なり。経文福持とは、「経済」「文化」「福祉」「持続可能性」なり）

七　この世超ゆ世界観とはこれなるぞ「平安ありて平和なる」そも

（備考：我これ「世界観2」と呼ばん。世界超越的世界観＝根本的持続可能性なり）

八　もしもぞやオバマ政権北の核公認すれば脱世界観

（備考：そこに「世界観１」も「世界観２」も説得的にある事やなし。これ中西輝政論文「『アメリカの外交敗北』の恐れ」（『VOICE』2016 年 7 月号）の危惧なり）

九　現在のそも至当なる世界観「G7 国防」含むとは智慧

（備考：これ長谷川慶太郎論文「G7 国防相会議を開け」（『VOICE』2016 年 8 月号）の英知なり。ちなみに、日本の革新、ソ連崩壊以後、世界観構築に至らず。ここに「日本国の天職」（内村鑑三）把握に難渋あり。勢い単純なる「反日」を信条とすや。心許なし。我これに反し、良寛「風の歌」にちなみて——御友神学の省察を神学の根本方法とす。嬉しや。確とした世界観の根本方法を踏みしめなば、現今気が付けば「新大東亜共栄圏」にて中北（ある場合は韓も）を同類となして反日ならん。即ち自己の自己たるを忘ずるなり。これ日本の革新の根本問題なり）

十　世界観その充実のためにぞや近代精神成果活かせや

（備考：IS も中北猛烈驀進路線もその難点や「近代精神の成果すり抜け」にあり。近代主義には批判超脱すべき問題性在るも、近代精神の成果は尊重すべし——仏基対話のごとき、東洋・イスラーム・アフリカ等の文化宗教との切磋琢磨を通じて。かくして後近代に向かふべきなり。そのプロセスを経ず一気に軍事やテロにて西洋近代を葬らんとするは邪道なり。日ノ本から言はしむれば、かかる行き方は「武士道に悖る」なり）

XXIX　（2016 年 7 月 26 日）　ある日の会話の歌七首

一　父さんを看るのんはなあ誰かなあ我が妻ぼつり言ひたるやこそ

（備考：2014 年 2 月 26 日の事なりき）

二　それはなあその時なればどうにかなやって呉れはる心配せんと

（備考：うん）

209

三　面白き妹背会話の時なりき（我が事は「皆」汝やるも）ぞと

四　全きや汝が信頼の姿これ（天が下なる時任せたり）

五　汝誠御神の使ひなさむとて我と歩みし痛快と言ふ

　　（備考：なあ、ノーちゃん。そう、父さん、有り難うね）

六　汝と共生くる限りや歌作り御神の恵み我や称へむ

七　かくすれば天上天下ゆたかにぞ二人三脚務めあげむぞ

　　（備考：でや、ノーちゃん。それ、すごいわあ、父さん）

XXX　（2016年7月27日）　歌無くばの歌十首

一　歌なるや地の事詠ひ天に告ぐ御友御運びたよりてぞこそ

二　歌始め天より霊感下りてや胸に感動げに横溢す

三　日ノ本の歌ほど奇しきものや無し誠御友のReciprocal Relation［交互関係］

　　（備考：See PR, 351.）

四　只今や非西洋のぞ国挑戦惜しむらくぞや学びて越えよ

五　我思ふ日ノ本学び心はや歌にありけりただ越ゆるなし

六　ただ越ゆる逸りたる時大和はや無残広島長崎被爆

七　これはしも米とてやげに勇み足諸国それのみ踏襲の気味

八　新文明広島の地に始まりぬオバマスピーチ抱擁ありて

九　我やしもひそと短歌を献げてや平安心の祈念や篤し

十　歌無くば文明突撃のみにして新たに投下あらむかもぞや

XXXI　（2016年7月28日）　妻笑み祝すの歌六首

一　幾千の御友神学歌作り我切れ目なき妻笑み祝す

二　切れ目なき我が妻の笑み零るるや我しかと見ゆ岸辺の御友

三　見るほどや御友おはすと笑み示す我が妻の幸いかばかりぞや

四　汝が笑みを見たればこそや何人も御友御国を思ひあくがる

五　何があり何が無くとも妻笑みや天地切れ目の無くぞこそなれ

六　喜びの片時とてやなきやなし我が人生の満つる故これ

XXXII　（2016 年 7 月 29 日）　我が英文著の歌五首

一　我が思想英文にてや録せし書アマゾンにてや来たる嬉しや

　　（備考：*Living Traditions and Universal Conviviality：Prospects and Challenges for Peace in Multireligious Communities*, Edited by Roland Faber and Santiago Slabodsky（Langham/Boulder/New York/London: Lexington Books, 2016）: Chapter 12: "The Problem of the Two Ultimates and the Proposal of an Ecozoics of the Deity"; Contributions by Bradley Shavit Artson, Dan Dombrowsky, Brianne Donaldson, Jacob J. Erickson, Roland Faber, Meijun Fan, Catherine Keller, Ian Kluge, Jay McDaniel, R. Robert Mesle, Tokiyuki Nobuhara, Steve Odin, Mustafa Ruzgar, Santiageo Slabodsky, Helene Slessarev-Jamir, Constance Wise　宗教間かつ文明間対話のプロセス哲学共生学の集大成なり。21 世紀の方向性「宗教間対話よりエコゾイックスまで」、共同明示なしたり）

二　我が思想地球の友に読まるるやこの時代をぞ打ちて響くも

三　神と空二究極者繋ぎたる至誠心のぞ提言嬉し

四　空の場に包まれてます至誠神なればこそ汝至誠なれとぞ

五　その声や父より聴きし御友はや神エコゾイクス告ぐや殷々

XXXIII　（2016 年 7 月 30 日）　皆や佳しの歌八首

一　この世での際の日にぞや我が妻や「皆やって呉れる」謝したるや笑む

二　よほどにや「皆」やる事の嬉しさの妻の心に溢れけるこそ

三　それ思ひひとりあははと笑ふ我皆や佳しとぞあははのあはは

四　皆謝せし我が妻絶後笑み増すや誠御友の岸辺ますとぞ

五　かくてぞや我ら妹背の心にや一切の悔ひあり得ざるなり

六　何がぞや奇蹟と言ふもこの事ぞ皆は皆なり皆笑むや妻

七　畢竟や何が幸とや言ふならば今生皆や御友父へと

八　かく詠ひ心の生地を出だすとき御友御父と妻我や共

ＸＸＸⅣ　（2016年7月31日）　皆の皆の歌二十一首

一　父さんな一生で今最高に幸せなんよなんでやノーちゃん

二　皆やって呉れるさかいや私がな何にもせんでええなんてなあ

三　それもなああんたが一生父さんの面倒みてな呉れたからやで

四　ゆくりなく妹背対話のなかにてや幸せ満喫なしたる我ら

五　それが妻事態一変昼餉にぞ喉詰まれせてみまかりにけり

　（備考：脳挫傷による嚥下困難によるなり。晩年錠剤も粉に砕いて飲みおりしなり。術後、奇蹟的に三年四か月元気いっぱいに生きたるも。殊に英文箴言三十条作り復唱しつつこの作品と共に嬉々としてユーモラスに生き抜きたるも）

六　救急車呼びて新発田の病院へ人工呼吸甲斐やなきなり

七　これがぞや現実なるか我やそも病院にてや実に叫びしも

八　然れども我片時も気落ちせず前夜告別式整へぬ

九　前夜式鳥飼師のや司式にて義妹兄友しめやかになす

　（備考：我「神共にいまして」力いっぱい讃美せり。妻喜びおりし我感ず）

十　深夜我棺の蓋取り驚けりほのと我が妻口丸めおり

十一　我が妻や絶後笑み増し不思議やも深き低みの底ぞ飛翔す

十二　「皆」を謝す妻の笑み今切れ目なく笑み増しおるや岸辺に御友

十三　告別の式の只中妻笑みや誠麗しほのと目開く

　　　（備考：2010 年 12 月 1 日入院の日に、救急車にて「瞳孔全開」と言はれしかの右目、告別式の只中ほのと開きて御父仰ぐや、御友に在りて）

十四　我や今「皆」の意味こそ今生に昇天併せ全一と知る

十五　これ正に御友神学顕現の信子復活物語なり

　　　（備考：拙著『復活の省察・上巻——妻と歌う：生くるとは深き淵より共々に甦ること喜びてこそ』（新潟・考古堂書店、2014 年 10 月刊）、参照）

十六　此処からや御友に在りて被爆のや底に復活見えし我なり

　　　（備考：我が妻の切れ目なき笑み見ずしてや我広島長崎の被爆の方々の在り処（＝復活）知るを得ざりしならむと、我信ず）

十七　かくてぞや妻笑み御友被爆底輝きてます我称ふなり

十八　我が妻や皆なすと謝すれども皆の皆なす御友とぞ知る

　　　（備考：でや、ノーちゃん。父さん、それ本当や、嬉しい嬉しい）

十九　かくほどや「皆」謝し喜悦せし妻や絶後笑み増すこれ等価なり

二十　いのち際かくまで喜悦せしほどは汝絶後にぞ笑み増せるかな

二十一　笑むほどは御友持て来る笑み増しぞ我悟りたり御友御力

第五節　2016 年 8 月の巻：「平安ありて平和なる」——
　　　　　死線を超ゆる復活全一学に向けて

　　I　（2016 年 8 月 1 日）　慕はしきかなの歌十五首
一　久し振り胎内ホテル司式せば敬和卒とぞ花嫁や言ふ
二　哲学も比較宗教思想もや大好きと言ふ門出祝せり

（備考：2000 年卒 1996 年入学の第六期生なり）

三　久々に宗教部長戻りてや朗々と読む聖書慕はし

四　朗々と御堂震はし読める文我が身に染むや誠言霊

五　みゆき庵笊そば啜る楽しみつ歌作る佳し二十年返る

　　（備考：ロイヤル胎内パークホテル構内のそば処みゆき庵なり）

六　二十年我が妻運転祐るや弁当持参司式務めり

七　式終はり車内昼餉や楽しくもまた行がむとぞ語りおりしや

八　顔と顔合はせ相見るその時や愛完全知慕はしきかな

　　（備考：『第一コリント』13・1－13、愛の賛歌、熟読参照。「わ
たしたちは、今は、鏡に映して見るようにおぼろげに見ている。しかし
その時には、顔と顔とを合わせて、見るであろう。わたしの知るところは、
今は一部分にすぎない。しかしその時には、わたしが完全に知られてい
るように、完全に知るであろう。このように、いつまでも存続するもの
は、信仰と希望と愛と、この三つである。このうちで最も大いなるものは、
愛である。」）

九　愛賛歌読む毎心震へけり御国の幸や極み記さる

十　かかる故今生如何に楽しくも慕はしきかな知らる知る時

十一　鏡にて在るや如くに今生の見ゆる命ぞ無窮入るべし

十二　完全に知らるる如く完全に知るを得ん時実に慕はしき

十三　誠にや絶後笑み増し不思議やも我が妻げにも御友に在りて

十四　御友にや在りて御父に運ばるる汝が幸やこそ式中の歓

　　（備考：この歓喜在りてこそ我若き人方のためチャペルウエディ
ング司式喜びて務むなり）

十五　妻と我昼餉今もや楽しめりこの歌作り御友に在りて

　　Ⅱ　（2016 年 8 月 2 日）　我知るの歌四首

一　己がや思う以上に牧者なる我求めらる我なりと知る

二　人方や愛の賛歌を欣求すや実にや砂漠にオアシスをとぞ

三　教へ子や我が哲学の講義にや心躍らせ今ゴールイン

四　奇しくもや哲学心開きてや司式人生成ると祝すや

Ⅲ　（2016 年 8 月 3 日）　英共著つらつら眺むの歌十首

一　英共著つらつら眺むうちにぞや『Conviviality』ぞ傑作と知る

　　（備考：アマゾン経由にて取り寄せたる我らが英文共著：*Living Traditions and Universal Conviviality : Prospects and Challenges for Peace in Multireligious Communities, edited by Roland Faber and Santiago Slabodsky*（Lanham/Bouldar/New York/London: Lexington Books, 2016）Chapter 12 by Tokiyuki Nobuhara: "The Problem of the Two Ultimates and the Proposal of an Ecozoics of the Deity" なり。我らが書傑作なるは、形容詞としてなり。「傑作な」面白さ故なり。その「傑作な面白さ」や意外性なり）

二　この時代地球の友とこの共著上梓せる幸誠摂理ぞ

三　拙稿や二究極者ぞ窮むうち神エコゾイクス提言やなす

　　（備考：「エコ生命学」成る秘密、空をエコとや御神が踏みしめ給ふ事により、「汝至誠なれ」との命法出づる、宇宙のダイナミックスにぞ在るなり。これ宗教間対話を 20 世紀の遺産として学びたるうえでの、21 世紀の最先端思想エコロジー（より正しくは、トマス・ベリーの時代思想「Ecozoic Era」を延原時行が形而上学思想へと転化したる「Divine Ecozoics＝ 神エコゾイックス、神エコ生命学」）なり）

四　現今の神体論を越えて我神フィールドを明示したるや

　　（備考：Sallie McFague, *The Body of God: An Ecology of God*（Minneapolis: Fortress Press, 1993）、20 世紀の代表的エコロジー神学、

を完膚なきまでに「空のエコへの神の至誠心の神学とそこから湧出する《至誠なれ》との命法」により論破せる、此度の我が論考は、元々、「神体論＝世界エコ」より出発せず、意外にも「神フィールド＝空なるエコ」より出発せる、至誠心の形而上学なり。これに反して、マクフェイグの「神体論」は、言はば、宇宙的ヒューマニズムによる神アナロジー論なり。そこに最深の至誠心なし。現今のテロと空爆と恣意的領土海洋の奪取の動きは、世俗的「神体論」（マクフェイグのは神学的神体論なるも）に淵源するなり）

　五　此処にぞや西田博士の偉業をば我顕彰すげに謹みて

　六　偉大なり絶対無の場所思想エコと言ふならそこから始む

　七　我らもし神の御からだなりとせばこの始がぞ不遜なり

　八　絶対無 Divine field 成してこそ現世初めて成るや理^{ことわり}

　　（備考：これ人間知よりすれば、意外にして傑作ならずや）

　九　天の父全き如く汝らも全かれとぞ御友言ひけり

　　（備考：『マタイ』5・48、熟読参照。これ御友の尊き命法なり。これに勝る命法なし。原爆投下を命法に擬するなど、20世紀のキリスト教の堕落なりき。オバマ氏の広島平和スピーチ抱擁、この堕落「人類のコア矛盾」として懺悔せしなり）

　十　至誠なれこの命法や御友告ぐかくて平安平和うむなり

　　（備考：平安とは、絶対無の Divine field に対することなり。平和とは、其処から翻って地上に World-loyalty（Whitehead）を貫徹なすことなり。この経緯、意外にして傑作なり。事の順序を誤るべからず）

　　Ⅳ　（2016年8月4日）　何故かの歌五首

　一　何故か我が胸底に沸々と喜悦や滾る御友恩寵

　二　御恩寵知るに至るや我が妻の絶後笑み増す傑作ありて

三　まさかぞや妻身まかりて笑みや増す意外性ぞや真実と知る

四　人生の最深真実何あらむ滅して不滅甦りなり

五　我が妻の切れ目なき笑み詠ひてや教へ子祝す牧者我なり

　　（備考：なあ、ノーちゃん。そう、父さん。意外、傑作、ほんま
やなあ、嬉しい嬉しい）

　　　Ⅴ　（2016 年 8 月 5 日）　日めくり思索の歌十首

一　日々をかく詠ひてや我や生く日めくり思索面白き哉

二　日毎にや一点集中面白し神細部にや宿り給へば

三　滾々と喜悦胸底湧くやあり日毎楽しみ歌詠むや我

四　かく在りて徹底思索一気にぞ遂ぐる英稿絶頂や快

五　思索なるこの道往くや日毎歌如何に鍛錬貴重かやとぞ

六　何よりも我が妻絶後笑み増すや誠平安先駆けぞこれ

七　我が妻や絶後笑み増し不思議やも深き低みの底ぞ飛翔す

　　（備考：復唱）

八　英文稿公刊せしも会心作地球の友や味読たまはる

　　（備考：*Living Traditions and Universal Conviviality : Prospects
and Challenges for Peace in Multireligious Communities*、edited by
Roland Faber and Santiago Slabodsky（Lanham/Boulder/New York/
London: Lexington Books, 2016）, Chapter 12 by Tokiyuki Nobuhara,
"The Problem of the Two Ultimates and the Proposal of an Ecozoics
of the Deity" 而して Tokiyuki Nobuhara, "Divine Ecozoics and White-
head's Adventure or Resurrection Metaphysics," Open Theology 2015;
1: 494-511. 両論文にて我「神エコゾイックス」論徹底考察なせり。只今、
地球の友方ご閲読なし給ふ。何たる誉れぞ）

九　それ誠楽しみにして我や歌日めくり思索ポツリポツリと

十　会心の英文稿の絶頂を得たるは快ぞ日めくりの後

　　　Ⅵ　（2016 年 8 月 6 日）　御友和讃の歌二十首
一　人として悲報悲しも天父にや御友御運び如何に嬉しき
二　これ御友和讃と名付く召さるるも歓びこそや溢るなれとぞ
三　我が妻や絶後笑み増し不思議やも深き低みの底ぞ飛翔す
　　（備考：復唱）
四　我が妻と飛翔の告知我やなす如何に御神ぞお慶びかや
五　我思ふ御友和讃のありてこそ日ノ本伝道ひそと進まむ
　　（備考：伝道の極意真宗の「還浄」を我らの「復活」にて読む対
話の喜悦なり）
六　社会的伝道時代巡りしも復活告知恥ずる日ノ本
七　社会的伝道とはや何あらむ真理核心告げざるの業
八　基教にや「復活」主題ありしかと教会社会訝りてあり
九　較ぶるに「還浄」信心真宗の命なりけり親鸞ありて
十　御友がや天父御運びなし給ふ御恩寵こそ告知あれかし
十一　これありて我基教をば心して「大乗基教」呼称せんかな
十二　如何にぞや社会改革なしたるも復活告げよ救済がため
十三　日ノ本の基教心臓空洞ぞなぜに復活告げざるやそも
十四　我が歌や御友御運び詠ひてや心に伝ふ如何に嬉しき
十五　これはしも我が妻絶後笑み増して御友称ふや称ふ我が歌
十六　御友はぞ天父御運びなし給ふ極みの君ぞ崇めよや汝
十七　使徒パウロ「単なる望み」宣べしはや社会基教よ御運びや無し
　　（備考：『第一コリント』15・19、熟読参照）
十八　社会的伝道やこれ汎神論そこに御友の御運びあらず
　　（備考：汎神論＝Pantheism）

十九　一切の思ひ出御友御父にぞ運ぶや呼ばむ汎在神論

二十　今生を包みて活かす御神の恩寵こそや汎在神論

　　　（備考：汎在神論 / 万有在神論 = Panentheism）

Ⅶ　（2016 年 8 月 7 日）　朝夢の歌七首

一　朝夢になべて超えゆく喜悦あり有り難きかな有り難きかな

二　かかる夢御友御運びありてこそ人の身にぞや恵まるるとは

三　我や知る我が妻絶後笑み増すや御運び嬉々と称へ往くなり

四　オバマ氏や核恐怖去りポスト核時代拓けと勇気鼓舞せり

　　　（備考：オバマ米大統領広島平和スピーチの一節これなり：「過去
を保有する国は恐怖の論理から逃れ、核兵器のない世界を追求する勇気
を持たなければならない。」本日 2016 年 8 月 6 日、松井一實広島市長「原
爆の日」の平和記念式典における平和宣言にこの一節引用せり。『新潟
日報』6 日付 4 面、参照）

五　御友こそ御父に向かふ平安に我ら包みて勇気たまふや

六　この地球核にて破壊なす事や怯懦^{きょうだ}なるのみ勇気に非ず

七　勇気とは御友と共に隣りびと愛して築く平和こそそれ

Ⅷ　（2016 年 8 月 8 日）　ポスト核時代の歌十二首

一　ポスト核時代の原理ありとせば神エコゾイクス正にそれなり

　　　（備考：我英文論文にて「神エコゾイックス（エコ生命学）」
闡明^{せんめい}せり）："The Problem of the Two Ultimates and the Proposal of
an Ecozoics of the Deity,"in: Roland Faber and Santiago Slabodsky,
eds., *Living Traditions and Universal Conviviality: Prospects and Chal-
lenges for Peace in Multireligious Communities*（Langham/Boulder/
New York/London: Lexington Books, 2016）; and "Divine Ecozoics and

Whitehead's Adventure or Resurrection Metaphysics,"*Open Theology*
2015; 1: 494-511. 両稿とも、およそ核体制など凌駕せる宇宙エコ神世界
の闡明これ努めたり）

　二　一切を滅ぼし尽くし己れのみ勝ち誇る核救ひ無き世ぞ

　　　（備考：6 日夜、広島市で記者会見した日本原水爆被害者団体協議
会（被団協）の田中熙巳事務局長（84）は「ヒロシマ・ナガサキの被爆
者が訴える「核兵器廃絶国際署名」に期待を込める。『新潟日報』7 日 6 面、
参照）

　三　何故それに基教絶対主義加担「獣を撃て」とぞト氏号びしや

　四　もしもぞや命滅して不滅なら核脅威なし一切やなし

　　　（備考：ホ氏も言へり："We perish *and* are immortal."[PR. 351.
82] これ全体的生命の形而上学的記述なり。核体制、いかに恐るべきか
とは言ふものの、全体的生命にいささかも影響せずとは、ホ氏形而上学
と我が妻の絶後笑み増しに学ぶ我が確信なり。この確信ありてこそ、全
体的生命への喜悦あるなり。全体的生命とは、「復活の歓び」のことなり）

　五　空エコに神至誠にやおはす故「汝至誠なれ」御友のたまふ

　　　（備考：『マタイ』5・49、熟読参照）

　六　至誠こそ命なりけり而してや「至誠なれ」こそ命法なるや

　七　人々や一切語ることなきも被爆者滅し不滅ぞ命

　八　命とは神エコゾイクスの理法なり核悪超えて命脈々

　九　核悪を超えて命ぞあればこそオバマ氏森氏哀悼捧ぐ

　　　（備考：5 月 27 日広島平和公園平和記念碑前にてなり）

　十　我が妻や絶後笑み増し不思議やも深き低みの底ぞ飛翔す

　　　（備考：復唱。この一首、幾千もの我が歌の内最重要なり。恩師
言はるる「原事実」（『ヨハネ』1・1・第一項に言ふ「太初のロゴス」）
にさらに底（『ヨハネ』1・1・第二項に言ふ「神と共に在すロゴス」）在

りて天父に我ら一切包みて飛翔なし給ふこと、神秘中の神秘、キリスト教の秘儀中の秘儀、宇宙人生の極北なり。これ御友の最奥なり。『ヨハネ』17・24、熟読参照。御友の最奥、御父への我ら一切包みての御運びなり。我「大乗基督教」と呼称するなり。これなくば、宇宙に救済なし。これ在る故に、いかに核体制なるも、宇宙に救済在り。そのこと多くの基督信徒信ぜざるは、我に取りては信じ難き事なり。それ、「単なる望み」にしかすぎぬ（復活抜きの）信仰（『第一コリント』15・19）なり。「単なる望み」とは、この世にての「聊か高尚なる人生観」と言ふほどの意味なり。その前提、この世そのものは絶対に変わらぬとの頑固なる「迷信」なり。これ、誠に遺憾なることに、「宇宙人生の大変貌即ち復活」を知らぬなり。それ故に、使徒パウロ「単なる」望みと言ひしなり。真の望み、宇宙人生そのものの大変貌即ち復活を信ずる事、なり。我が妻の絶後笑み増し、命の際の「最高の仕合わせと我への感謝」と「絶後笑み増し」の切れ目なき笑み、復活の妙なる証言なり。拙著『復活の省察・上巻――妻と歌う：生くるとは深き淵より共々に甦ること喜びてこそ』（新潟・考古堂書店、2014年10月刊）、参照。だんだんにこの書復活証言の古典となりつつある如くなり）

　十一　我が妻の絶後笑み増し見し我やポスト核への開眼やあり

　十二　ポスト核新時代への飛翔こそ平安ありて平和なる道

　　　Ⅸ　（2016年8月9日）　只今はの歌四首

一　我にぞや注視する者ありとぞや思ひて見ればノーちゃんやんか

　　（備考：そやねん、えへへ）

二　只今は新著打ち込み続けおり「平安ありて平和なる」とぞ

三　平安やオバマ氏広島哀悼に深まりゆくや平和促す

　　（備考：「原爆被害に国籍やなし」と言ふ森重昭氏と共なる共大悲、

これポスト核時代拓くなり）

四　じりじりと猛暑続くも我が新著ただ打ち込みに励みおる我

X　（2016年8月10日）　喜悦滾るやの歌十首

一　なにゆえに今日の日もまた胸底に喜悦滾るや不思議なりけり

二　思ふとは滾る喜悦に目覚めてや感謝一途に生きる事なり

三　我が思ひ超えてまずや喜悦ありこの一事ほど確かなるなし

四　人なれば全体的の生命を死して成すこそ喜悦の心

　　（備考：今生は生命の一部なり。今生より永生に入り、かくて全体的の生命を成す事ありと感ずること、喜悦の心なり。生命今生のみならば、そもそも喜悦あるなし。生命目的＝終局（end/telos）在りて初めて「喜悦」あるなり）

五　この世超え遂に御許に御友のや御運びありて命成る知る

六　完全に知らる遂にや完全に知るぞ正にや全き命

　　（備考：『第一コリント』13・12、熟読参照）

七　この命日々に喜悦の滾りてや胸底にあり有り難きかな

八　日ノ本や核爆発を身に受けて初めて命成す喜悦得し

九　核競争渦中にあるや命成す喜悦知らざる国々のみや

　　（備考：核問題兵器の問題に非ず、「命成す」こと知らぬ「形而上学的無知にして無恥」の文明問題なり。漸くそこまで我悟りたり。この時にオバマ広島平和スピーチ抱擁ありしは、摂理的奇蹟なり。「命成す」地球文明初めて生起せり！）

十　長崎の平和歌声今日聴きぬ亡き小学生命成す嗚呼

XI　（2016年8月11日）　誉むるの歌一首

一　この国の若人たちやリオ精進その晴れ姿誉むる嬉しや

XII （2016 年 8 月 12 日）　死ぬとはやの歌二首

一　死ぬとはや命成す事祝ふ事それ在りてこそ喜悦下さる

二　我が喜悦日々滾る止まざるや我が妻絶後笑み増すの果て

XIII （2016 年 8 月 13 日）　平安ありて平和なる歌七首

一　我が妻に学びて見れば悲劇中被爆者命成すや真実

二　核爆発最中に命成す人や御友諸共祈りてや在す

三　そもそもや祈りなくして幾十年戦後日本の在り得べしかや

四　誠にや御友御声や響くあり「我が羊飼へ」平和現成

五　我やしも悟りにけりや我が喜悦平安よりの平和御告げぞ

六　あの大戦過ごして日ノ本帰化人の息子娘のリオ活躍も

七　それのみか平和の御国愛してや論陣を張る今来人（いまきびと）あり

XIV （2016 年 8 月 14 日）　平安なれの歌十一首

一　己れがや生きて地上にあるといふ事やあるなし平安なくば

二　平安や全体的の命なり往きし人方御友と祈る

三　人如何に青春の気に満ち満ちて活躍なすも悲劇又あり

四　「これ誠現実なるか」叫ぶ我絶して不滅ほのと笑む妻

　（備考：2014 年 3 月 11 日〜 13 日のことなり）

五　青春も絶命の日も何あらむなべて御国に往くまでの事

六　御友まし御父に運び往き給ふ命成る事平安まこと

七　日に三度我祈りおり皆のため何時か天にて続け祈らむ

八　兄よりや貞美叔父逝く報せあり日々の祈りに包みおりしも

　（備考：我が母きよのの一番下の弟山口（旧姓結城）貞美、隠岐の島布施村村長、『ふるさとの森づくり──隠岐・布施村から都市への呼びかけ』（清文社、1981 年）の著者として勇名をはせたる人、8 月 8

日九十一歳の大往生なり。平安なれ！　伊丹教会の佐藤健男牧師の薫陶を青年時代より受け、同師の導きにより結婚と共に隠岐の島の人となり、布施村村長として尽くせり。我入信せるは、貞美叔父の先導ありしなり。伊丹市立南中学三年の時「神学校に行きたい」とぽつりと漏らしたるを貞美叔父が佐藤先生に話したことから我が同志社行きは「佐藤先生が喜んでいらしたぞ」と言ふことに相成りしなり。中学時代から献身の道始まりたり。貞美叔父のお蔭なり。我が母の入信は、叔父の結婚（芦屋浜教会にて長谷川初音牧師司式）を契機に我と約束せしものなりき。これ皆一連の摂理なり。兄立志の報せによれば、11日の葬儀の喪主は長男司氏なり）

　九　出す毎に我が著贈れば貞美叔父間髪容れず葉書ありたり

　　（備考：2006年『対話論神学の地平――私の巡礼のなかから』（横浜・春風社）上梓せる時には、平成19年12月10日付葉書あり：「御恵贈の図書落手致しました。改めて御礼申します。今迄辿って来た道の一応の集大成の結集を読ませて頂きます。時間をかけて充分とも行きませんが――。それにしても姉が居て呉れたらと思います。度々地震に（新潟は）見舞われましたが、米国かと思い失礼しました。亦」

　我が母を頼って生きて来たる叔父は、（青年時代、シナ事変で戦死せし我が父高美が残したる大きな古きアパートを経営せるうちの家にずっと同居の故）1990年母が病没してから「姉が居て呉れたら、どれだけ時行の著作の刊行を喜んだことか」が口癖なりき）

　十　「復活の省察」本を贈らばや退院の日ぞ意気軒高や

　　（備考：2014年12月15日付で送付：『復活の省察・上巻――妻と歌う：生くるとは深き淵より共々に甦ること喜びてこそ』（新潟・考古堂書店、2014年10月刊）。この書隠岐病院から退院の日に落手の由。まだまだ死なぬ、何か使命ありとの返書ありたり）

224

十一　年取りて病多きも快癒あり我が著読みては楽しみし叔父

　　　（備考：殊に『あなたにいちばん近い御方は誰ですか――妻と学ぶ「ラザロとイエスの物語」』（東京・日本キリスト教団出版局、2011年8月刊）を贈りたるところ甚く喜びたり。2011年8月26日付の如し：「冠省　御免　昨日二十六日依頼したはずのない東京からの包みに不信の念にかられつつ開封したところ貴殿の著書が送られて来五冊まで入って居り、それに著者謹呈の紙を加えられており、仲の良い友人に読んでもらう事と致しました。なかでも五十年以上の交際のあり今体調をくずし色々と相談に乗っている後輩が居るものですので早速信子さんの事も書いて送ります。奈良の人です。感謝」）

XV　（2016年8月15日）　時ならぬの歌三首

一　時ならぬ喜悦体験ありて何故思ひし我やげにも悟りぬ

二　貞美叔父往きし御国の歓びや平安溢れ我が胸打ちぬ

三　叔父と我深き思索の対話あり我が妻の笑み此処に震動

XVI　（2016年8月16日）　いのち絆の本作りの歌十首

一　本作り人方贈り幾星霜いのち絆を結びにけりや

二　人方や如何に思ふや知らねども八十路こそぞや著作全開

　　　（備考：年代ごとに生きるモチーフを定めそれに沿って生きる事肝要なり。それ定むならば、遊戯三昧に生きる事ならむ。後一年で八十路、そのプランなり。プラン有れば、それ相応に生きる型あるなり）

三　人生きる方策様々あれどもやいのち絆の本作り如何

四　身体のリハビリ治療知らるるも精神活性著作に如かず

五　我が著作ただ学術の作でなしさりとて随筆抜く理法あり

六　至誠心一に懸かって天地のや法と明らむ御友いませば

七　かくてぞやいのち絆の本作り御友神学省察の旅

八　楽しきはいのち絆の学友や暑中見舞いの便り下さる

　　（備考：我が伊丹幼稚園の級友坂本武君平成 28 年 8 月 2 日付御葉書あり：「暑中御見舞い申し上げます。いつも御教導ありがとうございます。御元気ですか、淋しくなりましたね。「生きる権利死ぬ権利」から「会誌アカデミア」迄。私には難しいです。立脚点が違います。成長して行く為に学びます！　剛健にしなやかに」）

九　久々の散髪済ませながしまで「隅櫓」寿司楽しむや佳し

　　（備考：8 月 14 日の事なり）

十　熱誠の友ありてこそ今日もまた我が歌や実に UP 嬉しも

　　（備考：今日の歌、郷里鳥取に帰省のご多忙の中 UP し給ふ。感謝無尽も！）

　　XⅦ　（2016 年 8 月 17 日）　笑み偉業の歌七首

一　我が妻やいのちの際に仕合せや謝しつ笑みてや絶後笑み増す

二　これほどの偉業又とや在り得べき我や知らずやただ御友ほむ

三　我が妻や切れ目なき笑み零るるや御友岸辺にげにもいませば

四　この世にや生きて偉業に何為さむ何人もそも思ふならむや

五　されどもや絶命せるや一切の我が業げにも甲斐や果つるも

六　我が妻や絶後笑み増し不思議やも深き低みの底ぞ飛翔す

　　（備考：復唱）

七　笑みひとつ零るるのみや宇宙はぞ輝きますや御友称へて

　　XⅧ　（2016 年 8 月 18 日）　岸辺の御友笑み詠ふ歌六首

一　歓びは笑み切れ目なき妻天に我地上にて御業励むや

二　我が妻や切れ目なき笑み見せてこそ岸辺の御友証しなす得し

三　笑み証し詠ひてやこそ我が歌や笑み承けてぞや御友称へむ

四　我が妻の切れ目なき笑みなくば我御友をぞ如何に詠はむ

五　我が歌のなくば如何にや妻の笑み御友いますを告ぐ告げむとや

六　遂に我御友いますや妻や笑む我詠ひてや三位一体

ⅩⅨ　（2016年8月19日）「復活の省察」やこその歌七首

一　「復活の省察」やこそ凄き書と声やいただく誠嬉しも

　　（備考：拙著『復活の省察・上巻──妻と歌う：生くるとは深き淵より共々に甦ること喜びてこそ』（新潟・考古堂書店、2014年10月刊）誉むる声、2016年8月17日竹中正夫教授没後十周年記念の会（新島会館）にて、我同志社大学深田未来生名誉教授ほかの方々に頂く。感謝無尽も）

二　応えてや我打ち明けぬ絶後笑み増す妻にぞや詠はざる得ず

　　（備考：この書散文のみにてやどうしても書くを得ず、短歌神学書なり。我が妻の絶後の笑み増しにまみえしにより、我が絶叫の歌ほとばしり出でし故なり）

三　復活や信じおらぬや誰あらう単なる望み抱く者ほか

　　（備考：『第一コリント』15・19、熟読参照）

四　御神から聴きて「友よ」と告ぐる方絶対関係甦りそも

　　（備考：「我は甦りなり、命なり。我を信ずる者は、たとい死ぬるも、生くるなり。」『ヨハネ』11・25、熟読参照）

五　単なるの望み語るや世の基教其処になきもの笑み歌やそも

六　我が妻や絶して笑むや我もぞや甦りてや笑みつ詠ふや

　　（備考：我深田師にかく語りぬ）

七　我が妻や絶後笑み増し不思議やも深き低みの底ぞ飛翔す

　　（備考：復唱。妻が絶後笑み増し、御友の飛翔、わが短歌神学、三位一体なすなり）

XX　（2016 年 8 月 20 日）　復活本嬉しやの歌十首

一　我が妻の絶後笑み増し詠ひてや岸辺の御友称ふ嬉しや

二　「復活の省察」本を詠ひつつ書きし我こそ甦りたり

三　この書がや復活証言成せる事類稀なり言ふ人やあり

四　聖書にや「なべてより我復活を愛すや」と問ふ御友尊き

五　復活の御友親しく我が妻と詠ひて成れる我が書嬉しや

六　世紀のや誤訳正せる我が書こそ御友と活くる我が命なり

七　何故に「この人たちの為すよりも我愛するか」などと訳すや

　　（備考：『ヨハネ』21・15 の聖書協会訳・新共同訳を見よ。世紀の誤訳、世紀の汚点なり。これ、復活信仰の日ノ本に未だ無き事示す公の徴なり。如何に恥ずべき！　かくて復活、結局、日ノ本にてや、一つの「斬新思想」にすぎず、命に非ず）

八　何故に「一切よりも我愛するか」訳して行かぬ直截の道

　　（備考：私訳なり：『復活の省察』31 − 35 − 36 頁、熟読参照）

九　人よ知れ日ノ本の国未だ無し復活の信何たる不実

十　我が妻や絶後笑み増し不思議やも深き低みの底ぞ飛翔す

　　（備考：復唱。「深き低み」恩師の原事実表す概念なり。されど、人滅する時、この概念も滅するなり。滅するも、滅する一切の底に命あり。飛翔復活の命、御友なり。嬉しや。なあ、ノーちゃん。そう、父さん、嬉しい嬉しい。我や知る、「深き低み」「原事実」人を救う能はず。その底天父へと一切を包み飛翔、復活、御運びある故に、御友の救済成就なせるなり。なあ、ノーちゃん。そう、父さん、嬉しい嬉しい）

XXI　（2016 年 8 月 21 日）　慰め満つとの歌五首

一　我が友や告別の日の笑みこそや御神に献ず御名や称へつ

　　（備考：我が友木原和彦兄、告別の日 2016 年 3 月 21 日＝於枚岡

228

教会＝天父に笑み献ぜらる、嬉しや）

　二　日に三度祈りつ友のこの姿仰ぐことにぞ喜悦溢るや

　三　残されし令夫人にぞ我が喜悦便りしたるや慰め満つと

　四　誠にや御神に献ぐ笑みこそや御友共なる永久のおとずれ

　五　何がぞや嬉しと言ひて我が友の天上祝福妹慰むや

　　　（備考：幾星霜の我が信仰の友木原和彦兄令夫人法子様より８月
14日付御芳書あり、感謝無尽なり：「延原先生いろいろありがとうござ
いました。入院中のお見舞いそして前夜式・告別式と二日にわたり遠い
所をお越しいただきまして　ありがとうございました。

　おいしい笹団子をおくっていただきながらお礼がおそくなってしまい
ました。すみません。

　先日は暑中見舞いをありがとうございました。主人和彦の死をなかな
か　受け入れられず　なんども悲しみが　こみあげて　参ります。先生
からのお手紙に　慰められています。

　日曜日には　寛と二人で教会の礼拝に　出席しています。

　昨日はお寺のお坊さまにお越し頂き　木原家のお墓に納骨をすませま
した。

　先日送っていただきました「会誌」（注。『ACADEMIA』No. 156,
2016.4、所収拙稿「平和基礎学としてのホワイトヘッド平安哲学――神
のエコゾイックスとホワイトヘッドの冒険ないし復活哲学にちなんで」）
のお礼も　思いながら　ずいぶん日が経ってしまいました。

　浅見牧師に一冊おわたしいたしました。

　読んで下さってるそうです。

　たよりない二人が残されましたが　これからもよろしく　ご助言をお
ねがいいたします。

　二〇一六年八月十四日　　　　　　木原法子

延原時行様」)

XXⅡ （2016 年 8 月 22 日） 御友神学和讃の歌十四首

一　今の世に我が妻絶後笑み増しを告ぐる事ほど嬉しきはなし

二　我が妻の切れ目なき笑み告ぐる如世は神非ず神に包まる

（備考：世は神＝汎神論・Pantheism; 神に包まる＝万有在神論・Panentheism）

三　御神やなべて包まる故にこそ御友底より御運び飛翔

四　底よりぞ御運びこそや深くしてそれ故にぞや飛翔切々

（備考:底と言ふは、「太初のロゴス」（『ヨハネ』1・1・第一項）なり。この世の底、原事実なり。されど、この底御父まで運ばるるや、それより深き「神と共なるロゴス」（『ヨハネ』1・1・第二項）発動さるる故なり。かくありてこそ、形而上学的神学的に、万有在神論成り立ち得るなり。飛翔切々とは、御友の御父への欣求表せるなり。ちなみに、汎神論に「欣求」なし。あるものすべてを「神と見做す」故なり。「飛翔切々」とは、内三位一体的リアリティ・場なり。その両極、御子と御父なり。動態的リアリティの動態、聖霊なり）

五　人如何に悲惨なるとも裏からぞ神共にます見れば微笑ぞ

（備考：復唱。人間の悲惨なる現実、裏から見る観点これ「万有在神論」なり。かく見れば、現実現実を包む「神共にます」リアリティ・場に於いて在るなり。そこに微笑胚胎す。我が妻の絶後笑み増し、これなり）

六　先達や日毎我歌詠み過ごす佳きと評さる聴くや嬉しも

（備考：新潟会館にて 17 日、敬和学園大学初代学長北垣宗治先生の御言葉なり、有り難し）

七　一日も欠くる事なきこの習ひ日毎の祈り我歌で成す

八　親鸞の和讃作す如我やしも御友神学和讃ぞ作さむ

九　日ノ本の基教やまるで今生教懸かり処ぞこの社会のみ

十　されどもや御神に聴きて「友よ」とぞ御友御声ぞ絶対関係

十一　絶対の関係とはや何あらむ信頼無尽見る前にぞや

十二　我のぞや思ひ出なべて包みつつ御父に献ぐ御運び御友

十三　運ばれずこの世に止む事や無き御運びの主よ御友恵みよ

十四　かかる事原爆投下悲劇にも貫徹なすや人類忘るなや

XXIII　（2016年8月23日）　平安無尽の歌四首

一　昨日や嬉しかりけり仄々と御国の友や祝さるる知る

二　令夫人御文やありて我の告ぐ友天にての笑みに笑みたり

三　かくてぞや木原家天地祝さるる我ぞ知りてや平安無尽

四　我が妻の絶後笑み増し不思議やもこの不思議こそ平安無尽

XXIV　（2016年8月24日）　楽しきは友の歌八首

一　楽しきは恩師記念の会の後とも二人とや復活談義

　　（備考：8月17日恩師竹中正夫教授没後十年記念の集い（新島会館）の後、同志社後輩春名康範師、西八條敬洪師と近くのカフェにてなり。拙著『復活の省察・上巻』など謹呈す）

二　君ねこれ大変だとは思はぬか一生のあと在るや永生

　　（備考：微々たる我らが一生、そのあとの無限なる宇宙的生命御友と共に御神に与へらる、これ「大変」成るぞ、なあ君！）

三　かく言へば友二人笑み麗しや我麺麭掴み意気軒昂も

　　（備考：気が付けば、我のみ食しおるなり）

四　熱誠の友我が歌ＵＰ今日もまた著作集はぞ二十巻余ぞ

五　友情と言ふもいかほど有り難き没後の準備全きがごと

六　さればこそ我が思念はやいや増せり八十路執筆楽しまむ哉

　（備考：日英書ここまでに習作多き故、只今七十九歳故、来年から十年間ゆっくりじっくり生涯の傑作五＋五出し往かむも）

七　如何なるの日にて今日もやあらうとも歌詠めばそも活力や出づ

八　まずはさて共著傑作英書をばアマゾンにてや謹呈せむか

　（備考：共著——Roland Faber and Santiago Slabodsky, eds., *Living Traditions and Universal Conviviality: Prospects and Challenges for Peace in Multireligious Communities*, Chapter 12 by Tokiyuki Nobuhara, "The Problem of the Two Ultimates and the Proposal of an Ecozoics of the Deity"（Langham/Boulder/New York/London: Lexington Books, 2016），一冊＄95.00なり。現代における諸宗教と諸社会の「Conviviality・共生学」を世界の15名の思索者がホワイトヘッド哲学の視点から縦横に論じたる傑作論文集なり。これ読まずして現代世界の最先端に触れる事能はず。地球先端ここにあり！　高価なる故、我少しずつアマゾン通じて購入し、諸処に献本せむ。これも楽しみの業ならむか）

XXV　（2016年8月25日）　我が妻やの歌七首

一　我が妻や切れ目なき笑みしめしてや一生の幸即永生と

二　我がぞやかく詠ふことさらにぞや何とも嬉し楽しとぞ妻

　（備考：でや、ノーちゃん。そやねん、父さん、サンキューね）

三　うちのなあ父さんはまあ我が事を次々詠ひ本作るねん

四　そやからねもう天にても有名よよかったなあと御友御父も

五　歌こそや天地誠を繋ぐもの永久の命を謝すやこそなれ

六　我が妻の絶後笑み増し絶へざるや御友運びて御父御許へ

七　かくほどに御国の喜悦あればこそこの世の旅路胸高鳴りて

XXVI （2016年8月26日） 命法の前なる地球歌十一首

一　ピカドンの一瞬に死す被爆者ぞ御友共にて御運びやあり

二　地球のぞリアリティにも深みあり核投下せるト氏浅瀬人

三　時代がや進む毎にや核犯罪御友至誠に戦くや今

　　（備考：「汝らの天の父至誠なる如汝らも至誠なれ」との命法、国際政治の力学を超えて妥当する故、ト氏ら核戦略に生きんとせる者たち、永久に戦くなり。これ、イスラム国の主導者、己らが爆破せし古代遺跡に慚愧に堪えぬ心と一般なり）

四　オバマ氏や広島感話抱擁を成したるやこそ戦きの内

五　人類の幼児期にこそ核いじりなせしも今や戦き時代

　　（備考：ジュネーブにての核軍縮に関する国連作業部会、核兵器禁止条約について2017年に交渉に入るべく、国連総会に勧告なす報告書を採択なすに関する投票実施するも、賛成68（メキシコ、オーストリア等）、反対22（オーストラリア、韓国等）、棄権（スイス、日本等）、欠席5（米中ロ仏英）の如しとか。『新潟日報』2016年8月24日付。これ、核戦略の進捗如何のみならず、核への戦きの形而上学的良心の如何を示せるに非ずや）

六　汎神論世を覆いてや核神と妄信せしも如何に果敢なき

七　オバマ核先制不使用何故に言ふ戦略超ゆる戦きやあり

八　時代はぞ汎在神論入りたり核恐怖より神恐れよや

九　憲法を書きたるのはや米なるぞ言ふも愚かぞ命法や在り

　　（備考：バイデン米副大統領の言なるも、尊きは御友命法、法源御父）

十　この時代核に戦く地球人御友命法何故信ぜざる

　　（備考：核の物理的破壊力に戦くを七十一年経験し耐へに耐へたる被爆者ぞ、何故にかく耐へたるや。ホ氏も言へり："We perish and

are immortal."[PR, 351, 82] 御友と共に復活ある故なり！　而して如何に
むごき思ひ出あるも、御友我らを運びて御父に至る。ここに、ポスト核
時代のメッセージあるなり。かくて時代のもっとも悪しき罪は、この復
活永生の福音を信ぜざる不信ならずや）

　十一　平安や御友と共に在る故に平和成る故またあるぞかし

XXVII　（2016 年 8 月 27 日）　今日の日もの歌八首

　一　貞美叔父復活歓喜夢にあり仄々とあり如何に嬉しき

　　（備考：我が母延原きよのの七人きょうだい（男 4 女 3）一番下
の弟山口（旧姓：結城）貞美この八日隠岐の島町布施にて 91 歳の天寿
を全うせるが、昨日その復活歓喜我が胸に届きぬ。歓喜無尽も）

　二　昨日や地球時代の良寛本急上昇ぞ嬉しかりけり

　　（備考：『地球時代の良寛：Ryokan in a Global Age』（新潟・考古
堂書店、2001 年）アマゾンにて 240,000 位の由。そろそろバイリンガル
本の時代なり）

　三　今日の日も新著短歌を打ち込むや喜びやあり心底にあり

　　（備考：喜び心底に滾らずして本作る能はず）

　四　我やこそ何が故かは知らねども命歓び心底溢る

　　（備考：これ全く我が故にあらず、賜物なり）

　五　我が歌やその日一等切なるの事を詠ふやなべて喜び

　六　朝餉にや必ず飯にお湯かけて食して後に野菜麺麹カフェ

　　（備考：これ甚だ体に良きなり。腹一掃に良し）

　七　どれ今日は八月の歌拙著とも友方にちと贈らむかや

　八　熱誠の友と歩むや驚くや二千日歌 UP 旅げにも

　　（備考：日本キリスト教団番町出合の家鳥飼慶陽師我が歌 UP 御
尽力、はや二千日の由、感謝無尽も！）

XXVIII　（2016 年 8 月 28 日）　しあわせならの歌五首

一　フィリピンの友肉親に哀悼を青春初心せし歌麗し

二　利人師の「しあわせなら手をたたこう」坂本九に器得て咲く

三　日本軍横暴無残悲しみしアジアの友に心添ふ歌

四　歌の元詩編身読深甚も現れたるや身振り歌佳し

　　（備考：木村利人先生、バイオエシックスの世界的権威、その初心を 25 歳の時（1959 年）フィリピンにワークキャンプに赴きし時、日本軍の傷跡友人の肉親の死にありと気付かされ、哀悼す。坂本九の有名なる歌「しあわせなら手をたたこう」の原作者として、現地の子供たちの手をたたく遊びと旧約聖書詩編 47 篇 1 節〈もろもろの民よ、手をうち、喜びの声を上げ、神に向かって叫べ〉を合わせて思索す。傑作の歌生まる）

五　ここからやバイオエシックス出でたると利人師や告ぐ生涯深々

　　（備考：木村利人先生 8 月 25 日付メール御芳書あり：「延原時行先生、折り返しのメールをどうも有り難うございました。かねてより、先生のとてもユニークで鋭い問題提起の数々の御著書を読ませていただきましたので、先生に直接お目にかかれた（注。8 月 17 日故竹中正夫同志社大学教授没後十周年記念の集い、於新島会館）のは大変に嬉しく、是も竹中先生のお陰様であると思っております。

　私自身の今から 57 年も前の実体験をベースにした番組をご覧頂けるとの事で、御礼申し上げます。

　私がバイオエシックスをはじめるに至ったルーツともいえるのがこのフィリピン体験でした。

　先生からの「風の便り」を楽しみにお待ちしております。

　主に在って、心からなる感謝をこめて。

　木村利人」

我がご返事、27 日付：「木村利人先生　NHK 特別番組しあわせなら

手をたたこう（再）坂本九の名曲誕生物語、心からの感謝をもって只今拝見致しました。有り難うございました。

　日本のフィリピンへの戦争の傷跡を心から哀悼することの中でフィリピンの友と共に青春を出発された際の「しあわせなら手をたたこう」の御歌が、ルカオ小学校から始まり、坂本九さんを生かし、かくも深甚なる影響・発展・Involution（内展）を世界中に巻き起こしたこと！　これは、詩編47篇の身読にはじまる、摂理であります。

　それがバイオエシックス追究の御生涯の発端であったとの御述懐、尊いものに存じます。

　私はバイオエシックスの根底は、永生であると信じますから、あの時の写真の方々への哀悼こそが、先生にとってバイオエシックスの原点なのでありましょう。

　右、こころよりのお礼方々

　草々不一

　延原時行」）

XXIX　（2016年8月29日）　永生ありてこその歌十首

一　オバマ氏や平和スピーチ抱擁をなしつ哀悼永生者にぞ

二　これほどの肝心の事欠くるなやさもなくばそも誰喜ばむ

三　森氏はや逝きし米兵喜ばむ言ひしや無論永生祝し

　（備考：2016年5月27日オバマ米大統領と共に、12人の米軍兵士被爆者を広島被爆者と共に、哀悼しつつなり）

四　哀悼を死者喜ばむ言ふ言葉意味あるはただ永生ありて

五　命とは正しく死の死なればこそこの真実を打つや喜び

　（備考：『第一コリント』15・51 – 57、熟読参照）

六　しあわせや死の死打つ音なればこそ手打ち鳴らして共にぞ往かむ

七　御友がや死にぞ己が死打ちてぞや復活さるるこれぞしあわせ

八　さらばぞや死の死復活手をたたき喜び祝ふ命限りに

（備考：木村利人先生よりメール御返書ありたり、8月28日付、感謝無尽も：「延原時行先生　昨日は、NHKBS1のドキュメンタリードラマをご覧下さり、直ちにコメントをお送り下さり本当に有り難うございました！

日比の戦争の傷跡を哀悼するあの歌のグローバルな展開は、「詩編47篇の身読にはじまる、摂理である」との先生の御洞察による極めてユニークなコメントに深く教えられ、心から感謝申し上げます。

さらに、バイオエシックスの根底は「永生」であるとの先生のおことばに思いを深め、益々豊かな発想によるバイオエシックスを展開して行くつもりでおります。

今後とも、色々とご教示給わりたく何卒宜しくお願い申し上げます。

心からなる感謝を込めて。

木村利人　拝）

九　ホ氏に言ふ滅して不滅ありてこそ命や命誠命ぞ

（備考：ホ氏も書けり："We perish *and* are immortal."[PR, 351, 82] この *and* 幾たびも言へるが、御友の人生の岸辺に実在し給ふ御臨在あらはすなり）

十　御友こそ岸辺に立ちて待ち給ふ我が妻絶後笑み増すやほど

（備考：『ヨハネ』21・4、熟読参照）

XXX　（2016年8月30日）　御友全一学の歌十首

一　誠にや平安ありて平和なる全一学の定義これなり

（備考：今や今生のみならず、永生も含みたる学、全一学なり。全一学を定義せば、「平安ありて平和なる」なり。これ御友神学の精髄

なり。この見地まで導かれたる、何たる感謝ぞ！）

二　この学を生くる方こそ御友なり思ひ出父に霊ぞ下るや

　　（備考：御友全一学の両翼、「思ひ出父に」「霊ぞ下るや」なり）

三　御友こそ一切父に運ぶ方御父の霊や地に成し給ふ

四　不思議なりこの世一切思ひ出ぞ世の体皆過ぎ去るやこそ

　　（備考：これこの世の何たるかを示すなり。この世のありのまま
の姿、不変の体に非ず、体常に滅しつつ思ひ出御友に運ばれ父に至る「過
程」これなり。されど、この過程、霊の体とは言はるるなり。ホ氏も言
へり："We perish *and* are immortal."[PR, 351, 82] *and*＝御友「御運び」。
この見地我「大乗基督教」と呼称するなり。御友の「御運び」救ひなり
と仰ぐ信仰なればなり）

五　御友がや一切御父運ぶ時思ひ出や在りこれ永生ぞ

六　御友がや御運び在るやその限り我ら一切永生なすや

　　（備考：これ平安なり）

七　御父がや御友に託し霊下す「わが羊飼へ」命法や在り

　　（備考：これ平和なり）

八　かくてぞや御友宇宙の交互軸

　　The Great Companion,

　　The Fellow-Sufferer ↓

　　Who Understands ↑

　　（備考：See PR, 351）

九　平和とは御友とこの世造る事平安御父知る事なるや

十　御友のや全一学や麗しき上りて下る召天受肉

　　結語　（2016 年 8 月 31 日）　新たにやの歌四首

一　新たにや我が胸底になにゆえか喜悦の歌や響きおるなり

二　我が妻や切れ目なき笑み浮かべてや岸辺の御友証示一心

　　（備考：『ヨハネ』21・4、熟読参照）

三　人やしも死なば死ぬほど生くるとや御友告ぐるや命音信

　　（備考：『ヨハネ』12・24 − 25、熟読参照：一粒の麦地に落ちて死なばぞや、多くの実をば結ぶあらむも）

四　良寛や全一学を詠ひけり「とをと納めてまたはじまるを」

　　（備考：今生や「つきてみよひふみよいむなやここのとを」の響きあり。「とをと納めて」平安よ、「またはじまるを」平和の道言ふ）

［了］

エピローグ　形而上学的後書にむけて

はじめに

　本書は、はしがきでも述べておりますように、前著『良寛「風の歌」にちなんで──御友神学の省察』の哲学的かつ詩的「補遺」を成すことを使命としております。そのことは、前著の重要な二首の短歌に挟まれて、良寛「風の歌」にちなんで──御友神学の省察を展開しているところにある必然性を内包しています。ある必然性と申しますのは、御友神学の省察の形而上学的背景がまだ十分に論じ尽くされてはいないからです。

　はしがきでは、本書が前著の哲学的かつ詩的「補遺」として描かれねばならない必然性を、前著に示した重要な二首の短歌に挟まれてある、という言い方で指摘しました。二首の短歌とは、以下の如くです。

　かく見れば「獣に」原爆投下なすト氏やなきなり御友心や（前著、9頁）
　人類や核病理学渦中にやありてのたうつ罪人の群れ（同、195頁）

　第一の短歌では、トルーマン米国大統領による広島と長崎への二発の原爆投下の問題性を「なきなり御友心や」と指摘しています。特殊に「対日本的」報復意思が指摘されています。その背後に、前著がその主題とした「宗教間対話」ことに「仏教とキリスト教の対話を含む東西対話」を忌避するキリスト教絶対主義の宣教学が控えていることを示しています。第二の短歌では、これに反して、広島・長崎への原爆投下が「人類全体にとっての核時代の開始」という20世紀─21世紀の深刻な時代的桎梏であることが挟られています。

240

この核時代の桎梏に決別するには、核時代を招来した米国の現役の大統領が、第一に、原爆投下の被爆都市広島に足を運び、第二に、広島の核惨禍が人類史的視点から見て何を意味するものなのか、その「歴史観」を明確に述べ、そして第三に、「核文明」の罪を告白して改悛の意思を表明するのでなくてはなりません。

　本書の第三章「わが短歌神学日記」に、これらの三重の人類史的責務をオバマ米大統領が果たしたことを、私は詩的かつ哲学的に綴ってまいりました。オバマ大統領は、2016年5月27日広島平和記念公園に赴き、平和記念碑の前ですべての被爆者と第二次大戦のすべての犠牲者に哀悼の誠を捧げ、核時代が人類の犯した文明的「コア矛盾」であることを広島平和スピーチの中で懺悔し、人類の未来に関しては「その未来では、広島と長崎は核戦争の夜明けとしてではなく、道徳的な目覚めの始まりとして知られるだろう」と、文明改悛の心を表明されたのであります。

　この広島と長崎に刻印された「道徳的な目覚めの始まり」の哲学的意義を明らかにするために、私は本書の第一章では、「平和基礎学としてのホワイトヘッドの平安哲学」、第二章では、「西田における哲学と宗教──ハーツホーン、滝沢、トマスとの対話のなかで」を論じ、基調は「平安ありて平和なる」であると表明しました。直接的な《平和構築》の粘り強い作業の前に《宗教的な平安体験》の不可避であることを訴えたのであります。第三章では、「わが短歌神学日記」の形で「平安ありて平和なる」その不可避性を己自身の実存と時代の「詩と真実」として深く内省し、高々と詠いあげたのであります。

　そうして今、このエピローグにおいて「形而上学的後書にむけて」思いを新たにしたいと祈念するのであります。「平安ありて平和なる」のモチーフは、本書全巻に鳴り響いて、オバマ米大統領の広島平和スピーチと森氏抱擁にその具体的実現を祝福されているのでありますが、最後

に、このモチーフの「形而上学的基礎付け」を「後書」として詳らかにする必要があります。第一節は「恩師ジョン・B. カブ, Jr. 教授との英文往復書簡」、第二節は「わが短歌神学日記——復活形而上学の省察にむけて」。

英文往復書簡は、あとがきのはじめに邦訳を収めます。ここでは、カブ教授と米国の友人たちの変わらぬご友情に感謝して、巻頭の言葉に英文での対話の言葉をいただいたその締めとして、英文での対話を記載するのが、礼儀でございましょう。お許しください。読者諸賢のご寛恕を頂けましたら誠に光栄でございます。まことに幸いなことに、1976 年の渡米以来、クレアモント神学院（1976-1978）、クレアモント大学院大学（1978-1981）における神学とホワイトヘッド哲学に関わる直接の懇切丁寧なご指導をはじめとして、生涯のご教導をいただいている恩師カブ先生には、この度の往復メール対話において、私は、ホワイトッヘッド哲学の理解の共同刷新に恵まれました。それも、仏教の空観を含んだ、ホワイトヘッドの主要思想「Creativity の神秘」をめぐってであります。何という慶賀すべき摂理的祝福でございましょうか！

こうして私は、オバマ米大統領の広島平和スピーチと森重昭氏抱擁という歴史を画する「平和事件」《an epoch-making peace event》を主題とする本書『平安ありて平和なる』の論述二章におけるホワイトヘッドと西田の東西学派の対話研鑽の後に、わが短歌神学日記の轍のまだ乾かぬうちに、この摂理的祝福に恵まれたのであります。深くカブ先生のご薫陶に心より厚くお礼申し上げます。第二節は、我が短歌神学日記の締め「復活形而上学の省察にむけて」において、私は根本的形而上学的ブレイクスルーに達しました。一首添えます。

　　創作用そも究極事性成すや無自性なるに大悲事に寄す

（備考：事＝一々の存在者ないし事象。恩師カブも書けり：Whitehead agrees with Buddhism in this emphasis on event and the negation of substantial reality. But the identification of the ultimate as creativity gives a more positive tone to the understanding of each instance thereof, despite its total lack of substantiality." (written on October 13, 2016)

　この一首に関わる発見は、無自性なるに事は生死を超えて大悲の寄せ来たる者である、というものであります。これが「Creativity の神秘」のもたらす形而上学的後書の結語の粋であります。死んだから、我々が「大悲の寄せ来たる者」にならぬというような事は金輪際ありません。そう考えている限り、人は寂しく「逝去する」と他者に関しても自己に関しても思い定めることでしょう。別言すれば、人は死んでも生きてもこの大宇宙に「大悲の寄せ来たる者」という居場所を与えられているということであります。この事実は、通常の因果論を超える「Creativity の神秘」を見なければ、了解不可能です。第二節は、この発見に最終的に撞着します。ご期待ください。

第一節　In Dialogue with Professor Dr. John B. Cobb, Jr.: Toward a Metaphysical Postscript

I The First Letter by Tokiyuki Nobuhara:

Dear Dr. Cobb, Friends and Colleagues,　　　　　　　October 12, 2016

My new book in Japanese titled *Peace Brings about Earthly Peace: Whitehead's Doctrine of Peace, Nishida-tetsugaku, and My Theological Diary in Tanka* (Niigata: Kokodo Shoten, 2016) is soon to appear. I am about to proofread it from tomorrow.

Whitehead's wisdom contained in the dictum to the effect that "The immediate experience of this Final Fact, with its union of Youth and Tragedy, is the sense of Peace" (AI, 296) is ultimately important; and his subsequent dictum is indicative of the way in which earthly peace is to be achieved concretely: "In this way the World receives its persuasion towards such perfections as are possible for its diverse individual occasions."(ibid.)

Chapter I: My article "Whitehead's Doctrine of Peace As a Fundamental Peace Research"appeared in *Academia,* No. 156, April 2016, 11-21.

Chapter II: I have studied how a similar understanding of peace and earthly peace appears in Nishida in an essay titled "Philosophy and Religion in Nishida: In Dialogue with Hartshorne, Takizawa and Thomas" (*Nishida Tetsugaku Nempo,* No. 5, July 2008, 45-62).

Chapter III: *My Theological Diary in Tanka* appeared in my Mail Magazine *"Kaze no Tayori: Letters with the Wind,"*No. 248, April thru No. 254, October 2016.

At the center of this volume is my meditation on Pres. Obama's peace speech at Hiroshima Peace Memorial Park on May 27, 2016—and this in a threefold manner in three chapters.

*

In the Epilogue titled "Toward a Metaphysical Postscript"I have described some of my new discoveries concerning Whitehead's philosophy. These are what I want to speak of today before you. First, regarding the mystery of creativity. As you might notice, Whitehead speaks of creativity in a twofold manner, mysteriously enough: On the one hand, "Creativity is without a character of its own."(PR, 31) On the other hand, however, he tends to manifest the other aspect of creativity by saying that "Creativity is the universal of universals characterizing ultimate matter of fact."(PR, 21) Though character-*less* in itself, creativity is attributing a characterless nature of itself only to ultimate matter of fact as a meta-categorical "character." What a mystery? What is the reason for it?

My answer: Creativity is characterless categorically. It is referred to as the universal of universals characterizing the latter. That is to say, creativity is loyally in service to ultimate matter of fact in order to transmute the rigid immutable nature of ultimate matter of fact into a substanceless movement, creativity.

Second, this is pretty much adventurous on the side of creativity. Because of this adventure, it now appears, as Whitehead says, that "In the Supreme Adventure, the Reality which the Adventure transmutes into its Unity of Appearance, requires the real occasions of the advancing world each claiming its due share of attention."(AI, 295)

To me, the role of the Adventure resembles pretty much Jesus' role as the great petitioner asking the Father in the following manner: "So now Father, glorify me in your own presence with the glory that I had in your presence before the world existed." (John 17: 5) The original glory, like my teacher Katsumi Takizawa's notion of the *Proto-factum* Immanuel, is challenged by Jesus in his petition toward the Father to be transmuted into a new nascent glory, the Resurrection. This state of affairs is precisely applicable to the case of Jesus' cry on the cross, "Eloi, Eloi, lema sabachthani?," if I am correct.

In any case, the net result is like this: Creativity, though it is without a character of its own, brings itself as a meta-categorical character loyally before the presence of ultimate matter of fact in order for the latter to transmute itself into its Unity of Appearance, namely, Co-Resurrection with creatures. Thus, we now can have three types or stages of process: first, the process of "transition" from the past to the present; second, the process of self-decision of the present in the form of "concrescence"; and third, the process of "ad-venture" jumping up toward the future.

Cordially,
Toki

II The Second Letter by John B. Cobb, Jr.　　　　　October 13, 2016

Dear Toki, Congratulations on yet another book. I cannot think of a more important topic today than peace. I fear my country is a great threat to peace, and I appreciate your tying personal peace to the historical peace we also need so badly.

I will comment seriously on just one topic. I agree that creativity is a mystery. That is, every attempt to state what it is faces the fact that it is completely unique. However, I think we can understand in a profound way.

Perhaps it may help to think of other philosophical ways of answering the same question. That is, what is every, actual thing whatsoever an instance of ? Most of our attention is devoted to the actual things themselves and what distinguishes them from one another. But we can also ask what characterizes all of them, what is the universal of universals? One might say, what constitutes all of them.

In the Aristotelian tradition this becomes prime matter, the material cause of everything that in itself has no form. Thomas Aquinas named it Being Itself, and in Western thought this is the most common name. Being itself, of course, has not form, but every instantiation of it, that is, every being is characterized by form.

I think that Sunyata plays this role. If we translate it as "emptying," emptying is what everything is. It has no form. It is the universal of universals.

Whitehead tells us that everything is an instance of creativity. This

247

means that the ultimate actualities should not be thought of as beings but rather as becomings. Events replace substances. Every event is characterized by eternal objects, but creativity as such is neutral with respect to what eternal objects characterize it. Whitehead agrees with Buddhism in this emphasis on event and the negation of substantial reality. But the identification of the ultimate as creativity gives a more positive tone to the understanding of each instance thereof, despite its total lack of substantiality.

I don't think that anything I have said conflicts with anything you have written. Just commentary.

Incidentally, I will be in Japan for a few days the end of January and the first of February. It would be great to see you if that turned out to be convenient for you. John

III The Third Letter by Tokiyuki Nobuhara   October 13, 2016

Dear John, Thank you so much for your appreciation of my tying personal peace (i.e., nirvana) to the historical peace we also need so badly. This tying was visibly shown in and though President Obama's Hiroshima peace speech and his embrace of a Hibakusha historian Mr. Shigeaki Mori. The photo of this scene appearing in the Niigata Nippo (or Daily) and other innumerable newspapers in Japan will be on the cover of my book. How nice!

Thank you so much also for articulating the mystery of creativity so splendidly in conjunction with the Aristotelian matter, the Thomist Esse, and the Buddhist emptiness as it empties itself. The following passage of yours is a great one: "But the identification of the ultimate as creativity gives a more positive tone to the understanding of each instance thereof, despite its total lack of subustantiality." This reminds me of Whitehead's phrase "each claiming its due share of attention"(AI, 395).

Your coming to Japan early next year as the keynote speaker at an ecology symposium at Doshisha University, which will be co-sponsored by Japan Society for Process Studies, is a blessing to us. President Prof. Yutaka Tanaka and all of us acknowledged this event with joy publicly at our 38th Whiteheadian convention at Rissho University Shinagawa Campus in Tokyo, October 8 thru 9, 2016. God be with you!

Cordially,

Toki

第二節　わが短歌神学日記——復活形而上学の省察にむけて

I　（2016 年 10 月 1 日）　究極的実在即妙用の歌十首

一　究極に在るもの何ぞ実在かそれとも作用活動か

　　（備考：これが我が年来の哲学的神学的問なり：See Tokiyuki Nobuhara, "Reflections on the Three Ultimates and the Mystery of

Creativity: In Dialogue with John B. Cobb, Jr. and Bob Mesle," *Bulletin of Keiwa College*, No. 19, February 2010, 1-18.; 拙稿「三究極者と『Creativity の謎』を巡って――カブ、メッスリー両教授との対話」(『プロセス思想』第十四号、2010 年、95-109 頁);拙著『宇宙時代の良寛・再説――ホワイトヘッド風神学と共に』新潟・考古堂書店、2014 年、179-222 頁、参照)

　二　恩師はや究極事をば名付けてや「原決定の原生起」述ぶ

　　　(備考：決定(インマヌエルの原事実)が何故生起なのか――これ「実在」と「作用」の関係の設問なり。恩師のインマヌエルの原事実の哲学追究の最晩年に出現せし設問なり。尊し。滝沢克己『あなたはどこにいるのか――実人生の基盤と宗教』(東京・三一書房、1983 年)、102 頁、参照)

　三　一切を己が性^{さが}なす創作用究極事のや性なりとホ氏

　　　(備考：これ我ホワイトヘッド哲学の根本問題なりと感ずや。ホ氏 "Creativity is without a character of its own." (創造作用はそれ自体の性格付けを欠如なす) と言ふ。さらに "It cannot be characterized, because all characters are more special than itself. But creativity is always found under conditions (such as God and creatures), and described as conditioned."［PR, 31］と言ふも、『過程と実在』原書 21 頁においてのみ、"Creativity is the universal of universals characterizing ultimate matter of fact."(創造作用は究極事態を性格付ける普遍の普遍なり)［PR, 21］と述べて、性格付けを欠如したる「創造作用」そのものが「究極事態」に対してのみ自らが性格付けを演ずるとなせり。この矛盾は何故ぞ?)

　四　ホ氏さらに実在冒険ありてこそ「ともあらはれ」に変転と言ふ

　　　(備考："In this Supreme Adventure, the Reality which the Adventure transmutes into its Unity of Appearance, requires the real occasions of the advancing world each claiming its due share of attention."[AI, 295])

　五　この場合世界内的機縁をぞ実在求む大切なりと

　六　三と四と併せて見れば創作用冒険ありて実在「性（さが）」ぞ

　七　冒険や御友究極実在に創作用のぞ発動欣求

　　（備考：ここにおいて重要なるは、『ヨハネ』17・5におけるイエスの祈りなり：「父よ、世が造られる前に、わたしがみそばで持っていた栄光で、今み前にわたしを輝かせてください」）

　八　七はぞやイエス哲学そのものぞこれ主の祈り原型なるや

　　（備考：「栄光」＝実在。「父輝かせ給ふ」＝創作用。「主の祈り」＝「一としての宇宙における冒険」《an Adventure in the Universe as One》[AI, 295]）

　九　我の言ふ御友神学誠これ実在妙用宇宙真実

　十　宇宙のや真実一路遂にはぞ此処に窮むや実在妙用

　　Ⅱ（2016 年 10 月 2 日）　三極形而上学の歌十二首

（前言）

　一　日ノ本の基教社会の救済教復活欠如誤訳深刻

　　（備考：『ヨハネ』21・15 の聖書協会口語訳＝新共同訳「世紀の誤訳」なり：「あなたはこの人たちがわたしを愛するよりわたしを愛するか」（口語訳）；「この人たち以上にわたしを愛しているか」（新共同訳）。真実は、「汝これらの物（注。網、船、ペテロの旧来の生業漁業一般、延いては宇宙の諸多性）よりも我――アブラハムの生まるより先に在る《我》（『ヨハネ』8・58）――を愛するか」（私訳：拙著『復活の省察・上巻』31-36 頁、参照）なり）

二　復活の形而上学知らざるやこの世超えざる汎神論げに

三　復活や汎在神論御友共生くる道ぞや御父御許へ

（昇天論）

四　人がぞやこの世去りてや昇天の栄誉ありてや三極学ぞ

（滝沢学――昇天直前哲学）

五　究極事「原決定の原生起」二極学なり動因要す

（備考：滝沢学は二極構造なり。『あなたはどこにいるのか――実
人生の基盤と宗教』102頁、参照）

（ホワイトヘッド復活論三極構造論「AI, 295」）

六　冒険や御友究極実在に創作用のぞ発動欣求

（備考：創作用 = transmutation of the Reality into its Unity of
Appearance while requiring the real occasions of the advancing world
each claiming its due share of attention なり。これ創作用（Creative-ac-
tivity：the Many become One and are increased by One）の宇宙論的再
定義なり：①冒険＝御友欣求；②実在；③創作用発動）

（主の祈り三極論：『ヨハネ』17・5）

七　御友イエス父に祈りて原栄輝かしめよ三極如実

（備考：①御友イエス父に祈りて：②原栄：③輝かしむる＝創作用）

（反転論＝復活動力論）

八　創作用元々己が性なきも実在のぞや性ならむとす

（絶後笑み増し論）

九　我が妻や絶後笑み増し不思議やも深き低みの底ぞ飛翔す

（備考：①我が妻や絶後笑み増し（主体）；②深き低み（実在）；
③底ぞ飛翔す（妙用）

（三極復活形而上学：結語）

十　三極の形而上学発動す御友共にて御父へ飛翔

十一　この喜悦滾ることなく如何で我御友全一学やなるかは

十二　全一や「わが羊飼へ」御声ありとをと納めてまたはじまるを

　　　（備考：今生や「つきてみよひふみよいむなやここのとを」の響きあり。良寛詠ふ「とをと納めて」平安よ、「またはじまるを」平和の道言ふ。実に復活御友全一学ぞ。仏教流にや、鈴木大拙博士はや、衆生無辺誓願度悟りと成せり）

Ⅲ　（2016 年 10 月 3 日）　この朝も喜悦の歌二十三首——三極形而上学復唱追記

一　この朝も喜悦滾るや我が胸底その理三極詠ひし嬉し

　　（備考：10 月 2 日付「三極形而上学の歌」参照）

二　人間ふや汝が連れ合ひや逝去せし寂しさと共喜悦有りとや

　　（備考：この問聊か不審の趣あるも、興味津々の如くもあり）

三　世を覆ふ逝去の調べ一滴も復活歓喜なきぞなにゆえ

　　（備考：これ我が基教一般の風潮への反問なり）

四　不思議なる物見しとでも言ひたげに「喜悦有りとや」人あり尋ぬ

　　（備考：我が喜悦基教一般には「不思議」の如し）

五　我が妻や生涯の果て切れ目なき笑み零るるや偉業やこれぞ

　　（備考：復唱）

六　世の仕事幾万あるも敵はぬや切れ目なき笑み御友の香り

　　（備考：復唱）

七　天地の切れ目なき故何なるや御友臨在笑み崇む妻

　　（備考：復唱。ホ氏も言へり："We perish and are immortal."[PR, 351, 82] この and 御友なり）

八　汝死なば即刻御友汝運び天父に至るこれ AND なり

九　我が妻や絶後笑み増し不思議やも深き低みの底ぞ飛翔す

（備考：復唱）

十　逝去論実在妙用まずや無し而して動因御友知らずや

（備考：一般基教の復活欠如二原因あり：①実在妙用の覚り無し；②動因御友神学や欠如す）

十一　創作用元々己が性_{さが}無きも実在のぞや性ならむとす

（備考：これホ氏の実在妙用論なり［PR, 31+21］：① Creativity is without a character of its own; ② Creativity is the universal of universals characterizing ultimate matter of fact. 実在妙用論、仏教の龍樹「空は空自らを空ず」に通ず）

十二　究極事「原決定の原生起」二極なり動因要す

（備考：復唱。滝沢克己『あなたはどこにいるのか――実人生の基盤と宗教』102頁、参照。これ実在妙用論なるも、動因明示ならず）

十三　冒険や御友究極実在に創作用のぞ発動欣求

（備考：復唱。ホワイトヘッド復活三極構造論なり：①冒険＝御友欣求；②実在；③創作用発動。［AI, 295］）

十四　御友イエス父に祈りて原栄輝かしめよ三極如実

（備考：これイエス哲学の極致なり。『ヨハネ』17・5、熟読参照：①御友父に祈りて；②原栄；③輝かしむる＝創作用）

十五　三極の形而上学発動す御友共にて御父へ飛翔

（備考：これ我が御友神学の省察核心なり：①御友共にて（動因）；②御父へ（実在）；③飛翔（妙用）の三極なり）

十六　基教にぞ復活信仰萎へたるや形而上学学びなき故

十七　社会のぞ救済教に堕したるや己が救済復活知らずも

十八　誠にやかかる基教ぞパウロ述ぶこの世に有るの「単なる望み」

（備考：『第一コリント』15・19、熟読参照）

十九　先生と崇めらるるうち己らや心空っぽ昇天や無し

二十　それ故に遂にや牧師顔やめて一声叫べ御神様と

二十一　我にとり一声げにも歌なるやこの歌御友共ます嬉し

二十二　単なるの望み超ゆるに二法あり形而上学御友神学

　　　（備考：形而上学「実在妙用」教へ、御友神学その動因示すなり）

二十三　かく詠ひ喜悦益々滾りてや身もや心も飛び上がらむも

　　　（備考：なあ、ノーちゃん。そう、父さん、嬉しい嬉しい。喜び
天上天下やな。まさにね）

　　　Ⅳ　（2016 年 10 月 4 日）　先達にの歌十四首

一　先達に令夫人のぞ悲報受く「深刻打撃全一に在り」

二　全一や生死含めて一つなるいのちの幸ぞ御友共にや

三　我やしも三極形而上学と詠ひしものや全一学よ

四　如何にぞや辛き言へども切れ目なき天地の幸や共ませる哉

五　日に三度逝きし友方祈りにぞ憶えて悟る喜悦滾るを

六　昨日や歌ながしまに赴きて心ゆくまで味わいにけり

　　　（備考：ながしま＝城下町新発田の老舗鮨処なり）

七　先達の御文拝読令夫人全一学中笑み給ふ知る

　　　（備考：小野寺功先生 9 月 23 日御書簡に以下の記述あり、深謝無
尽も！：「延原先生の奥様のように牧師の資格のあるキリスト教の深い
理解者ではありませんが、信仰の同伴者として共に歩んできた者として、
先生がこれまで書かれてきたことの真実性が実によくわかります。

　この度の「風の便り」の中に「御友全一学の歌」という言葉が出て参
りますが、これは私の立場と極めて近いという気が致しました。

　私は学生時代にロシア哲学の創始者ウラジミエル・ソロヴィヨフと、
日本では森信三先生から全一学の「学問方法論」を学びましたが、三位
一体の場の神学は哲学的にはこの全一学と結びつくように思います。延

原先生がこの点に着目して下さるのは、私として大変嬉しく、これも必然的な流れという気が致しますが、最後に「絶対無的主体のはたらき」という言葉が出てきますが、日本の哲学や神学も、ここまでこないと、その独自性を生かすことができませんね」)

　八　我が妻の切れ目なき笑み道場と成せる我が道嬉し嬉しや

　　　（備考：我が妻の切れ目なき笑み見詰めに見詰めて我「三極形而上学の歌」に想到せり。それ故妻笑み我が活ける道場なり。決して「哀れなる寂しき逝去物語」にあらず）

　九　単なるの望みに過ぎぬ基教去り生死全一復活道往く

　十　我が妻や絶後笑み増し不思議やも深き低みの底ぞ飛翔す

　　　（備考：復唱。深き低み＝太初のロゴス（『ヨハネ』1・1・第一項；底＝神と共なるロゴス（『ヨハネ』1・1・第二項；飛翔す＝御父へ、なり）

　十一　我が望み復活徹見時代底「平安ありて平和なる」燃ゆ

　　　（備考：『平安ありて平和なる――ホワイトヘッドの平和論、西田哲学、わが短歌神学日記』只今新潟の考古堂書店にて印刷に入りたり）

　十二　我が妻の切れ目なき笑み道場ぞさて如何なるの成果あらむか

　十三　この秋や復活あらば核時代今や正にぞ変転間際

　十四　寂しきの逝去感覚時代底潺り潺りて喜悦変貌

　　　V　（2016 年 10 月 5 日）　美しくもやの歌十七首

　一　復活の三極学や誠にやその変転ぞ美しくもや

　二　あたかもやオートファジーの真実の宇宙大にぞ生起せし如

　　　（備考：［ストックホルム共同］スウェーデンのカロリンスク研究所は 3 日、2016 年のノーベル医学生理学賞を、細胞が自分のタンパク質を分解してリサイクルする「オートファジー（自食作用)」と呼ばれる仕組みを解明した大隅良典・東京工業大学栄誉教授（71）に授与すると

発表した。『新潟日報』2016 年 10 月 4 日付。オートファジー：「細胞が自らの内部にあるタンパク質などを分解する仕組みで、自食作用と呼ばれる。1960 年代に大まかな概念が提唱されたが、詳細は謎だった。細胞内に小さな膜が現れ、球状に丸まりながらタンパク質を取り込む。そしてリゾソームなどの小器官と融合し、酵素でタンパク質を分解する。不要な者だけを狙い除去するのではなく、一気に大量に分解するのが特徴。細胞の健康を保つほか、分解したタンパク質を栄養源に再利用することで飢餓に耐える働きがある」)

　三　固定的実在冒険欣求すや「ともあらはれ」に変転麗し

　　（備考：ホ氏復活形而上学を見よ："In this Supreme Adventure, the Reality which the Adventure transmutes into its Unity of Appearance, requires the real occasions of the advancing world each claiming its due share of attention." [AI, 295])

　四　地上のぞ逝去観にぞ誘はる人類変転美見るや難きか

　五　されど我閃光一瞬復活美はっと息のむ見惚れしげにも

　六　我が主イエス原栄をば御父よ輝かしめよ祈りしやそも

　　（備考：『ヨハネ』17・5、熟読参照）

　七　復活美妻笑みにしも我や見し詠はんとすも詠ひ切れずや：

　　　（一）底飛翔

　八　我が妻や絶後笑み増し不思議やも深き低みの底ぞ飛翔す

　　　（二）いのち祝福

　九　切れ目なき我が妻の笑み告ぐるこそ生死一体いのち祝福

　　　（三）深く諭さる

　十　いのちとは切れ目なき事或日我深く諭さる我が妻笑むや

　　　（四）御友いませば

　十一　汝が笑みや生涯の際溢れてや絶後いや増す御友いませば

十二　人もしや復活前提思惟なすや奪い合ひなる今生や無し：

　　（備考：これ誠「平安ありて平和なる」の真意なり）

　　　（一）　復活原理の科学

十三　大隅氏細胞復活実証す宇宙復活原理ぞありて

　　　（二）　オバマ改悛画期的意義

十四　核戦争異なる原理妄信し米や始めしオバマ改悛

　　　（備考：核時代始めし原罪、これ基教絶対主義米国にあるなり。オバマ広島平和スピーチ改悛、自ら思ふ以上に重大なり。これ、神への約束なるが故に）

　　　（三）　核軍略限界

十五　人類如何に核軍略で生きむとも命法やなし根底になし

　　　（四）　投下憲法嗚呼

十六　命法の無きままにぞや何故投下さらに憲法施与なせし嗚呼

　　　（備考：原爆投下を「憲法」の法源となすは、a Fallacy of Misplaceed Lawfulness「誤認されたる命法の誤謬」なり。これ、ホ氏の所謂 "a Fallacy of Misplaced Concreteness" の一種なり。真の「現実」ならぬ、妄想の「現実」を現実と信奉する故なり）

　　　（五）　復活脱核時代

十七　復活の形而上学心して見れば宇宙や脱核時代

　　　Ⅵ　（2016 年 10 月 6 日）　天地にの歌十二首
一　天地に甦りのや音信の響きてありや如何に嬉しき
二　我が妻や切れ目なき笑み零れてや甦りの主御友称ふや
三　御友はぞホ氏の称へて書きし如 the Great Companion,

　　The Fellow-Sufferer ↓ Who Understands ↑

　　（備考：See PR, 351）

四　十字架に架かりて陰府（よみ）の深みまで下り給ひて↓昇天御友↑

五　御友共細胞内部タンパク質分解してや↓栄養源とす↑

　　（備考：大隅良典・東京工業大学栄誉教授ノーベル賞医学生理学賞受賞の「オートファジー（自食作用）」細胞リサイクル解明の光輝此処に在り）

六　人如何に悲惨なるとも↓裏からぞ神共にます見れば微笑ぞ↑

　　（備考：復唱）

七　我が妻や絶後笑み増し不思議やも深き低みの底ぞ↓飛翔す↑

　　（備考：復唱）

八　この宇宙如何に沈みて呻吟の極みに在るも↓底在りて飛翔す↑

九　かくあれば人よ汝が底見るの日も↓底の底ぞや飛翔将にや↑

十　楽しみや拙著親しき友に宛て謹呈なしつひそと激励

　　（備考：『復活の省察［上巻］――妻と歌う：生くるとは深き淵より共々に甦ること喜びてこそ』（新潟・考古堂書店、2014 年）なり）

十一　激励や天地にぞやずずいとや汎復活の御友論これ

　　（備考：しかるが故に宇宙論的ならぬキリスト論正当ならず。受肉の「肉」豈「細胞リサイクル」ならずや？　復「活」なき「人生」この全一（生死一体）の宇宙にあるなし！　なんとなれば、「一体」御友の御事なればなり）

十二　我がぞや生くるも死ぬもこの宇宙御共ならざる在り得ざるかな

Ⅶ　（2016 年 10 月 7 日）　心一つにの歌七首

一　闘病中我が妻や誉む助け人幸ひなるや汝や輝く：

Blessed are those who are shining

While serving people sincerely

On the corner of a table. May 15, 2011

（備考：延原信子英文箴言第十二条「幸いなるかな、テーブルの片隅で人々に真摯に仕えながら輝いている人々！」『復活の省察［上巻］──妻と歌う：生くるとは深き淵より共々に甦ること喜びてこそ』、65頁、参照）

二　我が妻の英文箴言読むうちに心一つに絆や新た

三　妻や言ふ偉いのはげに看護方きつい場にあり心尽くさる

四　夕餉時妻と我のや祈るうち白衣の友や合掌ともに

（備考：新潟県立リウマチセンターの新保看護師妻と「信（子）ちゃん」「玉（代）ちゃん」呼び合ふ親友なりき。「私も一緒に祈らせて」と言ひ給ふ）

五　復活の喜び新た我が妻や白衣の友に頭下げつつ

（備考：なあ、ノーちゃん。そう、父さん、嬉しい嬉しい、おおきにね）

六　細胞に小さき被膜祈り如病覆ひつ甦りうむ

（備考：大隅良典教授の此度のノーベル医学生理学賞の「細胞リサイクル解明」における起死回生の「細胞被膜」主の祈りなると知る）

七　誠にや祈りの被膜水の面おおひしゆえに創造やあり

（備考：「はじめに神は天と地とを創造された。地は形なく、むなしく、やみが淵のおもてにあり、神の霊が水のおもてをおおっていた。神は「光あれ」と言われた。すると光があった。神はその光を見て、良しとされた。」『創世記』1・1-4、熟読参照）

Ⅷ　（2016 年 10 月 8 日）　祈りなくばの歌七首

一　我やしも悟りにけりや復活の信なき基教祈りなきなり

二　祈りのや熱き被膜の覆はずに如何で淵闇良しと言はれむ

三　復活やただ強き信愛するや否熱祷や御友共なり

四　この宇宙欣求なくして妙用の反転成すやなしと悟れや

五　それが故実在妙用ただ要す御友共なる祈りひとこと

六　如何にもや「原決定の原生起」覚りあるとも祈りなくばや

七　この宇宙汝が悟りのや御友共悲祷ありてや激変やあり

IX　（2016 年 10 月 9 日）　見事活かすやの歌六首

一　J-Global 拙著拙稿保存成し見事活かすや日ノ本の幸

　　（備考：J-Global= 国会図書館等ふくむ Researchinformation なり。
Worldcat と併せて、日英文拙稿過日 120 以上あるを確かむ。嬉しも）

二　まるでこれ聖書の説くや万物の再編ヴィジョン裏書の如

　　（備考：『エペソ』1・10、熟読参照）

三　殉教徒ボンヘファーのぞ書簡にや re-capitulatio（万物再編）記述
麗し

　　（備考："Die aus Eph. 1, 10 stammende Lehre von der Wieder-
bringung aller Dinge-anakephalaiosis-re-capitulatio (Irenaeus) ist ein
grossartiger und überaus tröstlicher Gedanke. Das "Gott sucht wie-
der auf. Was vergangen ist" bekommt hier seine Erfüllung."「『エ ペ
ソ書』1 章 10 節に発する万物再編——アナケファライオーシス——re-
capitulatio (イレナイオス) の教説は、大いなる、とても慰めに満ちた思
想です。「過ぎにしものを神が呼び戻し給う」とは、ここに成就してい
るのです。」in: Dietrich Bonhoeffer, *Widerstand und Ergebung: Briefe
und Aufzeichnungen aus der Haft,* ed., Eberhaft Bethge (Chs. Kaiser
Verlag München, 1961, p. 125.)

四　この寛き天地に我と妻と在り御友共にぞ欣求なしつや

五　いのちとは思ひ出なべて一と成り御父に至る「レカピツラチオ」
（万物再編）

六　一成らずバラバラにぞや漂はば誠逝去と呼ぶほかぞなき

　　　Ｘ　（2016 年 10 月 10 日）　復活刻々の歌八首

一　朝夢に「死を生くる」との言葉受く復活誠死を生くるとや命

二　我が妻や死せしに非ず死を御友共にぞ生くや我や悟りぬ

三　この宇宙見るは皆これ過去宇宙此処鏡にぞ映してや見る

　　（備考：此処＝御友共なり）

四　御友こそ過去宇宙をぞ御父にぞ運びてげにも未来寿ぐ

　　（備考：未来＝御父なり）

五　命とは宇宙一切御友共未来集結プロセスなるや

　　（備考：過去の現在に至る第一プロセス（推移：transition）、現在
の自己決定の第二プロセス（倶現：concrescence）に、第三のプロセス
（冒険：ad-venture）なくば、未来結集なきなり。ホ氏や書きたり、我
常に引用する如くに："In this Supreme Adventure, the Reality which
the Adventure transmutes into its Unity of Appearance, requires the
real occasions of the advancing world each claiming its due share of
attention."[AI, 295] 未来集結の第三プロセス、これ復活なり。これハイ
デガー「死への存在」観により見ること能はず。未来集結プロセスなる
「復活の冒険」ホ氏「ともあらはれ」[its Unity of Appearance] と見たり。
即ち、復活や御友基督の復活即人の復活なり）

六　死とは過去思ひ出や皆御友共父奉献す復活刻々

　　（備考：復活は実に「細胞リサイクル」を含む全宇宙における御
友共なる刻々の事態なり）

七　ならば我 J-Global 眺めつつ英稿五十復活させむ

　　（備考：これ熟年の仕事ならむか）

八　少なくも五冊の英書編まむとぞ思ふごとにや復活の刻

XI　（2016 年 10 月 11 日）　友や言ふの歌八首

一　友や言ふプロセスからの解脱をや仏教求むホ氏かく非ず

　　（備考：日本ホワイトヘッド・プロセス学会　第 38 回全国大会：2016 年 10 月 8 日―9 日於立正大学品川キャンパス　出席のみぎり、東急ステイ新橋にて 10 日早朝記す。石田正人（ハワイ大学マノア校）提題「有機体と因果性―日本仏教哲学からの問い」にちなんで。ここでは石田ペーパー序文〈有機体の哲学への日本（仏教）哲学の貢献〉と結論〈「有機体」か「プロセス」か―結論にかえて〉を挙げる：

　　＊有機体の哲学への日本（仏教）哲学の貢献

「有機体の哲学と仏教哲学との比較考察は、少なくとも数十年の歴史をもち、東西の宗教対話においてとくに顕著な貢献をなしてきた。特にアメリカ宗教学会を中心とする西田哲学とホワイトヘッド哲学との比較研究が重要な媒介となり、日本仏教哲学との接点もかなり明瞭に把握されるようになった経緯がある。延原時行氏による『ホワイトヘッドと西田哲学の〈あいだ〉――仏教的キリスト教哲学の構想』（法蔵館、2001 年）は、その背景や実りある成果を伝えているといってよい。このような東西対話・交流をこえて、日本仏教哲学は、プロセス哲学に対して、様々な概念的貢献や有意義な問題提起を行いうる、と報告者は考えている。以下では、日本仏教哲学の視点から有機体の哲学に対して問いを提起するために、晩年の西田幾多郎が用いた一つの図を手掛かりに考察を始めたい。本論では、日本仏教哲学の側から道元（1200 － 1253）と親鸞（1173 － 1263）とを取り上げることを通じて、プロセス哲学が「科学」における因果性の概念に密かに依存していないかを検証してみたい。」

　　＊「有機体」か「プロセス」か―結論にかえて

「原始仏典をみると、釈迦の教えにとって、「解脱」がいかに本質的であったかは、一目瞭然である。田中裕氏が指摘するように、仏教に関するホ

ワイトヘッドの知識は、おそらく「原始仏教、南方に伝えられた上座部の仏教を念頭に置いたもので、中国や日本に伝えられたいわゆる大乗仏教ではない」だろう。しかしそれならば、「解脱」という問題は、避けて通ることができないし、本報告が取り上げた素材から窺われるように、道元や親鸞といった日本仏教の宗祖たちにとっても、「解脱」は本質的な問題であった、と言いたい。さらに日本仏教の独自の哲学的側面に光を当てると、最終的には、有機体の哲学に対する二つの根本的な問いに突き当たる。まず、「有機体の哲学」は、非対称的な因果性〈以外〉の因果性をどこまで認めるか、という問いである。第二に、認めるならば、そのような因果性からの解脱ないし解脱力をどう説明するか、という問いである。現在のところ報告者は、ホワイトヘッドやハーツホーンは、科学的因果性のパラダイムに多少とも流されることによって、「因果性は非対称的な推移におけるそれのことである」と理解し、したがって生成における水平直行面の因果性を考慮から外し、結果的に、第二の問いが不要になったのではないか、と考えている。因果性を、非対称的な時間におけるそれに限定して痩せさせると、「生成」は仏教で考えるほどには「がんじ搦め」ではなくなるので、「有機性」よりも縦のテンポラル・フローが目立つようになり、「有機体の哲学」は「プロセス哲学」に近づく。だが、仏教哲学は、本来は「プロセスからの解脱」の哲学ではなかったか。折角のシンポジウム「科学と宗教」（注。提題者：Steve Odin, "Overcoming Nihilism in A. N. Whitehead & Nishitani: A Key Problem of Science & Religion"; 石田正人（ハワイ大学）「有機体と因果性—日本仏教哲学からの問い」；　村田康常（名古屋柳城短期大学）「ホワイトヘッドの科学哲学と宗教哲学」；板橋勇仁（立正大学）「科学之方法と宗教—パースと西田」）なので、このように問題提起をして、パネリスト並びに参加者諸兄からぜひ様々のご教示を賜りたい」）

二　我答ふキリスト教のプロセス観「パレドケン」（paredoken）あり見捨てらるると

（備考：『ローマ』1・24 − 28、『マルコ』15・34、熟読参照）

三　「パレドケン」見捨てらるるやそれからの自己解放も新たなる委棄

（備考：自己解放の中への委棄性［Verlassenheit, abandonment, paradounai]こそ単純な遺棄の事実を越えて「遺棄性」の動態を示すものなり。ドストエフスキーが『罪と罰』の中で探究なせる如く、「罪」の中へと「罰」が入り込みたる罪即罰のダイナミックスこそ人間の内的プロセスなり。これ、単純なる推移のプロセスに非ず）

四　イエスがや何ぞ我をぞ見捨てしや叫びし時や自他誠不二

（備考：『マルコ』15・34、熟読参照。イエスの自己（「我」）と人類の自己（「我」）不一にして不二なり。これ我「御友共」と言ふなり）

五　人類の罪押し寄せ来り十字架上嘆き叫ぶや御友現前

六　これがぞや復活端緒今こそや我が妻の笑み此処に咲きけり

七　汝が笑みや生涯の際溢れてや絶後いや増す御友いませば

（備考：復習）

八　我が妻や絶後笑み増し不思議やも深き低みの底ぞ飛翔す

（備考：復唱。この「飛翔」、解脱、第三のプロセス冒険、復活なり）

XII　（2016 年 10 月 12 日）　飛翔への有：Sein zum Fliegen の歌十二首

一　先達のどんでん返し大結語掘るならばそも「死への有」超ゆ

（備考：立正大学にての、日本ホワイトヘッド・プロセス学会の長老、早稲田大学名誉教授遠藤弘先生、この九日ご発表の提題「ホワイトヘッドとハイデガー：Feeling と Seyn」においてハイデガーの基本概

念「有 Seyn あるいは有 Sein」に対応するホワイトヘッドの術語として、過去的なニュアンスが濃厚な「being」ではなく、本質現成（Wesunng）の内的緊迫性を醸し出す「feeling」を選ぶ、有の真理をフィーリングの真理と対応させ給ふ。

　今ハイデガーにとり性起は一つの出来事なるが、それの本質的なる特徴、自性化（Ereignung）は終局のところ何なるや？

　発題の最終部分において遠藤教授以下の如く書かる：

《ハイデガーは次のようにいう。「人間の現有における死の唯一性は、現有は、現有の最も根源的な規定、すなわち、有それ自体によって自性化され、その真理（自らを覆蔵する開性＝注。アレイセイア：真理・自己開示）を基づけるという規定に属している。」（ハイデガー全集 65 巻、303 頁）要するに、死の唯一性は有による自性化を基づけるという。だから、「死への有は現有の規定として把握され得るのであり、それ以外にはない。」（同書、304 頁）という。だが、現有を包含的生起に対応させて考えてみる限り、それの基底部分の考察が欠けており、余りにも大雑把である。つまり、自性化が問題なら、それは基底部分で行われ続けており、死の唯一性によって基づけられる必要はない。》）

　二　我や問ふ自性化そもや底にてや死にて死を超ゆ飛翔あらずや
　三　これやしもホ氏の創造作用にぞ秘められたるの冒険ならずや
　四　創作用性なきにもやかかわらず究極事のや性ならむとす

　　　（備考：ホ氏、興味深き事には、Creativity（創造作用、短縮して、創作用）に関して二つの相矛盾する文言提示するなり："Creativity is without a character of its own."[PR, 31]; "Creativity is the universal of universals characterizing ultimate matter of fact."[PR, 21]）　一方、創作用はそれ自身の性格づけを欠如なすと言ひながら、他方、「性格づけなき創作用」が究極事態の「性格づけ」なり、と逆説的断定を下すなり。

これ、我、ホワイトヘッドの形而上学的冒険なりと思ふ。すなわち、究極事態を徹底して「無実体的」「無自性」と言はんが為なり）

五　この冒険ありてこそなれ実在や「ともあらはれ」（its Unity of Appearance）へ改悛やなす

　　（備考：ホ氏のこの「創作用」の二重言表の意味するところは、私見によれば、『観念の冒険』に至りて開示さるる「冒険」概念の提示なり。すなわち、実在の固定的状態（アリストテレスの言ふ「不動の動者」Unmoved Mover）を脱却せる、冒険的自己変容態「ともあらはれ」への飛翔、すなわち御友と我々の「共同復活」なり："In this Supreme Adventure, the Reality which the Adventure transmutes into its Unity of Appearance, requires the real occasions of the advancing world each claiming its due share of attention"[AI, 295]）

六　神の子や人と共にぞ甦る御友なりせば Sein zum Fliegen(飛翔への有) 在り

七　我が妻や絶後笑み増し不思議やも深き低みの底ぞ飛翔す

　　(備考：復唱)

八　世も人も旧態保つべき非ず温暖化ぞや Sein zum Tode (死への有)

　　（備考：山本良一東大名誉教授「『先進国』今は昔危機感薄い日本——来月発効パリ協定　出遅れなぜ」『東京新聞』2016 年 10 月 7 日付、参照)

九　ホ氏言へり宇宙冒険時代にぞ実在変転「ともあらはれ」へ

十　我や言ふ宇宙プロセス推移から倶現さらにや冒険飛翔

　　（備考：過去から現在へのプロセス「推移」（transition）；現在の自己決定のプロセス「倶現」（concrescence）；未来への飛翔のプロセス「冒険」（ad-venture:「これから」(ad)+「起ころうとするもの」（venture）の意」

十一　神やしも前進中の世界のやリアル諸機縁大切注視

十二　御友共いかで我らも冒険に出で行かんかないざや諸共

ⅩⅢ　（2016 年 10 月 13 日）　結節点描くの歌十二首

一　若き友仏教哲学新風を提起成せるや喜ばしきや

　　（備考：石田正人（ハワイ大学）「有機体と因果性——日本仏教哲学からの問い」於公開シンポジウム「科学と宗教」：日本ホワイトヘッド・プロセス学会　第 38 回全国大会、2016 年 10 月 8 日—9 日、立正大学品川キャンパス）

二　三世代昔に我や AAR(米国宗教学会) にて新部会をや立ち上げにけり

　　（備考：1985 年加州アナハイムにて米国宗教学会に常設研究部会（セミナー）「プロセス思想と西田学派仏教哲学：比較的視座から」Francis H. Cook 教授と共同座長にて始めたり。七年間続けたり。全米的東西哲学対話の潮流と相成れり）

三　我拙著「ホワイトヘッドと西田」書を上梓せるにや大機運あり

　　（備考：『ホワイトヘッドと西田哲学の＜あいだ＞——仏教的キリスト教哲学の構想』（京都・法蔵館、2001 年）　この機運の諸要素を描写したりき。今これを礎にし、それをこえんとて若き学究の出でしを我甚だ喜ぶ）

四　彼の時や新潮流を東西に我始めんと起ち上がりたり

五　我が妻も和式弁当つくりてやアナハイムにや華ぞ添へしや

六　世の中や決意なしには動かぬや今新時代結節点ぞ

七　我やしも新たに決意固めてや Divine Ecozoics 二稿発表

　　（備考："Divine Ecozoics and Whitehead's Adventure or Resurrection Metaphysics,"*Open Theology* 2015;1:494 – 511;　Chap. 12"The Problem of the Two Ultimates and the Proposal of an Ecozoics of the

Deity"in: Roland Faber and Santiago Slabodsky, eds., *Living Traditions and Universal Conviviality: Prospects and Challenges for Peace in Multireligious Communities* (Lanham/Boulder/New York/London: Lexington Books, 2016, pp. 197-218.)

八　新時代結節点ぞ見ゆればや描きてやこそ打ち出し往けや

九　我が意図やエコロジーのぞ気風をや根源 Divine Ecozoics までぞ

十　エコロジーそのままならばトートロジー（同義反復）境界設定 Divine なくば

　　　　（備考：人々や「エコロジーは重要なり」と言ふも、「何故なるか」と訊けば「エコロジーだから」と言ふ。これを我「エコロジーのトートロジー論法」と言ふなり。エコロジーに形而上学的神学を導入せねば21世紀の病「環境破壊と核軍略」の治療難しと我信ず。Sallie McFague の如く「世界は神のからだなり」と言ふ場合、彼女は「神に神本来の居住場所 Indwelling Place なし」と決めてかかっている如し。かくして「神のからだ我らなり」と信ずるゆえに、神御しやすしと考ふ。「隠れたる処にいます汝らの父」（Your Father who is in secret）（『マタイ』6・6）と言ふイエスの思想を何故想起せぬや？　想起せば、Divine Ecozoics を論ずべし！）

十一　かくてこそ Ecozoic Era にぞ形而上的変転やあり

十二　エコ生代人類げにや論ずべし Divine Ecozoics エコロジーの元

ⅩⅣ（2016年10月14日）　恩師ジョン・カブの「Creativity の神秘論」に寄するの歌

一　恩師カブ祝詞いただく今日の日や新著校正心ふと燃ゆ

　　　　（備考：拙新著『平安ありて平和なる──ホワイトヘッドの平和論、西田哲学、わが短歌神学日記』（新潟・考古堂書店、2017年出版予定）

上梓祝さる Prof. Dr. John B. Cobb, Jr.10 月 13 日メール御芳書に謝して)

二　創作用論じ尽くさる御文をや超ゆる傑作我や知らずや

三　如何なるの永遠客体ありてもぞ Creativity 言ふや難しと

　　（備考：永遠客体 = eternal objects [プラトン的イデアのホワイト
ヘッドによる呼称])

四　一切や創作用のぞ事例なり存在者超え生成者そも

五　究極者創作用なる凄さとは実体欠くも事にトーンや添ふ

六　愚者我を世にも貴重の材なると鼓舞せしや誰カブ先生ぞ

　　ⅩⅤ　（2016 年 10 月 15 日）事柄やの歌八首

一　我が妻の切れ目なき笑みなくばぞや如何で我見し御友現臨

二　事柄や幸不幸のぞ轍こえ深き低みの底飛翔げに

三　かく思ひかく念じつつ新著のぞ校正に我打ち込みてあり

四　このところ創作用のや神秘にぞ恩師所説の熱気共鳴

　　（備考：恩師カブ我が解法も是とさる如し。嬉しも）

五　創作用その神秘のぞそのままや ホ氏や誠や冒険呼びし

　　（備考：PR, 21+31＝AI, 295）

六　この宇宙冒険ありて実在や「友あらはれ」へ変転嬉し

七　人いのち如何にあらむも御友共「ともあらはれ」の内の事なり

八　我が妻の切れ目なき笑み何あらむ御友いまして共帰天かな

　　（備考：な、ノーちゃん。そう、父さん、嬉しい嬉しい、おおきにね）

　　ⅩⅥ　（2016 年 10 月 16 日）　摂理香しの歌六首

一　朝餉にや召されし友方祝しませ祈り捧ぐや喜悦滾るや

二　新著のぞ校正楽し誠にや全一学中オバマ談映ゆ

　　（備考：今生を永生包みて恩寵歴々）

三　平安やありてこそなれ平和なる御友共生く我が身我が時

　（備考：この「我が」万人の「我が」なり）

四　恩師とやメール交わせば友 Herman 祝詞ありたりげにも嬉しき

　（備考："What beautiful writing from both Toki and John, Herman Greene." Oct. 14; "Thank you so much for your beautiful response, Herman. Cordially, Toki" Oct. 14.）

五　恩師とや交はしたる文エピログに英文のまま我や加へむ

六　かくてぞや恩師最高傑作や新著飾るの摂理香し

　（備考：John Cobb on "The mystery of creativity" written on Oct. 13 なり。Especially the following line of thought by John Cobb: "Whitehead tells us that everything is an instance of creativity. This means that the ultimate actualities should not be thought of as beings but becomings. Events replace substances. Every event is characterized by eternal objects, but creativity as such is neutral with respect to what eternal objects characterize it. Whitehead agrees with Buddhism in this emphasis on event and the negation of substantial reality. But the identification of the ultimate as creativity gives a more positive tone to the understanding of each instance thereof, despite its total lack of substantiality."）

ⅩⅦ　（2016 年 10 月 17 日）　命皆の歌十六首

一　人やそも無窮の希望抱きてや痛み耐へてや生くるを得べし

二　我が妻や頭打ちてや手術時に台上にてや考へし言ふ

三　父さんのとこに帰らば何とかや成るんや嬉しそう決めたりと

四　幾たびも聴きし話ぞ面白しまるで我をぞ希望とせしや

五　でやそれで何とか成るを得しや汝成ったも成った大成ですよ

六　我が妻や六パーセント生存率見る間に超えしいのち賜はる

（備考：拙著『あなたにいちばん近い御方は誰ですか──妻と学ぶ「ラザロとイエスの物語」』（東京・日本キリスト教団出版局、2011 年）、参照）

七　我と共英文箴言作りてや日々復唱喜々たるやこそ

（備考：拙著『復活の省察［上巻］──妻と歌う：生くるとは深き淵より共々に甦ること喜びてこそ』（新潟・考古堂書店、2014 年）、63-67 頁、参照］

八　三年と四か月の或日妻「仕合わせ最高」我に謝するも

九　「なんでや」と訊きし我にぞ笑みつ言ふ「皆やって呉れるおおきにね」とや

十　内省の笑み零る妻最期の日まさか絶後の笑み増しまでも

（備考：復唱）

十一　切れ目なき我が妻の笑み告ぐるこそ生死一体いのち祝福

（備考：復唱）

十二　汝が笑みや生涯の際溢れてや絶後いや増す御友いませば

（備考：復唱）

十三　無窮なる希望や何ぞ御友共父に運ばる汝が命皆

十四　我が妻や絶後笑み増し不思議やも深き低みの底ぞ飛翔す

（備考：復唱）

十五　妻や汝我皆やると言ひしやも御友御運び詠ひてや皆

十六　無窮のぞ希望に合致なすものや我が御友歌これぞ皆哉

　　ⅩⅧ　（2016 年 10 月 18 日）　平安ありて平和なるの歌六首

一　我が妻や我が歌聴かば心にぞ清き泉の湧くや如しと

（備考：豊浦病院入院中、2011 年 6 月 13 日─10 月 5 日、しげく

かく言ひしなり）

　二　創作用そも究極事性成すや無自性なるに大悲事に寄す

　（備考：事＝一々の存在者ないし事象。恩師カブも書けり："Whitehead agrees with Buddhism in this emphasis on event and the negation of substantial reality. But the identification of the ultimate as creativity gives a more positive tone to the understanding of each instance thereof, despite its total lack of substantiality."(written on October 13, 2016) "a more positive tone to the understanding of each instance thereof"＝　大悲事に寄す）

　三　我が妻も切れ目なき笑み御友共生死一体いのち告ぐるや

　四　切れ目なき我が妻の笑み核超ゆるいのち平安仄と知らすや

　（備考：核＝原爆投下も原発惨事もなり）

　五　汝が笑みや生涯の際溢れてや絶後いや増す御友いませば

　（備考：復唱。御友＝宇宙的基督＝ホワイトヘッドの言ふ「冒険」なり："In this Supreme Adventure, the Reality which the Adventure transmutes into its Unity of Appearance, requires the real occasions of the advancing world each claiming its due share of attention."[AI, 295]）

　六　この宇宙いのち響きの木霊して平安ありて平和なる哉

　（備考：いのち響き＝御友）

　　　ⅩⅨ（2016年10月19日）妙なるや三極復活形而上学の歌八首

一　妙なるや三極形而上学ぞ「冒険」在りて「実在」「妙用」

二　妙用や実体的の実在の創作用にて変転の事

三　変転や「ともあれはれ」へ冒険の誘ひ往くの物語なり

四　我が主イエス父に祈りて原栄輝かしめよ復活希求

　（備考：『ヨハネ』17・5、熟読参照）

五　この祈り十字架上に叫びてやかくて御友の復活成就

　　（備考：『マルコ』15・34;『ヘブル』5・7、熟読参照）

六　祈りこそ平安なれば聴聞や平和なるなり復活歴々

七　漠たるの逝去あるなし人いのち全一学の内の事なり

　　（備考：全一学＝祈りて平安、還りて平和なり）

八　確たるの天地人生嬉しきや御友共生く全一学よ

　　（備考：ホ氏全一学「交互関係」《Reciprocal Relation》［PR, 351］
と言ひしや佳し）

　　　ＸＸ　（2016 年 10 月 20 日）　仄と香しの歌七首

一　無の世界寂滅せしと思ふやも無自性なるに大悲事に寄す

　　（備考：事＝一々の存在者、現象）

二　我が妻や絶後笑み増し不思議やも深き低みの底ぞ飛翔す

　　（備考：復唱）

三　一切の低み底在り飛翔とや思ふにすぐる大悲促し

四　いのちとは切れ目なき事或日我深く諭さる我が妻笑えむや

　　（備考：復唱）

五　切れ目なき笑み我が妻や笑みてこそ岸辺の御友仄と香し

　　（備考：『ヨハネ』21・4、熟読参照）

六　人汝や逝去それ程悲しきか立ち去りてぞや去らぬ笑みあり

七　御友のや仄と香し胸底に滾る喜悦の止むことやなし

　　　ＸＸＩ　（2016 年 10 月 21 日）　何よりもの歌七首

一　何よりも嬉しき事は恩師ともホ氏解釈に新境地あり

二　創作用そも究極事性成すや無自性なるに大悲事に寄す

　　（備考：恩師カブの一節これなり："Whitehead agrees with Buddhism in this emphasis on event and the negation of substantial reality. But the identification of the ultimate as creativity gives a more positive tone to the understanding of each instance thereof, despite the total lack of substantiality." (written on October 13, 2016)

三　この真理絶対無のぞ世界にぞ大悲花咲き事に寄するとや

　　（備考：事＝一々の存在者）

四　寂滅もあらばあれこれ逝去かや否否否や a more positive tone（是なる響き）ぞ

　　（備考：逝去＝人バラバラに死去なし、何の実在的「一」も生死になき事）

五　我や知る我が妻切れ目なき笑みに託して示す御友現臨

六　汝が笑みや生涯の際溢れてや絶後笑み増す御友いませば

　　（備考：復唱）

七　この宇宙生くるも死すも御友まし生死一体岸辺の主なり

　　（備考：『ヨハネ』21・4、熟読参照）

ⅩⅩⅡ　（2016 年 10 月 22 日）　ともあらはれの歌八首

一　良寛の風が持て来る落ち葉かな誠ホ氏言ふ「ともあらはれ」ぞ

　　（備考：ともあらはれ＝ its Unity of Appearance [AI, 295]）

二　天地の事因果決すか神意かや焚くほど風の持て来るやこそ

三　よく見れば一刻ごとに焚く我や風が持て来る落ち葉一体

四　あたかもや我が妻絶後笑み増すに御友岸辺に立ちますや如

五　原栄御友父にぞ祈りてやともあらはれと輝きにけり

　　（備考：『ヨハネ』17・5、熟読参照）

六　人如何に悲惨なるとも裏からぞ神共にます見れば微笑ぞ

　　（備考：復唱）

七　人生や苦しきままに楽しきや御友いませば喜悦漲りて

　　（備考：ホ氏も言へり："We perish *and* are immortal." [PR, 351, 82]

八　かくてこそ此処に上巻補遺合す御友神学形而上学

　　（備考：上巻＝『良寛「風の歌」にちなんで──御友神学の省察』；補遺＝『平安ありて平和なる──ホワイトヘッドの平和論、西田哲学、わが短歌神学日記』）

　　　　　ⅩⅩⅢ　（2016 年 10 月 23 日）　今か今かとの歌四首

一　新著のぞ表紙フォトつと眺む我打つやオバマ氏森氏平安

　　（備考：本書『平安ありて平和なる──ホワイトヘッドの平和論、西田哲学、わが短歌神学日記』考古堂さんより表紙カバーいただき毎日校正進めつつじっと眺む我なり。平安やあり。平和にじみ出づ）

二　幸せは今か今かと我が妻や天にて待つや新著校正

三　これ誠稀有なる事ぞ我が妻や召されしゆえに拙著進捗

四　復活書妻天に在り我地上二人三脚げに祝ひ本

　　（備考：近著『復活の省察・上巻──妻と歌う：生くるとは深き淵より共々に甦ること喜びてこそ』（新潟・考古堂書店、2014 年 10 月刊）もかく待てり）

　　　　　ⅩⅩⅣ　（2016 年 10 月 24 日）　祈り歌一首

一　地は震へ都崩るれど基あり基の姿見せ給へ主よ

　　（備考：延原時行メール便 10 月 21 日付これなり：「鳥飼先生　鳥取地震ご心配ですね。ご郷里皆様ご無事であられますようお祈り申し上げます。地は震へ都崩るれど基あり基の姿見せ給へ主よ

右、お祈り申し上げます。

IXIA!

延原時行」わが熱誠の友鳥飼慶陽師ご返事メール便10月22日付これなり：「延原先生　おはようございます。昨夜は、歌と共に地震のお見舞い、有り難うございます。

頭の11階も震度4でしたのに大揺れで、家内も驚いて飛びついてきました。故郷の兄のところや倉吉教会など長時間停電のため電話も通じませんでしたが、どこも無事だったようです。これから朝のブログUPの作業を始めます。

IXIA!!

鳥飼慶陽」熱誠の友鳥飼師（同志社大学神学部二年後輩、日本キリスト教団番町出合いの家牧師）には、もう五年以上にわたってわがメルマガ「風の便り」に掲載中の貧しい歌を鳥飼師の「ブログ」に転載UP頂いています。深謝無尽も！）

　　　　ⅩⅩⅤ　（2016年10月25日）　この秋やの歌六首
　一　この秋や実りや豊か魚沼のこしひかりをばひそと贈りぬ
　　　（備考：10月22日の事なり）
　二　越後にぞ移り住みてや二十五年校正の間に深謝送るや
　　　（備考：古里関西の親しき人方になり）
　三　これも又面白き事我が作を喜びつつや稲作送る
　四　この心「平安ありて平和なる」一本成るや喜悦滾るや
　　　（備考：本書『平安ありて平和なる──ホワイトヘッドの平和論、西田哲学、わが短歌神学日記』なり）
　五　願はくばオバマスピーチ輝くを思索の限り掘りし作往け
　六　今春や沈潜始むはや半年会心作の校正楽しも

ⅩⅩⅥ　（2016年10月26日）　御友歌「皆」の歌十首

一　我が歌の「皆」なることや人方も何時の日にかや読み取られむも
　　（備考：皆＝人の成し得る宇宙奉仕なり）

二　「皆」と言ふ言の葉妻や命際謝して用ふや思ひ溢るも

三　最高に幸せなると命際妻謝せし故「何でや」と我

四　妻答ふ「皆やって呉れる」一言ぞそこに出でしや「皆」の提言

五　我がぞや我が妻のため成せし「皆」切れ目なき笑み詠む御友歌
　　　（備考：我が妻のために成せし「皆」つらつら思ふに、是、あれ
これの介護介助越えて、「切れ目なき笑み詠む」御友歌なり。なんとな
れば、是、妻の命際の「皆含む皆」、なればなり。しからざれば、真に「皆」
には非ざるなり）

六　これやこそ誠「皆」なり我がぞや笑む妻贈る宇宙奉仕ぞ

七　この宇宙生死一体これこそや切れ目なき笑み称へ仰げば
　　（備考：生死一体＝岸辺の御友なり）

八　天地の事因果決すか神意かや切れ目なき笑み御友「皆」とす
　　　（備考：天地の事＝天にだけあらず、さりとて今生だけに非ず、
天地なる広大宇宙に在る「事」（一々の存在者、現象）なり。我が妻の
切れ目なき笑み、天地の事をば、御友を「皆」「一切」と成すところに
笑み切りたり。それをそれとして見極め称へる所に、我が「皆」の歌御
友歌あるなり。これ、我が最新境地なり。見られよ。地の事だけを思ひ、
人が死するを、地の事（因果）が尽きたると断ずるもの、而して天の事
（神意）を一切見ぬもの、かかる人に取りて「逝去」あるなり。ここには、
人バラバラに死して、生死に一切「一」なきなり。それ故、かかる人に
取りては、そもそも「天地の事」なきなり。切れ目なき笑み御友「皆」
となす、是、命「天地の事」となすなり。

九　創作用そも究極事性成すや無自性なるに大悲事に寄す

十　大悲ぞや事に寄せ給ふ理や御友神学形而上学

　　（備考：創作用そも究極事性成すや＝（Creativity の神秘に立脚
せる）形而上学なり。無自性なるに大悲事に寄す＝（原栄を父に輝かせ
給へと熱祷なさる）御友神学なり。形而上学＋御友神学＝復活形而上
学（ともあらはれ形而上学）なり）

エピローグ帰結：天地の事の歌、秘義の歌、平安の道の歌

I （2016 年 10 月 26 日 ） 天地の事の歌八首

一　汝誠無辺宇宙に住せるか天地の事や汝が境位げに

二　ホ氏やそも天地の事を何となす「交互関係」《Reciprocal Relation》呼びしもの是

（備 考：See PR, 351: "In the fourth phase, the creative action completes itself. For the perfected actuality passes back into the temporal world, and qualifies this world so that each temporal actuality includes it as an immediate fact of relevant experience. For the kingdom of heaven is with us today. The action of the fourth phase is the love of God for the world. It is the particular providence for particular occasions. What is done in the world is transformed into a reality in heaven, and the reality in heaven passes back into the world. By reason of this reciprocal relation, the love in the world passes into the love in heaven, and floods back into the world. In this sense, God is the great companion—the fellow-sufferer who understands." 「第四の相において、創造の働きは完結される。というのは、完結された現実性は逆に時間的世界に移行し、そしてこの世界を制約して、時間の現実態がそれを関連ある経験の直接の事実として含むからである。天国は今日、われわれとともにあるのだから。第四の相の働きは、神の世界に対する愛である。それは特殊な契機にたいする特殊な摂理である。この世において為されるものは、天国の実在性へと転換され、天国の実在性は逆に、この世へと移行していく。こうした交互関係のゆえに、この世の愛は天国の愛に移行し、そしてふたたび、この世に還流する。こうした意味で、

神は偉大な仲間——理解ある一蓮托生の受難者——である。」ホワイト

ヘッド著作集　第11巻　『過程と実在（下）』山本誠作訳、京都・松籟社、

1985年。625頁）

　三　歌詠めば体しゃんとしリフレッシュ天地の事や生ける芯成す

　四　天地の事をこそホ氏や御友呼ぶ「交互関係」誠これなり

　五　有機体形而上学遂にぞや御友軸にや交互関係

　　　（備考：ここに至るまでに、宇宙の創造活動を巡ってホワイトヘッ

ドは、第一に「概念的創始性」の相、第二に「現実態の諸多性に伴った

物的創始性の時間の相」、第三に「完成された現実態の相があり、そこ

では多くは、個体的同一性にせよ統一性の完結性にせよ、失われるとい

う制約なしに永続的に一であり、永続性においては、直接性は客体的不

死性と和解する」ものと理解する（前掲書、同頁、参照）。即ち、究極

的創造作用の観点からみて、言はば「正」「反」（つまり、進展する世界

の諸契機の包摂）「合」（つまり、永続的「一」＝事の直接性と客観的不

死性の和解、即ち「復活」「ともあらはれ」の原理）が把握さるるなり。

而して今、御友軸（即ち「復活」「ともあらはれ」の冒険）出づるなり。

かくして、創造形而上学＋御友神学＝復活形而上神学成るなり）

　六　我が妻や絶後笑み増し不思議やも深き低みの底ぞ飛翔す

　　　（備考：復唱。「深き低み」＝太初のロゴス（『ヨハネ』1・1・第一項）

なり。「太初のロゴス」は滝沢の所謂「インマヌエルの原事実」を成すなり。

「深き低みの底」＝神と共なるロゴス（『ヨハネ』1・1・第二項）なり。「神

と共なるロゴス」は「飛翔のインマヌエル」を成すなり。「インマヌエ

ルの原事実」が「飛翔のインマヌエル」に移行するには、御友の祈り即

ち冒険不可欠なり。『ヨハネ』17・5＝AI, 295, 熟読参照）

　七　絶後にぞ笑み増しあるや交互軸げに御友のや飛翔ありてぞ

　　　（備考：「飛翔」宇宙の帰趨完成示すなり。即ち、re-capitulatio を

なり）

八　核時代宇宙帰趨に沿はぬこと甚だしきや虚仮不実そも

　　（備考：必要なるは、核軍略超ゆる宇宙形而上学なり。これ天地の事徹見すればなり。その事の理「平安ありて平和なる」なり）

Ⅱ　（2016 年 10 月 27 日）　創造作用の秘義の歌五首：

Five Songs of the Mystery of Creativity

一　何がぞや絶対矛盾一なるや性（さが）なき創や究極事性（さが）

What is the self-identity of the absolute contradictories

If it is not the characterless creativity that characterizes

Ultimate matter of fact, indeed? (See PR, 31+21)

二　明らかに性なき創を実在の創と成す時「冒険」誕生

Clearly it is because Whitehead takes up the characterless creativity

As the character of ultimate matter of fact (in PR, 31, 21)

That the story of the Adventure gets started (in AI, 295).

三　冒険やともあらはれに実在を変転せんか「創」の神秘ぞ此処に歴然

When the Adventure transmutes the Reality into its Unity of Appearance

The mystery of creativity is put forth manifestly here!

四　ホ氏のぞや有機体のや秘義正に明らめらるる「創即冒険」

The mystery of Whitehead's organic philosophy is justly disclosed

As: creativity (in PR, 31+21) is the Adventure (in AI, 295)

五　創作用その秘義なしに冒険考現れ出づる事やあるなし

There would be no possibility for the Adventure to appear

If the mystery of creativity was not put forward clearly first.

Ⅲ （2016 年 10 月 28 日）　平安の道の歌七首

一　人類が真の冒険知るまでや核軍略や最大誘惑

　　（備考：【ニューヨーク共同】「国連総会第 1 委員会（軍縮）で討議されている 2017 年 3 月の核兵器禁止条約」制定交渉開始を定めた決議案に、米国が欧州やアジアでの「抑止力に影響及ぶ」と強い懸念を示し、採決での反対投票と交渉不参加を求める書簡を北大西洋条約機構（NATO）諸国に配布したことが 25 日、分かった。共同通信が書簡を入手した。

　米国など核保有国が条約反対のロビー活動を展開する中、同盟国に配布した書簡の内部が明らかになるのは初めて。国連外交筋によると、米国の「核の傘」の下にある日本にも同様の圧力がかかっているといい、こうした動きも踏まえて日本は採択に賛同しない方針を決めたとみられる。」『新潟日報』2016 年 10 月 27 日付、参照）

二　然れども人と都市とを破壊して滅して不滅命なくばや

　　（備考：ハイデガーの「死への有」超ゆる「飛翔への有」の復活形而上学在る故に、人類今や核軍略超えて往くなり。しからざれば、人類文明の存続なし。この道理本書の思索明示せしなり。「滅して不滅命なくばや」文明の一切源を得ず。この事、戦略家たち知らず）

三　冒険や「ともあはれ」に実在を転ずる故に平安の道

　　（備考：ともあれはれ＝神の子御友と我ら人類の「共同復活」の出来事なり。これ実在的「平安」なり）

四　我が妻や絶後笑み増し不思議やも深き低みの底ぞ飛翔す

　　（備考：復唱。わが復活形而上学構築に我が妻信子の絶後笑み増しほどの実際的生命的助力なし）

五　平安やありてこそなり平和なるオバマスピーチ明らめし如

　　（備考：オバマ氏の広島平和スピーチに明示せし、広島・長崎から始まる「道義的覚醒」テーゼに我形而上学的根拠を与へたり。これ本書の使命なり）

　六　人類今や永生信仰なくばぞや平和の歩み不可なると知れ

　七　この道やホ氏も西田も深慮せし我詠ひしやピースミールに

　　（備考：ピースミール（piecemeal）＝短歌神学日記の手法なり。神細部に宿り給へば、一日一歩、歌心深めて歩みゆくとき、初めて宇宙全貌「少しずつ」明らめられ得る如し。これ我が短歌神学日記の智慧なり、手法なり）

［了］

あとがき

一　前著『良寛「風の歌」にちなんで——御友の神学の省察』への詩的かつ哲学的「補遺」としての本書の意義について

本書は、仏教とキリスト教の宗教間対話を主眼とした前著『良寛「風の歌」にちなんで——御友神学の省察』の、詩的かつ哲学的「補遺」として、企図された述作です。この企図は、以下の二首の短歌の＜あいだ＞に胚胎いたしました。

かく見れば「獣に」原爆投下なすト氏やなきなり御友心や（前著９頁）
人類や核病理学渦中にやありてのたうつ罪人の群れ（同書195頁）

前者は、広島と長崎への米国による原爆投下時の問題「核戦略の中核を占めたキリスト教絶対主義的宣教論：相手の文明の代置」を表しています。これに反して、後者は、あの原爆投下(二回)が、当時は対日戦争勝利を動機とするために、明示的には意図されていなかったのですが、今となって見れば、核時代の米国による開始であったこと、その結果、これは(米国だけでなく)全人類的な悲劇、苦悩のほかの何物でもないことを表しています。

戦後の７１年間の時の経過が意味するものは、益々深刻化する核時代継続であります。それは米国の勝利でしょうか？　否、全人類的見地から見れば、人類の敗北——「道義的敗北」——であります。

人類文明の核時代的継続という重大問題を打開するために、本書において私は、第一章「平和基礎学としてのホワイトヘッド平安哲学——神のエコゾイックスとホワイトヘッドの冒険ないし復活形而上学」、第二

285

章「西田における哲学と宗教——ハーツホーン、滝沢、トマスとの対話のなかで」という二段階の手法を採用しました。これは、2001年に刊行した拙著『ホワイトヘッドと西田哲学の＜あいだ＞——仏教的キリスト教哲学の構想』（京都・法蔵館）の構想を再び——この問題、核時代の打開の渦中で——活用するためであります。

　嬉しいことに、旧著は最近、若い学究によって、「有機体の哲学と日本仏教哲学」の比較研究のジャンルの開拓として再注目されています（石田正人「有機体と因果性——日本仏教哲学からの問い」日本ホワイトヘッド・プロセス学会第38回全国大会：於立正大学品川キャンパス、2016年10月8日—9日）。ちなみに、旧著は、著者がアメリカ宗教学会（AAR）に常設研究部会（セミナー）「プロセス思想と西田学派仏教哲学：比較的視座から』(1985 - 1991) を開設、フランシス・H・クック教授と共同座長を務めた経験の中から生まれたものです。

　第三章「わが短歌神学日記」と巻頭の言葉「オバマ米大統領広島平和スピーチの歌——十二章と結語」は、わが「詩的かつ哲学的補遺」が現実の驚異的「打開」プロセスとしての「オバマ米大統領広島平和スピーチと森重昭氏抱擁」と奇しくも符節を併せて進行したことの半年 (2016年春から秋まで) にわたる記録です。第三章のエピローグ「形而上学的後書にむけて」は、オバマ米大統領広島平和スピーチ（ことに「人類文明のコア矛盾としての核問題論」と「道義的覚醒論」）の形而上学的基礎付けを巡る省察です。

　二　「形而上学的後書にむけて」の結語をめぐって
（１）結語の核心：
　創作用そも究極事性成すや無自性なるに大悲事に寄す
　右の短歌一首は、わが「形而上学的後書にむけて」の結語の核心を成

します。そういうものとして、恩師カブ教授とのメール往復書簡（エピローグ所収）の中で開陳される教授の「Creativity の神秘論」と対応いたします。この箇所は、「形而上学的後書」の最重要部分でありますので、先に英文原文を紹介しましたが、ここでは「形而上学的後書に向けて」の結語の開陳という意義において、以下にカブ教授の「Creativity の神秘論」を含む「往復書簡」全体の邦訳を収めます：

（２）ジョン・B・カブ, Jr. 教授との往復書簡（邦訳）──「形而上学的後書」の結語

I　第一書簡：延原時行（2016 年 10 月 12 日付）

　親愛なるカブ先生、ご友人、同僚各位

わが新著『平安ありて平和なる──ホワイトヘッドの平和論、西田哲学、わが短歌神学日記』(新潟・考古堂書店、2017 年) がもうすぐ上梓の運びになりました。明日から校正にとりかかります。

　「〈青春〉と〈悲劇〉との総合を伴うこの〈最終的事実〉の直接経験が、〈平安〉の感覚である。」（ホワイトヘッド著作集　第 12 巻『観念の冒険』山本誠作・菱木政晴訳、京都・松籟社、409 頁）という一節に含まれているホワイトヘッドの智慧は、究極的に重要です。そして、これに続く彼の一節は、地上的平和が具体的に達成されるべき方途を明示するものです：「このようにして〈世界〉は、そのさまざまな個体的契機に可能であるような完全性へと説得されることを、受け容れのである。」（同頁）

　第一章は、「平和基礎学としてのホワイトヘッド平安哲学──神のエコゾイックスとホワイトヘッドの冒険ないし復活形而上学にちなんで」（『アカデミア』No.156, 2016.4、11 − 21 頁）と題します。

　第二章は、「西田における哲学と宗教──ハーツホーン、滝沢、トマ

スとの対話のなかで」(『西田哲学年報』第5号〈平成20年7月〉、45-62頁)と題するものでして、平安と平和に関する同様の理解を西田について明らかにしようとしています。

第三章は、「わが短歌神学日記」と題するものでして、私のメルマガ『風の便り』No. 248 (2016年4月) から No. 254 (10月号) に掲載しています。本書の中心をなしているのは、オバマ米国大統領の広島平和記念公園における「平和スピーチ :2016年5月27日」を巡っての瞑想であります。これは三章にわたる、三つの仕方による考察を成しています。

*

「形而上学的後書にむけて」と題するエピローグでは、ホワイトヘッド哲学に関する私の新発見ともいうべきものの幾つかを叙述しています。これらが今日私が開陳したい事項であります。

第一に、「creativity の神秘」に関して。

ご承知のように、ホワイトヘッドは creativity (創造作用) に関して、不思議なことに、二つの仕方で語ります。一方、「創造作用は、それ自身の性格を有しない。」"Creativity is without a character of its own."(PR, 31) と言うことによって仏教の「無自性」に対応することを示します。他方、「創造作用は、究極的事態を性格づけるもろもろの普遍的なもののうちの普遍的なものである。」"Creativity is the universal of universals characterizing ultimate matter of fact."(PR, 21) と言うことによって Creativity (創造作用) の他の側面を明示しようとします。それ自身においては「無自性」(character-less) でありつつも、Creativity (創造作用) はそれ自身の無自性的性質を、究極的事態だけには、メタ-範疇的「性格」として帰属させようとしているのであります。この意味で

は、「創造作用」は、究極的事態の性格づけの役割を果たす場合には、「創造性」へと転ずるわけです。何というこれは神秘でありましょうか。その事の理由は何なのでありましょうか。

　《注記》ちなみに、Creativity は、日本のプロセス学者は、通例として「創造性」と常に邦訳しているのですが、元々ホワイトヘッド自身、Creativity＝Creative-activity と解して用いているようですので、その出自は「創造作用」でしょう。「創造性」という訳語が妥当するのは、「創造作用」が「究極的事態」《ultimate matter of fact》を性格づける場合においてだけなのです。このことは、ホワイトヘッド学にとって、単なる訳語問題をこえる形而上学的有意義性を有するものであることを、断じて忘却することはなりません。

　右の問いへの私の回答は以下の如くです：Creativity（創造作用）は、範疇的には、無自性（character-*less*）なのです。それが、メタ－範疇的には、究極的事態を性格づける「もろもろの普遍的なものの普遍的なもの」として言及されるわけです。ということは、即ち、Creativity（創造作用）は、メタ－範疇的には、「究極的事態」の厳格な不変の本性を非実体的な運動、創造作用、へと変転させるために、何処までも至誠に奉仕しているわけであります。

　第二に、この事は、Creativity（創造作用）の側において極めて「冒険的な事態」であります。この冒険の故に、ホワイトヘッドの申しますように、次のような事態が現出します：「この〈最高の冒険〉においては、〈冒険〉が〈現象の統一態〉へと変転させる〈実在〉は、それぞれその適宜な注目の分け前を要求する、前進しつつある世界のリアルな諸契機を必要とする。」（ホワイトヘッド著作集　第12巻『観念の冒険』山本

誠作・菱木政晴訳、京都・松籟社、1982 年、409 頁；訳語に改変あり）"In this Supreme Adventure, the Reality which the Adventure transmutes into its Unity of Appearance, requires the real occasions of the advancing world each claiming its due share of attention."(AI, 295)

　私にとっては、「冒険」の役割は、父なる神に以下の願いを捧げる「永遠の祈祷者」としてのイエスの役割に甚く酷似いたします：「父よ、世が造られる前に、わたしがみそばで持っていた栄光で、今み前にわたしを輝かせて下さい。」（『ヨハネ』17・5）太初の御栄は、我が恩師滝沢克己先生の「インマヌエルの原事実」の思想に似て、イエスによって父へのその祈願において、新しい新規の御栄、即ち「復活」、へと変転されるべく挑戦されているのです。この事態は、もしも私の観察にして間違っておりませんならば、イエスの十字架上の絶叫「エロイ、エロイ、レマ、サバクタニ。我が神、我が神、どうしてわたしをお見捨てになったのですか。」（『マルコ』15・34）の場面にまさに適合可能なものなのであります。

　いずれにしても、帰結するところは、以下の如くであります：すなわち、Creativity（創造作用）は、それ自身の性格を有しないにもかかわらず、自らをメタ - 範疇的な性格として「究極的事態」のみ前に、後者が「ともあらわれ」、即ち、被造者と共なる「共同復活」へと自己変転するために、至誠なる姿でもって差し出すのであります。かくして、我々は今や、三つのタイプないしステージの「プロセス」を持つことができます：第一に、過去から現在への「推移」《transition》のプロセス；第二に、「倶現ないし合生」《concrescence》(注。倶現は私訳、一般には合生との訳あり：growing together［ともに成長する］と becoming actual［現実的に成る］の両義を表す概念）という形における現在の自己決定のプロセス；そして第三に、未来へと飛翔する「冒─険、これから──起ころうとすることへ」《ad-venture》のプロセスであります。

敬具

トキ

Ⅱ　第二書簡：ジョン・B・カブ，Jr.（2016年10月13日付）

　親愛なるトキ、ご新著おめでとうございます。私は今日、「peace」ほど重要な論題を考えることができません。私はわが国が「peace」にとって大いなる脅威であることを恐れます。そして、私はあなたが「personal peace」（平安）を、我々がこれも大いに必要としている「historical peace」(平和)と結びつけておられることを、感謝します。

　私は、ただ一つの論題に限って真剣な論評を下してみたいと思います。私は、Creativity（創造作用）が神秘であることに同意いたします。ということは、それが何であるかを述べる試みはどんなものでも、それが全くユニークなものだという事実に直面する、ということです。しかしながら、我々は深遠な仕方で理解することができると、私は思います。恐らく、同じ設問に答えようとする他の哲学的方法を考慮することは、役に立つでしょう。つまり、一切の現実の物が（それの）事例であるという〈もの〉とは何でしょうか。我々の注目の大抵は、現実のものたちそのものと、それらを互いに区別するものは何であるかに注がれているのです。しかし我々はまた、何がこれらのもの一切を性格づけているのか、何がもろもろの普遍的なものの普遍的なものであるか、と問うこともできるのです。何がこれら一切を構成しているのか、と言ってもよろしい。

　アリストテレス主義の伝統の中では、これは、第一質料、それ自体としては何の形相も有しない一切のものの質料的な原因、と成ります。トマス・アクィナスはそれを「存在それ自体」《Being Itself》と名づけました、そして、西洋思想では、これが最も共通な名辞なのです。存在それ自体は、

もちろん、形相を有しませんで、その一切の例示を有します。すなわち、一切の存在は形相によって性格づけられるのです。

「スーニャター」《Sunyata》はこの役割を果たします。それを「空ずること」《emptying》と訳すならば、空は一切のものがそれであるものです。空は何の形相も有しません。それはもろもろの普遍的なものの普遍的なものです。

ホワイトヘッドは、一切のものは Creativity（創造作用）の事例であると我々に教えます。このことは、究極の現実存在《ultimate actualities》は存在者《beings》としてではなく生成者《becomings》として考えられるべきだ、ということを意味します。実体に出来事が取って代わります。一切の出来事は永遠的客体（注。イデアのこと）によって性格づけられていますが、Creativity（創造作用）そのものは、どのような永遠的客体がそれを性格づけるかということに関しては、ニュートラルなのです。ホワイトヘッドは、この出来事の強調と実体的実在の否定に関しては仏教と一致します。しかし、究極者を「創造作用」《Creativity》として同定することは、その一々の事例の理解に、その実体性の完全なる欠如にもかかわらず、より積極的なトーンを響かせるのです。

私は、私が述べたことは何事でも、あなたがお書きになった何事とも齟齬をきたすとは考えません。単純に解説的なのですから。

ところで、来年の一月の終わりの数日と二月の初め私は日本に参ります。そのことがあなたにとってご都合の良い様でしたら、お会いできることは素晴らしいですね。ジョン

Ⅲ　第三書簡：延原時行　（2016 年 10 月 13 日付）

親愛なるジョン　私が人格的平安 (つまり、涅槃) を、我々がこれも

またとても必要としている歴史的平和に結び付けていることをあなたが評価して下さったことに、心からお礼申し上げます。この結び付けは、オバマ大統領の広島平和スピーチと被爆者歴史研究家森重昭氏の抱擁を通して目に見える形で示されていました。『新潟日報』や日本のほかの数知れない新聞に掲載された、この光景の写真が、拙著の表紙カバーに出ることになっています。何と素晴らしいことでしょう！

　「Creativity の神秘」を、アリストテレスの「質料」、トマスの「存在そのもの」、そして「仏教的空」との関連性においてかくも見事な仕方で解明されましたことに対しまして心より厚くお礼申し上げます。先生の以下の一節は、偉大な一節であります：「しかし、究極者をCreativity(創造作用)として同定することは、その完全な実体性の欠如にも関らず、Creativity の一々の事例の理解に対してより一層積極的なトーンを醸し出しています。」このご指摘は私にホワイトヘッドのフレーズ「それぞれその適宜な注目の分け前を要求する」《each claiming its due share of attention》(AI, 295) を想起させるのです。

　来年の初め、同志社大学　経済学部・良心学研究センタ共催　公開シンポジウム「持続可能な文明を求めて──エコロジカルな良心の実践──」（日時 :2017 年 1 月 28 日（土）13:00-15:00. 場所 : 同志社大学　今出川キャンパス　同志社礼拝堂）の発題講演者として来日されますことは、我々にとって祝福でございます。ちなみに、司会：和田喜彦（同志社大学　経済学部教授）　コメンテーター：小原克博　（同志社大学　神学部教授、良心学研究センター長）および　林田　明（同志社大学　理工学部教授）のような陣容です。日本ホワイトヘッド・プロセス学会も協賛いたします。このことは、第 38 回日本ホワイトヘッド・プロセス学会全国大会（会場 : 立正大学品川キャンパス ; 日時 :2016 年 10 月 8 日─9 日）において、会長田中裕教授と出席者一同の大きな喜びとするイベントと

して、銘記されました。

敬具　トキ

　三　終唱十四題

　ここまでのところで、「形而上学的後書」の結語（その核心を成す一首を含めて）が恩師カブ教授との往復書簡の形をもって鮮明になりましたので、そのヴィジョンの下に、わが短歌神学日記の方法でもって、「結語」を以下、「終唱十四題」と題して詠い上げます。これは、本書が主題を論述するだけでなく (第一・二章、参照)、論述された主題を「わが短歌神学日記」の手法によって詠い上げる (第三章、エピローグ、参照) 結構からなっていることに対応する、本書の詩的かつ哲学的特徴の最後の明示であります。

I　（2016 年 10 月 29 日）一書成るの歌十首

一　天地に刻みて書けるこの一書「平安ありて平和なる」かな

二　一書成る歓びの内しみじみと妻切れ目なき笑みや浮かびて

三　「本作る父さんやって」言ひし妻己が絶後の笑み増し献ず

　（備考：2014 年 2 月 13 日 = 命日 3 月 11 日のちょうど 1 か月前 = 北越病院にて祖父江八紀ドクター妻信子にご質問あり、「何したい」。妻答ふ、「本作る」。すぐに我の方向きて、「父さんやって」と続けたり。その意味を我了解す：「己が生死を糧にして本作る、製作者我信子。父さん実作者やって」との事）

四　我やしもそれあらばこそ原爆の底に息吹ける命をぞ見む

五　妻笑みの切れ目なきこそ証しなれ生死一体御友現臨

　（備考：ホ氏も言ひし : "We perish *and* are immortal."[PR, 351, 82]）

六　我が妻や絶後笑み増し不思議やも深き低みの底ぞ飛翔す

　（備考：復唱）

七　御友はや実在変転祈求すや「ともあらはれ」ぞ現出歓喜

　（備考：『ヨハネ』17・5 ＝ AI, 295、熟読参照）

八　人よ何故悲しき面もちなすや汝「ともあらはれ」ぞ平和礎

九　かくて我知りたるやこそ地の平和まずや天なる平安ありて

十　妙なるやこの半年の沈潜や短歌神学日記や成れり

　（備考：旧稿二つ「平和基礎学としてのホワイトヘッド平安哲学——神のエコゾイックスと冒険ないし復活形而上学にちなんで」と「西田における哲学と宗教——ハーツホーン、滝沢、トマスとの対話のなかで」に「わが短歌神学日記」合したり）

Ⅱ　（2016年10月30日）脱核要す実在妙用の歌六首

一　天地の事御友大悲を寄すやこそ東西宇宙哲学図成る

　（備考：事＝一々の存在者。事を我、天地の事と捉ふるなり。我々一人ひとりの命「天地の事」なりとは、我が新しき発見なり。切れ目なき我が妻の笑み告ぐるこそ生死一体いのち祝福　いのち祝福とは生死一体の事なり。地だけの事柄に非ず。天地の事なりと命を理解なすとき、東西に広大なる「宇宙哲学対話」開けること自覚。その構想をその現実的帰結なる「平安なりて平和なる」天地学まで追究せる六巻本の構想、以下に開陳す：

東西宇宙哲学／御友風神学の構想——平安ありて平和なる

第一巻　（東西哲学対話基礎論）

　　　　ホワイトヘッドと西田哲学の＜あいだ＞——仏教的キリスト教哲学の構想

　　　（京都・法蔵館、2001年）

第二巻　（東西エコ神学論）

　　　宇宙時代の良寛──エコ神学者トマス・ベリーと共に

　　　（新潟・考古堂書店、2013 年）

第三巻　（東西宇宙哲学論 / 風神学論）

　　　宇宙時代の良寛・再説──ホワイトヘッドの風神学と共に

　　　（新潟・考古堂書店、2014 年）

第四巻　（復活論）

　　　復活の省察・上巻──妻と歌う：生くるとは深き淵より共々
に甦ること喜びてこそ

　　　（新潟・考古堂書店、2014 年）

第五巻　（東西御友風神学論）

　　　良寛「風の歌」にちなんで──御友神学の省察

　　　（新潟・考古堂書店、2016 年）

第六巻　（東西平安 / 平和論）

　　　平安ありて平和なる──ホワイトヘッドの平和論、西田哲学、
わが短歌神学日記

　　　（新潟・考古堂書店、2017 年）

　この構想は、第六巻あとがきに収むるものなり）

二　学問や括り直すや大切ぞそこに展開おのずからあり

三　時代はぞ世界観のぞ転換期脱核要す実在妙用

四　冒険や実在妙用欣求すや覇権固執も過ぎゆかんかな

　　（備考：【ニューヨーク共同】「国連総会第 1 委員会（軍縮）は 10
月 27 日（日本時間 28 日）2017 年の「核兵器禁止条約」制定交渉開始を
定めた決議案を三最多数で採択した。核兵器を非合法化する作業が始動
し、核廃絶に向けた具体的な取り組みが本格化する。日本は反対し、被
爆者が反発している。岸田文雄外相は「唯一の被爆国としてしっかり主

張したい」と述べ、禁止条約の交渉に参加する意向を示した。」

　問題点は以下の如し。

　①　決議を主導したオーストリアやメキシコなどの非核保有国は禁止条約に反対する米ロ英仏中の五大核兵器保有国への圧力を強めていくとみられる。仮に条約が制定されても核保有国不在では核兵器の削減など実効性が望めないのは確かだが、核兵器は違法との認識が広まることで国際社会の保有国への削減圧力が強まるとの見方もある。

　②　禁止条約案には核兵器の使用禁止などが盛り込まれる見通しで、核抑止力を中核とする国際安全保障体制に影響を及ぼす可能性がある。核保有国側の反発必至だ。

　③　佐野利男軍縮大使は決議への反対理由について「（交渉は）国際社会の総意の下で進めるべきだと主張したが、反映されなかった」と述べた。

　④　採決では途上国を中心に123か国が賛成。日本や米英仏、ロシアなど38か国が反対し、中国など16か国が棄権した。

　⑤　決議は核兵器使用による破滅的な人道的結末に深い懸念を表明。核禁止のための交渉を17年3月27～31日と6月15日～7月7日ニューヨークで、多数決など国連総会の規則で行うとしている。

　⑥　決議は今年12月の国連総会本会議に送られ、正式に成立する見通し。

　⑦　米国の「核の傘」の下にある日本や北大西洋条約機構（NATO）諸国は急進的な核禁止条約に反対で、安全保障を重視し徐々に核兵器を減らすアプローチが現実的との立場。

　⑧　日本は27日、将来的な核廃絶をうたった別の決議を主導し、米国など167か国の賛成を得て採択にこぎ着けた。『新潟日報』2016年10月29日付、参照）

五　オバマ氏や平和スピーチ今やこそ正念場にぞ向かはむとすや

六　それ故に、「形而上学後書」のや書かれざる得ぬ今のこの秋
　　（備考：エピローグ、参照）

　　Ⅲ　（2016 年 11 月 1 日）　平安覚醒の歌十一首

一　思へばや人類戦争あらずばや平和考ふ平安忘却

二　平安や何あらむかや神我をまず知り給ふ恵み知ること
　　（備考：『第一コリント』13・12、熟読参照）

三　この智慧や人が我知るその前に神知り給ふ感謝なせるや

四　これやこそ天地の事の命コアいや果てに知る「永遠の今」なり

五　何故に人類平安をまず知らぬ戦最中に平和望むや

六　平安や平和の基これなくば戦の歯止め無きや如くぞ

七　誠にや平安ありて平和なるオバマ氏スピーチ明らめし如

八　広島と長崎の道何なるか「道徳的の覚醒」これぞ
　　（備考：而して道徳的覚醒の前に形而上学的「平安」覚醒なかる
べからず）

九　人類よ戦争平和対立図平安なくば如何で越えんや

十　創作用そも究極事性成すや無自性なるに大悲事に寄す
　　（備考：復唱。事＝一々の存在者、現象）

十一　切れ目なき我が妻の笑み告ぐるこそ生死一体いのち平安

　　Ⅳ　（2016 年 11 月 4 日）　御友世紀の歌十四首

一　我が妻や汝が切れ目なき笑みこそや誠見事よ言ふ事ぞなし

二　然る故我汝が笑みを詠ひてや二人三脚本作りゆく

三　「本作る父さんやって」言ひし汝我が歌こそや汝が笑み伝ふ

四　我が妻や絶後笑み増し不思議やも深き低みの底ぞ飛翔す

（備考：復唱）

五　汝が笑みや生涯の際溢れてや絶後いや増す御友いませば

（備考：復唱）

六　我が妻が切れ目なき笑み零すあり我それ詠ふ御友在りてぞ

七　御友のやまします事のなかりせば笑みも歌もや何の為ぞや

八　創作用そも究極事性成すや無自性なるに大悲事に寄す

（備考：復唱。これホワイトヘッド形而上学の道なり）

九　平安や何あらむかや神我をまず知り給ふ御友恵みよ

（備考：復唱。これ御友神学的道なり）

十　かくてぞや大悲御友のありてこそ「平安ありて平和なる」かな

十一　世が如何にグローバリズム離れてや自国固執も御友共往く

十二　今将に御友世紀や始まらむ「平安ありて平和なる」かな

十三　オバマ氏の平和スピーチかくてこそ核時代底穿つ時そも

十四　同志社のクラス会あり寒梅館賑はいてのち我これ録す

　　　V（2016 年 11 月 5 日）脱核形而上学／御友神学の歌二十五首

一　我かつて仏教的の基督教哲学構想書けり嬉しや

（備考：『ホワイトヘッドと西田哲学の＜あいだ＞――仏教的キリスト教哲学の構想』（法蔵館、2001 年）。これ、東西宇宙哲学／御友風神学、第一巻なり）

二　以来我四著東西哲学論／御友神学公刊せしも

（備考：第二巻『宇宙時代の良寛――エコ神学者トマス・ベリーと共に』（考古堂書店、2013 年）、第三巻『宇宙時代の良寛・再説――ホワイトヘッド風神学と共に』（考古堂書店、2014 年 2 月刊）、第四巻『復活の省察［上巻］――妻と歌う』（考古堂書店、2014 年 10 月刊）、第五巻『良寛「風の歌」にちなんで――御友神学の省察』（考古堂書店、

2016 年 3 月刊）なり）

　三　その一冊「復活省察」妻笑みを我詠ひたり如何に嬉しき

　四　我が妻や絶後笑み増し不思議やも深き低みの底ぞ飛翔す
　　　（備考：復唱）

　五　第五作「良寛「風の歌」ちなみ」御友神学発句せしなり

　六　神と人あいだに絶対関係者御友いますや風の如くに

　七　米国の原爆投下これやしも御友心の無きぞ悲しき

　八　何よりも核時代をぞ始めたる米国の罪告白あれや

　九　「投下罪」「刻告白」の間にや深き煩悶あるべきにぞや

　十　かく我や考察なすを「補遺」として書き始めしや此度の書なり
　　　（備考：第六巻『平安ありて平和なる――ホワイトヘッドの平和論、
西田哲学、わが短歌神学日記』（考古堂書店、2017 年）なり）

　十一　オバマ氏の広島平和スピーチやげに我が「補遺」と符節合はせり

　十二　文明の「コア矛盾」指摘しつ「道義覚醒」オバマ激白

　十三　核軍略「道義覚醒」はばめども東西哲学御友学映ゆ

　十四　人類猶も実体哲学固守なせば核軍略の改悛や無し

　十五　されどもや空哲学と御友学あれば脱核新時代いざ

　十六　創作用そも究極事性成すや無自性なるに大悲事に寄す
　　　（備考：復唱。事＝一々の存在者。ホワイトヘッド、一方、"Creativity
is without a character of its own."[PR, 31] と言ふに、他方、"Creativity
is the universal of universals characterizing ultimate matter of fact."
[PR, 21] と言ふ。これ "The Mystery of Creativity" なり。この謎解きた
るやこの我が一首なり。この一首我が東西宇宙哲学／御友神学の粋詠ひ
たるなり。歌心哲学マインドある御人願はくば請ふ吟味し給へ）

　十七　この一首脱核時代招来す奇しき摂理の器ならむと

十八　恩師カブ究極者なる創作用 a more positive tone [妙なる響き] 生むと瞠目

　　　（備考 :Dr. John B. Cobb, Jr. says: "Whitehead agrees with Buddhism on event and the negation of substantial reality. But the identification of the ultimate as creativity gives a more positive tone to the understanding of each instance thereof, despite its total lack of substantiality."[written on October 13, 2016])

十九　この時代最高の智慧顕はるや恩師一節輝くやげに

二十　師と共に実体哲学批判して Creativity のぞ秘儀悟る嬉し

二十一　この悟り誠や「平安」もたらすや実体論になきの心を

二十二　新しき響きあるもの「平安」ぞこれ在りてこそ「平和」なるなり

二十三　汝が笑みや生涯の際溢れてや絶後いや増す御友いませば

　　　（備考 : 復唱）

二十四　人類今や我が妻の笑み承けてぞや脱核に笑む御友いませば

二十五　いと奇しき出来事や今訪れぬ核軍略を哲理絶すや

　　　Ⅵ　（2016 年 11 月 8 日）　一心静止の歌八首

一　朝夢にまた妻の幸語る声胸底にあり仄々と聴く

二　汝が笑みや際に絶後に溢れけり切れ目なき事驚くべしや

三　御友のや人生岸辺永久に立ち天地結ぶげにも尊き

　　　（備考 :『ヨハネ』21・4、熟読参照）

四　切れ目なき天地一体ありてこそ我が妻の笑み切れ目なきなり

　　　（備考 : See Whitehead's reference to the "Reciprocal Relation," the "great companion-the fellow-sufferer who understands" [PR, 351]

五　此度の書漸くにしてあとがきを残すのみぞや一心静止

六　創作用そも究極事性成すや無自性なるに大悲事に寄す

（備考：わが短歌哲学最高の一首なり）

七　実在をともあらはれへ冒険の欣求ありてや変転不思議

（備考：ホ氏哲学の極意なり："In this Supreme Adventure, the Reality which the Adventure transmutes into its Unity of Appearance, requires the real occasions of the advancing world each claiming its due share of attention."[AI, 295]）

八　御友のや父に祈りて原栄輝かしめよ聴かるや宇宙

（備考：主の祈り原点なり：『ヨハネ』17・5、熟読参照）

Ⅶ　（2016 年 11 月 9 日）　平安ありて平和なる秋の歌十四首

一　かつて我一大決心在米中「プロセス／西田学会」始む

（備考：1985 年秋、米国宗教学会（AAR）中に、学会内学会として、常設研究部会（セミナー）「プロセス思想と西田学派仏教哲学：比較的視座から」AAR Seminar on "Process Thought, the Nishida School of Buddhist Philosophy in Comparative Perspective"（1985-1991）を米国加州アナハイム・ヒルトン・ホテルにて、フランシス・H・クック教授（カリフォルニア大学リヴァーサイド校）と共同座長にて始む）

二　時代のや変わり目あれば有為の士声掛け糾合主題窮むや

（備考：日米 20 人の学究七年間共同研究「プロセス思想と西田学派仏教哲学：比較的視座から :1985 – 1991」なり）

三　その成果「ホ氏と西田」に纏めてや十年の後我刊行す

（備考：『ホワイトヘッドと西田哲学の＜あいだ＞──仏教的キリスト教哲学の構想』（京都・法蔵館、2001 年）なり）

四　此度の書「平安ありて平和なる」東西哲学脱核纏ふ

（備考：『平安ありて平和なる──ホワイトヘッドの平和論、西田

哲学、わが短歌神学日記』なり。今は、東西哲学比較研究の世界的潮流ありて、これに脱核を纏ふ任務ありと心定むべき時なり）

　五　その粋やオバマ広島スピーチの「道義覚醒」哲学深化

　六　創作用そも究極事性成すや無自性なるに大悲事に寄す

　　（備考：復唱。事＝一々の存在者：instance。性＝性格づけ：characterization）

　七　天地の事こそ在るなれ人いのち原爆超えて永生歴然

　八　恰もや我が妻絶後切れ目なき笑みや零すや御友ありてぞ

　九　恩師聴く実体的の実在を否定なしてや妙用響き（a more positive tone）

　　（備考:Professor John Cobb writes: "Whitehead agrees with Buddhism in this emphasis on event and the negation of substantial reality. But the identification of the ultimate as creativity gives a more positive tone to the understanding of each instance thereof, despite its total lack of substantiality," [written on October 13, 2016]）

　十　この響き聴くや平安心ぞや平安ありて平和なる秋

　十一　目に見ゆる命どこにもなきが如大悲事に寄す御友いませば

　十二　生くるにも死ぬにも絶えぬ命こそ事は事にてあり御友いませば

　十三　この事実深く信じて脱核の秋の紅葉や燃ゆる最中よ

　　（備考：事実＝事の真実）

　十四　焚くほどは風が持て来る落ち葉かな核が歪める地球なるとも

　　　　Ⅷ　（2016年11月10日）　他なしの歌七首

　一　朝夢や誠平安横溢す切れ目なき笑み汝に学びて

　二　いのちとは切れ目なき事或日我深く諭さる我が妻笑むや

　　（備考：復唱）

三　汝が笑みや生涯の際溢れてや絶後笑み増す御友いませば

　　(備考：復唱)

四　我永く思ひにけりや人やがて佳き処往く無くば無惨ぞ

　　(備考：それなくば一生無惨なり)

五　永久いのち御友約束し給はば命必ず歌なるやべし

六　過日級友我贈りしや本と歌誠慶び初メル賜ふ

七　我が歌や永久の命を謝してぞや言ひ表すの手立て他なし

　　IX　(2016 年 11 月 11 日)　November 8, 2016: 仕事の歌八首

一　人誰も仕事欲すや金ならず仕事成してや暮らし相応

二　恐らくや米国第一主義にてやトランプ旋風惹きしや「ここ」ぞ

三　選挙戦始まりし頃米友人メールに告ぐやトランプ「好かる」

四　人びとのグローバリズム忌避理由「巨万の富を仕事よりとす」

五　一講演２５００（万弗）ぞ颯爽と行く女史にぞや民 Vote 欠く

　　(備考：Hillary Clinton: 228 vs. Donald Trump: 279)

六　仕事とは人一生の任務ぞやそれ確保すや一国や成る

七　勝利せレト氏皆の為働くとク女史協力惜しまずと佳し

八　人なるは仕事一生務めてや永生望み歌作り往く

　　X　(2016 年 11 月 12 日)　東西両風新時代の歌十首

一　それにせよ形而上学新時代東西両風吹くや嬉しや

二　今こそや核軍略の気風去り創作用そも究極事なす

三　核軍略空爆やあり無惨にも後は野となれ山となれ

四　これ誠げに心なき所業なり人の命の住処忘却

五　創作用そも究極事性成すや無自性なるに大悲事に寄す

　　(備考：復唱。事＝天地における一々の存在者)

六　核軍略投下犯すも知らざりき無自性なるに大悲事に寄す

　　(備考：原爆投下渦中にこの世去りし幾十万の人びと天地の事
(一々の存在者) として大悲に接す。これ平安なり。人の命を地上だけに
限定すること（注。「今生化」と言はむか。その哲学的代表、ハイデガー
の「死への有」《Sein zum Tode》概念これなり）が核軍略の哲学的基
礎なり。本書において展開せし復活形而上学 / 御友神学は、「飛翔への有」
《Sein zum Fliegen》を提唱なすなり。ここに「平安」概念誕生なすなり。
かくてこそ「平安ありて平和なる」と我ら言ふなり。核軍略からの脱却、
この哲理によりてこそ可能なり。それ故、脱核、人類的に形而上学的に
可能なる選択なり。これ驚くべき選択ならずや)

七　オバマ氏や核文明のコア矛盾嘆きて広島スピーチや成す

八　未来にや「道義覚醒」広島と長崎からぞ始まらむとす

九　かくてぞやオバマ氏遂に日米の同盟こえて友情宣す

　　(備考：これオバマ政権の Legacy ［遺産］なり)

十　今やしも東西両風吹きてこそ平安なりて平和なる秋

　　　　XI　（2016 年 11 月 13 日）　創神秘寿ぐの歌八首

一　朝餉にや往きし人方覚へてや熱祷捧ぐ心滾るや

二　夜更けまでカブ書簡をや邦訳す「Creativity のぞ神秘」寿ぐ

三　恩師カブ究極者なる創作用 a more positive tone [妙なる響き］
生むと瞠目

　　（ 備 考：Dr. John B. Cobb, Jr. writes: "Whitehead agrees with
Buddhism on event and the negation of substantial reality.　But the
identification of the ultimate as creativity gives a more positive tone
to the understanding of each instance thereof, despite its total lack of
subustantiality."[written on October 13, 2016] 我をして言はしむれば、

仏教的には、Creativity（創作用）は法性法身、a more positive tone（妙なる響き）は方便法身（阿弥陀仏）なり。而してキリスト教的には、前者は父の御友への聴聞のダイナミックス、後者は御友の祈りのダイナミックスなり。ちなみに、ダイナミックスを離れて「位格としての父なる神」「位格としての子なる神」を論ずることは、この際不毛なり。実体論的神学不毛なり）

四　創作用そも究極事性成すや無自性なるに大悲事に寄す

　　（備考：復唱）

五　不可思議と言ふほかぞなき全き空大悲生みますこれ創作用

六　冒険や実在変転欣求すや「ともあらはれ」や現成麗し

　　（備考：Whitehead says: "In this Supreme Adventure, the Reality which the Adventure transmutes into its Unity of Appearance, requires the real occasions of the advancing world each claiming its due share of attention."[AI, 295] 冒険＝祈る御友；ともあらはれ＝御友と我らの共同復活）

七　我やしも「創作用そも」詠はばや心底よりぞ喜悦溢るも

　　（備考：「創作用そも」の歌我が最愛の歌なり）

八　恩師とやホ氏原文を学びてや我創神秘寿ぎゆかむ

XII　（2016年11月14日）　新世界観の歌六首

一　未明まであとがき打つや創神秘心滾るや新世界観

二　取引と同盟観や相違なすさらに平安神秘根差すや

　　（備考：①取引＝トランプ政治の要諦なり：米国第一主義的愛国取引が主旨なり。②同盟観を友情観まで深めしや、オバマ平和スピーチ政治の要諦なり。③平安論我がホワイトヘッド的平和論の基礎なり。④本書『平安ありて平和なる』の地球政治論、その形而上学的礎、創神秘に

在り）

　三　創作用そも究極事性成すや無自性なるに大悲事に寄す

　　（備考：復唱。我が形而上学の歌なり）

　四　いのち超えいのち見ゆるよ御友こそ祈りてこそや父と事拓く

　　（備考：我が形而上学の心、ここに詠ひたる如、御友神学なり）

　五　我が妻や絶後笑み増し不思議やも深き低みの底ぞ飛翔す

　　（備考：御友神学我が妻の絶後笑み増しを見し故に我悟りたり。それ詠ふところよりわが短歌神学日記始まりぬ。人の思想必ず淵源あり。我に取りてはこの「飛翔」の歌それなり。飛翔なすもの何か──御友と共に我が妻なり。それ詠ふところに我が御友神学／復活形而上学、ホワイトヘッド熟読しつつ、形成されたるなり）

　六　恩師ともホ氏学びてや創神秘会得せるなり如何に嬉しき

　　（備考：此度の恩師カブとの往復メール書簡ホワイトヘッド哲学の至宝ならずや。まさに然り）

　　ⅩⅢ（2016 年 11 月 30 日）「Creativity の神秘」大発見の歌十八首
　一　我はぞや此度の書のや終局に新世界観大発見す

　　（備考：新著『平安ありて平和なる──ホワイトヘッドの平和論、西田哲学、わが短歌神学日記』新潟・考古堂書店、2017 年近刊、なり）

　二　創作用そも究極事性成すや無自性なるに大悲事に寄す

　　（備考：復唱。性 = character; 事 = each instance of creativity or be-ing）

　三　それはしも「Creativity の神秘」をぞ解かむとせしの難事果てなり

　四　ホ氏や言ふ Creativity はや一方で徹頭徹尾無自性（without a character of its own）なりと

　　（備考：See PR, 31）

五　されどもや他方におきてこれはしも究極事（ultimate matter of fact）のや性成すと言ふ

（備考："Creativity is the universal of universals characterizing ultimate matter of fact."[PR, 21]）

六　全くや性なきものが性成すや宇宙究極態なりとぞ

七　性無きは純粋活動作用なり西田の名付く「純粋経験」

八　従ひてホ氏や名付くや創（造）作用（Creative-activity）「創造性」なる名辞に非ず

九　誠にや究極事のや自己言及創作用ほか動機あるなし

十　なぜならばそも創作用以外なら実在固定実体化さる

十一　帰結はぞ究極事はや「創」の性容れて成りたり「創造性」とや

十二　この必然後にホ氏ぞや冒険の論理展開うべ至りしや

（備考：再びホ氏のこの一節なり："In this Supreme Adventure, the Reality which the Adventure transmutes into its Unity of Appearance, requires the real occasions of the advancing world each claiming its due share of attention."[AI, 295]）

十三　ともかくも「Creativity の神秘」のや解決や在りそも冒険論理

十四　而してやホ氏の冒険我言はば先の一首に纏めらるるや

十五　此処にてや著しきや帰結なり「無自性なるに大悲事に寄す」

十六　人知らず形而上学世界観前段なくば後段もなし

十七　創作用そも究極事性成すや（前段）

　　　無自性なるに大悲事に寄す（後段）

十八　誠にや前段実在妙用ぞ然るが故に後段摂理

ⅩⅣ　（2016 年 12 月 1 日）　「創造性」帰結極点の歌十首

一　一瞬の閃きありて今日の日や大発見の歌我詠めり

（備考 :11 月 30 日の事なり）

二　このことが如何に幸なる一事かやつくづくと我知り抜きてあり

三　創作用そも究極事性成すや無自性なるに大悲事に寄す

（備考：これ我が最新の形而上学歌なり。新著『平安ありて平和なる』の結語の核心なり）

四　創造性誰が知るやこそ創作用そも究極事性成す極み

（備考：Creativity の邦訳に「創造性」が適訳なるは、究極事に性成す場合、極点においてのみなること、詠ひたるなり。本来的には、Creativity (as Creative-activity) は、「創（造）作用」なり。こうも言ふべきか、Creativity (as Creative-activity) は、カテゴリカルには、「創（造）作用」なるも、究極事（ultimate matter of fact）の事態（すがた）としては、メタ - カテゴリカルに、「創造性」と特記すべきなり。これ、我が「Creativity の神秘」の解法なり。Creativity (as Creative-activity) が無自性（without a character of its own）[PR, 31] なるに、究極事の性成すと言ふ「Creativity の神秘」("Creativity is the universal of universals characterizing ultimate matter of fact." [PR, 21] を認識することなく、Creativity に、一般的な邦訳「創造性」をあてることは、ホワイトヘッド学的には妥当ならざる措置なり。重々注意すべきなり。即ち、Creativity に関するホワイトヘッド学的認識および用語法 (邦訳法) は、一般的なる場合と異なる事を知るべきなり。さもなくば、Creativity はホワイトヘッドの有機体の哲学の基本語なる故、ホワイトヘッド学成り立たざるなり）

五　極みはぞほどけて大悲事に寄する不一不二なる姿尊し

(備考：これ仏教では、「法性法身」即「方便法身」の問題なり。ホ氏では、あの「ともあらはれ」"its Unity of Appearance"[AI, 295] が重要なり。西田では、純粋経験を唯一の実在としてすべてを説明してみ

たい、との企図より、「場所的論理と宗教的世界観」生まれし所以なり。而してその究極に「内在的超越」を求めし所以なり。その暁に、地球脱核の地球に変貌し、人類ポスト核時代へと突入し、「獅子は牛の如くわらをくらい、乳飲み子は毒蛇にたわぶれ、乳離れの子は手を蝮の穴に入れん。かくてわがきよき山のいずこにても、そこなうことなく破ることなからん。そは水の海を覆える如く、主を知る知識、地に満つべければなり」(イザヤ書11・7-9) と言はれむ、と我信ず。即ち「大悲事に寄す」の実現なり)

六　いのちとは切れ目なき事或る日我深く論さる我が妻笑むや

　　(備考：復唱)

七　汝が笑みや生涯の際溢れてや絶後笑み増す御友いませば

　　(備考：復唱。大悲事（じ＝一々の我ら衆生）に寄す御恩寵を我ら衆生の側から感謝為す姿、我我が妻の切れ目なき笑みに見たるなり。嬉しも。そは、単なる死に非ず。笑み、しかも命の際の感謝の笑みと、切れ目なき絶後の笑み増しとによる、二重の笑み成る故、生死一体を示せる、妙なる、「切れ目なき」笑みなり。その含むもの「絶対の平安」「永久の命」なり。なあ、ノーちゃん。そう、父さん、嬉しい嬉しい、感謝無尽も！)

八　歌出来ていのち一新げにもぞや細胞活性みるやこそなれ

九　かくてこそ感謝無尽も平安の溢れにけりや我が身我が時

十　それでこそ地上の平和築かむとあの人この友大悲や寄せむ

　　(備考：地球上の全き政治人倫友情わが「創作用そも」の歌の通りになるべし)

＊

四　謝辞

　はしがきに銘記しました通り、本書は、バラク・オバマ米国大統領の広島平和スピーチと被爆者歴史研究家森重昭氏抱擁なくば、中心を欠く企画でした。ここに改めて深甚なる謝意を表します。また、ボブ・メッスリー教授（グレースランド大学）、ハーマン・グリーン博士（Center for Ecozoic Societies 所長）、ジョン・クワイアリング教授（Center for Process Studies 企画主任）には、巻頭の言葉に「オバマ大統領広島平和スピーチと森重昭氏抱擁」（2017 年 5 月 27 日）に関する貴重なご寄稿をメール便にて頂きました。記してご友情に深謝申し上げます。

　特筆すべきことは、恩師ジョン・B・カブ Jr. 教授から、オバマ・スピーチの歴史的偉業の重要性の形而上学的裏付けとして、著者との「Creativity の神秘」に関する対話の中でホワイトヘッド哲学の類まれなる英知をご寄稿頂きました。本書の主題「平安ありて平和なる」の解き明かしになくてはならぬご貢献に心より厚くお礼申し上げます。

　第一章の執筆に際しては、花岡永子教授（大阪府立大学名誉教授）の「ホワイトヘッドの平和論」のご企画・ご招待、荒牧典俊教授（京大名誉教授）、尾崎誠教授（山陽学園大学名誉教授）、田中裕教授（上智大学）の共同執筆のご友情を頂きました。記して深くお礼申し上げます。

　第二章の執筆に際しては、上田閑照名誉教授（京都大学）の懇切なご教導を賜りました。心より厚くお礼申し上げます。西田哲学会シンポジウム「西田における哲学と宗教」（2007 年 7 月 22-23 日、於獨協大学）における共同発表者、山田邦男教授（羽衣国際大学）と築山修道教授（大谷大学）のご友情に深甚の謝意を表します。

　第三章の執筆に際しては、何時もの事ながら、今は亡き生涯の恩師滝沢克己先生（九州大学教授）、小野寺功教授 (清泉女子大学名誉教授)、

鳥飼慶陽牧師(日本キリスト教団番町出合の家)の温情あるお言葉に励まされました。深謝無尽に存じます。殊に我が妻信子の切れ目なき笑みの激励には、天上天下二人三脚の「本作り」の喜びを満喫させていただきました。有り難うございました。

　もうこれで五冊目の拙著刊行に懇切丁寧なご企画編集のご助力を頂いています、考古堂書店会長柳本雄司様、編集者佐々木克様に、深甚の謝意を捧げます。

2016 年 11 月 15 日　新発田御幸町の東西プロセス研究企画執務室にて
延原時行

延原　時行 のぶはら　ときゆき

1937年、兵庫県に生まれる。
同志社大学大学院神学研究科修士課程修了、クレアモント神学院（D. Min.）、クレアモント大学院大学（Ph. D.）。ルーヴァン大学、テキサス基督教大学、クレアモント神学院、大学院大学、カリフォルニア州立大学サンバーナディーナ校にて客員教授を務める。
アメリカ宗教学会（AAR）常設共同研究部会「プロセス思想と西田学派仏教哲学」座長（1985－1991）。1991年より敬和学園大学教授・宗教部長・国際文化学科長。現在名誉教授。「東西プロセス研究企画」主宰。日本基督教団教師。オックスフォード大学講演者（2013年）。Common Good Award 受賞（2013年）。国際プロセスネットワーク（IPN）理事。
著訳書：『仏教的キリスト教の真理』、『無者のための福音』、『ホワイトヘッドと西田哲学の〈あいだ〉――仏教的キリスト教哲学の構想』、『地球時代の良寛』、『地球時代の政治神学』、『対話論神学の地平』、『あなたにいちばん近い御方は誰ですか』、『復活の省察』、カブ/グリフィン『プロセス神学の展望』、カブ『対話を越えて』、カブ『生きる権利死ぬ権利』『宇宙時代の良寛――エコ神学者トマス・ベリーと共に』、『宇宙時代の良寛 再説――ホワイトヘッド風神学と共に』『良寛「風の歌」にちなんで――御友神学の省察』ほか多数。延原時行著作集ブログ公開『受肉の神学』ほか18巻：http://d.hatena.ne.jp/keiyousan+torigai;『延原時行歌集「命輝く」』：http://d.hatena.ne.jp/keiyousan+tokiyuki/ "Divine Ecozoics and Whitehead's Adventure or Resurrection Metaphysics," Open Theology 2015; 1: 494-511: http://www.degruyter.com/view/j/opth.2014.1.issue-1/issue-files/opth.2014.1.issue-1.xml

平安ありて平和なる　ホワイトヘッドの平和論、西田哲学、わが短歌神学日記

2017年2月20日発行	
著　者	延原時行
発行者	柳本和貴
発行所	㈱考古堂書店
	〒951-8063　新潟市中央区古町通四番町563
	TEL 025-229-4058　http://www.kokodo.co.jp
印刷所	㈱ジョーメイ

© Tokiyuki Nobuhara 2017 Printed in Japan
ISBN 978-4-87499-858-8

＝ 比較宗教学の権威 ＝
延原時行 敬和学園大学名誉教授 の著書

良寛「風の歌」にちなんで
——御友神学の省察

宗教間の対立の緩和にとって、良寛の風のように囚われない愛語の心と、キリストの友愛の精神との調和が、不可欠であると看破する。　◎ 四六判　201頁　2,000円＋税

宇宙時代の良寛 再説
ホワイトヘッド風神学と共に

宇宙的文明救済観を、良寛とホワイトヘッド 両者の宗教哲学者の思想により考察。
◎ 四六判　270頁　2,200円＋税

宇宙時代の良寛
エコ神学者トマス・ベリーと共に

ビッグバンから、宇宙の終焉の間の現代において、宇宙規模でエコロジーを考察。
◎ 四六判　173頁　2,000円＋税

地球時代の良寛

仏教とキリスト教の対話に情熱を燃やす比較宗教学の権威による、地球規模での良寛。
[良寛国際シンポジウム]収録。　　　　◎ 四六判　176頁　2,000円＋税

復活の省察 [上巻]
妻と歌う：生くるとは深き淵より共々に甦ること喜びてこそ

最愛の妻の絶後に「笑み増し」と称する笑顔の変化に、キリスト教義「復活」を見出した著者による体験的神学論の集大成。　◎ Ａ５判　上製　207頁　3,300円＋税

新潟市中央区古町通４ 考古堂書店 www.kokodo.co.jp